Contents

Abbreviations and symbols

lit. = literally translated

fam. = familiar

m. = masculine

f. = feminine

pl. = plural

sing. = singular

pol. = polite form

inv. = invariable

❗ = irregular verb (whenever you see this symbol, please refer to the verb tables on pages 338–41)

Introduction

Façon de Parler! is a comprehensive course in two parts for adult beginners wishing to reach the standard of GCSE and beyond. It is suitable both for those who wish to communicate easily in French when they travel in French-speaking countries and for those working towards an examination.

The fully revised, new edition consists of:

- the coursebook, containing twenty-one study units, seven revision units, a grammar reference section and a French–English vocabulary
- three specially recorded CDs, containing dialogues, passages and exercises from the coursebook
- an accompanying study booklet with transcripts of the listening practice material, and a key to the exercises in the book and on the CDs

The twenty-one units form the core of the course. Each unit contains:

 presentation material – dialogues, short descriptions, broadcasts, etc.

 à vous!, individual or group practice to improve speaking skills

 avez-vous compris?, designed to check comprehension of the presentation material

 travail à deux, pairwork

 écoutez bien!, an important feature designed to increase listening skills and build up confidence

- **mots et expressions utiles**, a box listing useful words and expressions covered in the presentation material
- **un peu de grammaire**, a brief grammar summary
- **exercices** to develop reading and writing skills
- ✏ **lecture**, an extended reading passage appearing every few units.

The recorded material forms an integral part of the course and is strongly recommended to users. Together with the study booklet, it is essential for those working on their own.

This volume is accompanied by *Façon de Parler 1 Activity Book*, providing a wealth of practice material for students.

Première unité

à l'hôtel

1.1

A coach tour guide introduces himself to guests in a Paris hotel.

Qui est-ce?

Je ne sais pas

Mesdames, messieurs, bonjour et bienvenue à Paris! Je suis le guide de Tourama. Je m'appelle Guillaume Lejeune.

Et vous, comment vous appelez-vous, mademoiselle?

Je m'appelle Jeanne Chouan.

Et vous, mademoiselle?

Je m'appelle Sylvie Clément

Et vous monsieur, quel est votre nom?

Je m'appelle Henri Boivin

Et vous, madame?

Je m'appelle Claire Ouate.

MOTS ET EXPRESSIONS UTILES

À l'hôtel	*At the hotel*
Qui est-ce?	*Who is it?*
Je ne sais pas.	*I don't know.*
madame/mesdames	*madam, Mrs/ladies*
mademoiselle/mesdemoiselles	*Miss/ladies*
monsieur/messieurs	*Sir, Mr/gentlemen*
messieurs-dames	*ladies and gentlemen*
bonjour	*good morning, good day, hello*
Bienvenue à Paris!	*Welcome to Paris!*
je suis	*I am*
Je m'appelle . . .	*My name is* (lit. *I call myself*) . . .
Comment vous appelez-vous? Quel est votre nom?	*What's your name?*
Et vous?	*What about you?* (lit. *And you?*)
À vous!	*Over to you!/Your turn!*

à vous!

Imagine you are a receptionist at the hotel. Greet some of the guests. Use **monsieur**, **madame**, **mademoiselle**, **messieurs** or **messieurs-dames**.

Ex.

Jeanne

Bonjour, mademoiselle!

5

Lucien et Josée

1

Sylvie

2

Henri

3

Claire

4

Dominique et Antoine

Now go round the class, greeting your fellow students in the same way. Introduce yourself, and find out what the names of the other students are. Remember that French people usually shake hands when they meet! And don't forget to say **au revoir** (*goodbye*) when you leave.

1.2

à l'hôtel (suite)

The Cousins, who are from the West Indian island of Martinique, are curious to know where some of the other guests come from.

Lucien	D'où êtes-vous, monsieur?
Henri	Moi, je suis bourguignon. Je suis de Nuits-Saint-Georges, près de Dijon.
Josée	Et vous, madame?
Claire	Je suis de Rouen, en Normandie. Et vous?
Josée	Nous sommes de la Martinique.
Claire	Ah, la Martinique, quelle belle île!
Antoine	Et nous, nous sommes de Corse. C'est une belle île aussi!

Claire	C'est vrai!
Lucien	Et vous, messieurs-dames, d'où êtes-vous?
François	Nous sommes de Strasbourg, en Alsace.
Josée	Et vous, monsieur?
Yves	Annick et moi, nous sommes de Quimper, en Bretagne.
Lucien	Et vous?
Jeanne	Je suis de Luçon, en Vendée.
Sylvie	Et moi, je suis de Grasse, en Provence.
Josée	Alors, nous sommes tous français!

MOTS ET EXPRESSIONS UTILES

suite	*continued (here)*
D'où êtes-vous?/Vous êtes d'où? (pol./pl.)	*Where are you from?*
Je suis de . . .	*I am from . . .*
Nous sommes de . . .	*We are from . . .*
bourguignon	*from Burgundy*
près de	*near*
en Normandie/Alsace/Bretagne	*in Normandy/Alsace/Brittany*
Corse	*Corsica*
Quelle belle île!	*What a beautiful island!*
c'est un/une	*this is a/it's a*
c'est vrai	*it's true*
alors	*so*
tous	*all*
D'où es-tu?/Tu es d'où? (fam./sing.)	*Where are you from?*
Et toi? (fam./sing.)	*What about you? (lit. And you?)*

avez-vous compris?

Check the list of guests, and complete any details that are missing.

Nom	Prénom	Ville	Région
LE BRAZ	Y_____	_____	Bretagne
BOIVIN	H_____	Nuits-Saint-Georges	Bourgogne
CHOUAN	Jeanne	_____	Vendée
CLÉMENT	Sylvie	Grasse	_____
COUSIN	Josée	Fort-de France	Martinique
COUSIN	L_____	Fort-de-France	Martinique
LE GOFF	A_____	Quimper	_____
MULLER	F_____	Strasbourg	Alsace
MULLER	M_____	Strasbourg	_____
OUATE	Claire	_____	Normandie
ROSSI	A_____	Ajaccio	Corse
ROSSI	D_____	Ajaccio	_____

La Grande Arche de la Défense

Les Invalides

à vous!

Regardez la carte de France. *Look at the map of France*. Identify the towns and regions mentioned in the dialogue on pages 4–5. Imagine you are the guests, and say where you come from in turn: **Je suis de** _____ , or **Nous sommes de** _____ , accordingly. Begin with Jeanne. What would people from other French towns say?

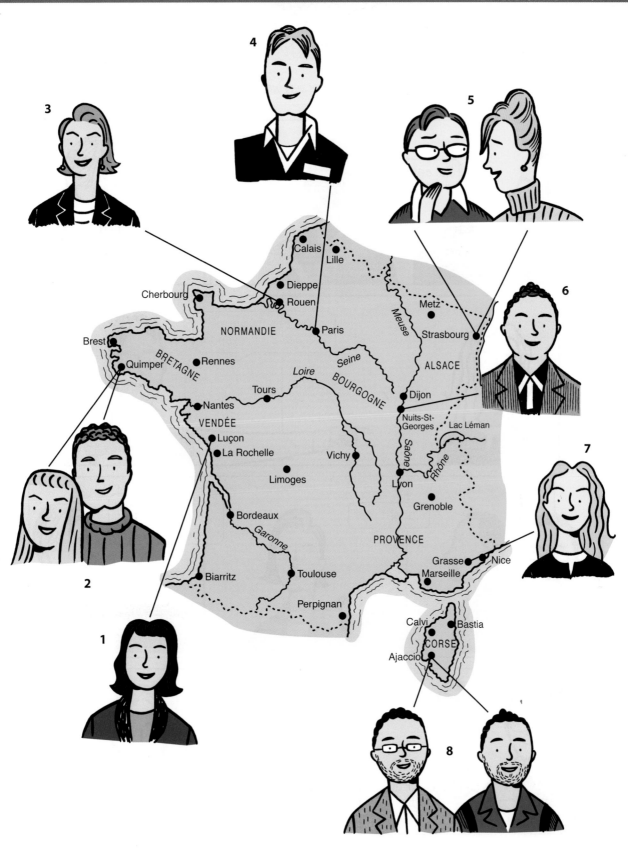

à l'hôtel (suite)

Our guests do not know one another very well yet. They keep asking Guillaume, the guide, for his help.

travail à deux

Work in pairs. Take it in turns to identify the guests by asking **Qui est-ce?** (*Who is it?*) and answering **C'est . . .** (*It's . . .*) or **Je ne sais pas**. (*I don't know.*) Write in their names when you have checked your answers.

1   2   3   4   5   6

à l'hôtel (suite et fin)

1.4

The receptionist is talking to a colleague about the hotel guests.

Collègue	Les Muller, ils sont allemands?
Réceptionniste	Ah non! Ils sont de Strasbourg.
Collègue	Et les frères jumeaux, ils sont italiens?
Réceptionniste	Non, ils sont corses.
Collègue	Et le couple Cousin, est-ce qu'ils sont français?
Réceptionniste	Oui, bien sûr, ils sont de la Martinique!
Collègue	Et Monsieur Aboulfath?
Réceptionniste	Il est d'origine maghrébine, mais il est né à Limoges.
Collègue	Alors tous les clients sont français!
Réceptionniste	Non, il y a beaucoup de clients étrangers à l'hôtel.
Collègue	Ah bon?
Réceptionniste	Oui, les Martin sont anglais et Monsieur Jones est gallois. Madame McDonald est canadienne, mais d'origine écossaise et les O'Hara …
Collègue	Ils sont irlandais!
Réceptionniste	Non, ils sont américains. Ils sont nés à Dallas. Et il y a aussi une cliente tchèque, Madame Svoboda.

MOTS ET EXPRESSIONS UTILES

(la) fin	*(the) end*	un(e) client(e)	*a customer*
allemand(e)	*German*	étranger/étrangère	*foreign*
les frères jumeaux	*the twin brothers*	anglais(e)	*English*
italien(ne)	*Italian*	gallois(e)	*Welsh*
corse	*Corsican*	canadien(ne)	*Canadian*
français(e)	*French*	mais	*but*
bien sûr	*of course*	écossais(e)	*Scottish*
d'origine …	*of … origin*	irlandais(e)	*Irish*
maghrébin(e)	*North African (from Algeria, Morocco or Tunisia)*	américain(e)	*American*
il/elle est né(e)	*he/she is born*	ils sont nés/elles sont nées	*they were born*
il y a	*there is/there are*	tchèque	*Czech*
beaucoup (de/d')	*a lot (of)*		

avez-vous compris?

Répondez vrai ou faux. *Answer true or false*. Then correct the false statements.

1 Les Muller sont allemands.

2 Les jumeaux sont corses.

3 Les Cousin sont français.

4 M. Aboulfath est né en France.

5 Madame McDonald est d'origine écossaise.

6 Les O'Hara sont irlandais.

7 Monsieur Jones est américain.

8 Tous les clients de l'hôtel sont étrangers.

à vous!

Help say where some of the guests of this cosmopolitan hotel were born.

Ex. Nous sommes Monsieur et Madame Dumas. Nous sommes monégasques.
Nous sommes nés à Monte Carlo.

a Hoa Dihn Phan est d'origine vietnamienne. Il _____ à Hanoi.

b Axelle n'est pas française, elle est belge. Elle _____ à Bruxelles.

c Moi, Charles Désiré Duval, je suis de l'Île Maurice. Je _____ à Pamplemousses, *grapefruit* en anglais.

d Elles sont parisiennes mais elles _____ à la Guadeloupe.

Quiz: un peu d'histoire

1 Est-ce qu'elle est
écossaise ☐
ou irlandaise? ☐

Marie Stuart

Florence
Nightingale

2 Est-ce qu'elle est
américaine ☐
ou anglaise? ☐

3 Est-ce qu'il est
suisse ☐
ou belge? ☐

Guillaume Tell

Beethoven

4 Est-ce qu'il est
hollandais ☐
ou allemand? ☐

5 Est-ce qu'elle est
française ☐
ou belge? ☐

Jeanne d'Arc

Martin Luther King

6 Est-ce qu'il est
américain ☐
ou australien? ☐

7 Est-ce qu'il est
italien ☐
ou français? ☐

Napoléon

Lénine et Staline

8 Est-ce qu'ils sont
russes ☐
ou chinois? ☐

9 Est-ce qu'elles sont
galloises ☐
ou anglaises? ☐

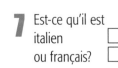

Charlotte at Emily Bronté

Marie de Médicis
et Lucrèce Borgia

10 Est-ce qu'elles sont
italiennes ☐
ou espagnoles? ☐

11 Est-ce qu'ils sont
suisses ☐
ou français? ☐

Pierre et Marie Curie

Indira Gandhi et Nehru

12 Est-ce qu'ils sont
africains ☐
ou indiens? ☐

  et vous?

Où êtes-vous né? Quelle est votre nationalité?

UN PEU DE GRAMMAIRE

Verb

ÊTRE	*to be*
je suis	*I am*
tu es (fam.+sing.)	*you are*
il est	*he is*
elle est	*she is*
nous sommes	*we are*
vous êtes (pol./pl.)	*you are*
ils sont (m. or mixed)	*they are*
elles sont (f. only)	*they are*

Rules of agreement (number and gender)

Il est français.	*He is French.*
Elle est anglaise.	*She is English.*
Ils sont allemands. (m. or mixed)	*They are German.*
Elles sont espagnoles. (f. only)	*They are Spanish.*
Il est né à Nice.	*He was born in Nice.*
Elles sont nées (f. only) à Pau.	*They were born in Pau.*

Three basic question forms requiring a yes/no answer

Vous êtes suisse?	
Est-ce que vous êtes suisse?	*Are you Swiss?*
Êtes-vous suisse?	

▶ **Grammaire** 1, 2, 12(a)(b)(c)

EXERCICES

A The following conversation has got muddled: the questions are separated from the answers. The questions are in the correct order, but the answers are not. What's the correct order?

Réceptionniste   Bonjour, madame.
Réceptionniste   Comment vous appelez-vous?
Réceptionniste   Vous êtes anglaise?
Réceptionniste   D'où êtes-vous? De Berlin?
Réceptionniste   Et Monsieur Schmidt, il est de Bonn aussi?

a Cliente   Non, je suis allemande.
b Cliente   Non, je suis de Bonn.
c Cliente   Je ne sais pas!
d Cliente   Je m'appelle Braun, Clara Braun.
e Cliente   Bonjour, madame.

B Complete this conversation between the guide and a tourist, using the correct form of **être** (*to be*). Practise reading it afterwards.

Une touriste   Bonjour, monsieur.
Le guide   Bonjour, madame. Je **1** _____ le guide.
Une touriste   Ah! Vous **2** _____ de Paris?
Le guide   Oui, et vous?
Une touriste   Je **3** _____ de Glasgow.
Le guide   Ah! Vous **4** _____ anglaise!
Une touriste   Non.
Le guide   Quelle **5** _____ votre nationalité?
Une touriste   Je **6** _____ écossaise, je **7** _____ née à Aberdeen.

C Are these people French? If not, say what nationality they really are.

Ex. Nelson Mandela? Non, il est sud-africain.

1 Jeanne d'Arc?
2 Beethoven?
3 Claude Debussy?
4 Georges Washington?
5 Les Beatles?
6 Céline Dion?
7 Emmanuelle Béart et Audrey Tautou?
8 Le général de Gaulle?
9 L'amiral Nelson?
10 Kylie Minogue?

D   What questions do Marie and François ask?

Marie et François   Bonjour. **1** _____ ?
Annick et Yves   Annick et Yves.
Marie et François   **2** _____ ?
Annick et Yves   Oui, nous sommes français, de Bretagne.
Marie et François   **3** _____ ?
Annick et Yves   Nous sommes de Quimper. Et vous?
Marie et François   Nous sommes de Strasbourg.

E   Use some famous people of your choice to complete the sentences.

Ex.   Dvorak et Smetana sont tchèques.

1 _____ est allemande
2 _____ sont espagnols.
3 _____ est russe.
4 _____ est anglaise.
5 _____ sont australiennes.
6 _____ est américaine.
7 _____ sont français.
8 _____ est italien.

ÉCOUTEZ BIEN!

1.5, 1.6

Première partie

Look again at the map on page 7, and listen carefully. Ten French people will tell you where they are from. Point to the different places on the map as you hear them mentioned. Each will be said twice.

Deuxième partie

You will hear eight groups of three correct sentences. For each group, pick the sentence (a, b or c) which is the odd one out. Each group will be said twice. The first one has been done for you.

1 c	**4** _____	**7** _____
2 _____	**5** _____	**8** _____
3 _____	**6** _____	

Deuxième unité

mini-conversations

As they get to know one another better, the hotel guests start asking more personal questions . . .

Claire, vous êtes mariée?

Oui Josée, je suis mariée.

Moi aussi, je suis mariée.

Nous sommes mariés.

Nous aussi, nous sommes mariés.

Nous ne sommes pas mariés. Nous sommes célibataires.

Nous, nous sommes fiancés.

Et vous Henri?

Moi, je suis divorcé.

Other guests in the hotel are also getting acquainted.

Je vous présente ma partenaire, Marine Laforge.

Enchanté!

Je ne suis pas marié, mais j'ai un petit ami qui s'appelle Thierry.

Moi, mon partenaire s'appelle Nicolas.

Nous, nous sommes pacsés.

MOTS ET EXPRESSIONS UTILES

marié(e)/fiancé(e)	*married/engaged*
célibataire	*single*
mon/ma partenaire (m./f.)	*my partner*
Enchanté(e)!	*Pleased to meet you!* (lit. *Delighted*)
je ne suis pas/nous ne sommes pas	*I am not/we are not*
mais j'ai un(e) petit(e) ami(e)	*but I have a boyfriend/girlfriend*
pacsé(e)	*joined in civil partnership*

avez-vous compris?

Who would say the following? Match the words to the person.

1 Je suis mariée.

2 J'ai un petit ami.

3 Nous ne sommes pas mariés.

4 Je suis célibataire.

5 Ma partenaire s'appelle Cécile.

a a single man or woman

b a married woman

c someone with a girlfriend

d a group of single people

e someone with a boyfriend

à vous!

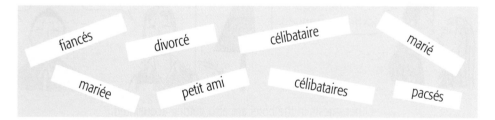

fiancés divorcé célibataire marié
mariée petit ami célibataires pacsés

Complete the conversation with words from the box above.

Guillaume   Vous êtes mariée, Claire?

Claire   Oui, je suis **1** _____ . Et vous Guillaume?

Guillaume   Ah non, je ne suis pas **2** _____ , je suis **3** _____ .

Antoine et Dominique Nous aussi, nous sommes **4** _____ . Et vous Jeanne?

Jeanne   J'ai un **5** _____ qui s'appelle Gabriel.

Annick et Yves	Nous, nous sommes **6** _____ .
Guillaume	Vous êtes marié, Henri?
Henri	Moi, je suis **7** _____ .
Claire	Et Jean-Charles et Armand sont **8** _____ .

mini-conversation

1.8

Now some of the guests are talking about what they do for a living.

Sylvie, vous êtes étudiante?

Non, je suis ouvrière. Je travaille dans une usine de parfums à Grasse.

Et vous, Jeanne? Où travaillez-vous?

Je suis professeur de sciences. Je travaille dans un collège.

Et moi, je suis pharmacien. Je travaille dans une pharmacie.

Moi, je travaille dans un bureau. Je suis fonctionnaire, et Yves est pêcheur.

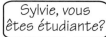

MOTS ET EXPRESSIONS UTILES

toujours	*always*	ouvrier/ouvrière	*manual worker*
pendant	*during*	fonctionnaire	*state employee*
les vacances	*the holidays*	pêcheur	*fisherman*
guide	*guide*	un collège	*a college*
étudiant/étudiante	*student*	une usine	*a factory*
enquêteur/enquêtrice	*market researcher*	une pharmacie	*a pharmacy/chemist's*
médecin	*doctor*	un bureau (pl. des bureaux)	*an office*
comme secrétaire	*as a secretary*	Quel est votre métier?	*What's your job/occupation?*
cuisinier/cuisinière	*cook*	Vous travaillez?	*Do you work?*
infirmier/infirmière	*nurse*	Où travaillez-vous?	*Where do you work?*
ingénieur	*engineer*	Je travaille . . .	*I work . . .*
professeur	*teacher*	à temps partiel	*part time*
pharmacien/pharmacienne	*pharmacist*	un cabinet (médical)	*a (doctor's) surgery*

avez-vous compris?

Is what the tourists say about their occupations correct?

Sylvie	Je travaille dans une usine.
Marie	Je ne suis pas médecin.
Annick	Je ne travaille pas dans un bureau.
Guillaume	Je ne suis pas professeur.
Yves et Henri	Nous ne sommes pas ingénieurs.
Jeanne	Je ne suis pas infirmière.
François	Je travaille dans un collège.
Josée	Je ne travaille pas à plein temps.

travail à deux

Work in pairs. Choose an occupation (use the **Mots et expressions utiles**), then take it in turns to guess what the other person has chosen.

Ex. Vous êtes secrétaire? – Non, je ne suis pas secrétaire. / Oui, je suis secrétaire.

à la réception de l'hôtel

1.9

The hotel receptionist is being asked about Lucien Cousin by his colleague.

MOTS ET EXPRESSIONS

acteur/actrice	*actor/actress*
dentiste	*dentist*
architecte	*architect*
comptable	*accountant*
pompier	*fireman*
coiffeur/coiffeuse	*hairdresser*

avez-vous compris?

Put all the occupations that have been mentioned so far into the following categories:

En plein air (*outdoors*)	Bureau	Hôpital/Clinique	Autres (*others*)

à vous!

Choose a new identity! First, select an occupation and marital status (use the **Mots et expressions utiles** from this unit). Then select a nationality (referring to Unit 1, if necessary). Finally choose a first name then a place of work from the lists below.

Prénom	Lieu de travail
Jean/Jeanne	dans une banque
René/Renée	dans un bureau
Antoine/Antoinette	dans un hôpital/une clinique
Michel/Michelle	dans un cabinet médical/dentaire
Paul/Paulette	dans un collège/une école
Jules/Julie	dans un restaurant/une cantine
Gabriel/Gabrielle	dans un hôtel
François/Françoise	dans une usine/un laboratoire
Claude	dans une pharmacie
Dominique	dans un studio/un théâtre
Camille	en plein air

Then go round the class and ask/answer the questions below.

Compare results to see what the most popular choices were.

Questionnaire

1 Comment vous appelez-vous?/Quel est votre nom?

2 Quelle est votre nationalité?

3 D'où êtes-vous?

4 Vous êtes marié(e)?

5 Où travaillez-vous?

6 Quel est votre métier?

UN PEU DE GRAMMAIRE

The negative

To make a sentence negative, place the verb between **ne/n'** and **pas**.

ÊTRE	*to be*
je ne suis pas	*I am not*
tu n'es pas (fam.+sing.)	*you are not*
il n'est pas	*he is not*
elle n'est pas	*she is not*
nous ne sommes pas	*we are not*
vous n'êtes pas (pol./pl.)	*you are not*
ils ne sont pas (m. or mixed)	*they are not*
elles ne sont pas (f. only)	*they are not*

Other examples:

je ne travaille pas	*I don't work*
je ne sais pas	*I don't know*

Translation of 'my'

There are three ways of saying 'my' in French:

my + a masculine word	**mon**
my + a feminine word	**ma**
my + a word in the plural	**mes**
mon partenaire (m.)	*my partner* (m.)
ma partenaire (f.)	*my partner* (f.)
mes étudiants (pl.)	*my students* (pl.)

▶ **Grammaire** 4(a), 14

EXERCICES

A   You overhear snippets of conversation. Find out who is talking. You already know that:

Nicole works in an office. She is single.
Guy works in a factory in Brittany.
Anne is a nurse from Corsica.

Bruno is divorced.
Daniel is an accountant from Normandy.

1 Je suis marié. Je suis comptable. Je travaille dans un bureau à Rouen. Je m'appelle

_____ .

2 Moi aussi je suis de Normandie et je travaille dans un bureau, mais je suis célibataire. Je m'appelle _____ .

3 Non, je ne suis pas d'Ajaccio, je suis de Bastia. Je travaille dans un hôtel. Je suis divorcé. Je m'appelle _____ .

4 Je ne travaille pas dans un hôpital, je travaille dans une clinique. Je suis de Calvi en Corse. Je m'appelle _____ .

5 Je suis de Bretagne. Non, je ne suis pas pêcheur. Je travaille dans une usine à Brest. Je m'appelle _____ .

B Jeanne Chouan filled in this form online to book a place for a conference on Education and Science in Paris. How would you complete one for yourself?

☒

Congrès Annuel
L'Enseignement et les Sciences de Demain

Fermer cette fenêtre	Imprimer ☐☐

Bulletin d'inscription

Sujet: L'avenir de la génétique

Lieu: Paris

Date: Du 31 mars   Au   2 avril

Nom: CHOUAN

Prénom: Jeanne

Date de naissance: 17/08/1988

Nationalité: Française

Numéro de passeport ou de carte d'identité: 85-994441

Profession: Professeur

Adresse: 11 rue Victor Hugo

Code postal: 85400

Ville: Luçon

Pays: France

Tél: 02 51 08 33 70

Mél: jchouan@hotnet.fr   Continuer ▸

C Complete with the correct part of the verb **être**.

1 Annick _____ fonctionnaire.

2 Claire n'_____ pas secrétaire.

3 François _____ ingénieur.

4 Antoine et Dominique _____ cuisiniers.

5 Jeanne _____ professeur.

▶

6 Lucien et Josée ne _____ pas dentistes.

7 Marie _____ infirmière.

8 Henri n'_____ pas ouvrier.

9 Et nous, nous _____ étudiants de français!

D Take the part of each of the following people, and answer the questions.

1 You are a fisherman from Florida. Your wife is Chinese. Your name is Brown.
  – Comment vous appelez-vous?   – Je m'appelle …
  – Est-ce que vous êtes canadien?   – Non, je ne suis pas …
  – Est-ce que vous êtes célibataire?   – Non, je suis …
  – Est-ce que Madame Brown est américaine, aussi?   – Non, elle est …
  – Où travaillez-vous?   – Je travaille …

2 You are on honeymoon in Paris. You and your husband come from Moscow. You are a hospital nurse. Your name is Tania.
  – Comment vous appelez-vous?
  – Est-ce que vous êtes française?
  – Est-ce que vous êtes de Moscou?
  – Est-ce que vous êtes mariée?
  – Où travaillez-vous?

3 You and your husband were born in Berlin. You are both college teachers. You speak on behalf of both of you (use **nous**).
  – Est-ce que vous êtes allemands?
  – Est-ce que vous êtes de Berlin?
  – Est-ce que vous êtes mariés?
  – Quel est votre métier?

4 You and your brother are both Australian, from Perth. You are both students. You speak on behalf of both of you (use **nous**).
  – Est-ce que vous êtes sud-africain?
  – Est-ce que vous êtes de Sydney?
  – Quel est votre métier?

E Complete the sentences with **mon**, **ma** or **mes**.

Ex. Johnny Depp est mon acteur préféré.

1 _____ étudiants sont cuisiniers.

2 _____ coiffeuse est d'origine polonaise.

3 _____ métier est intéressant.

4 _____ partenaire s'appelle Catherine.

5 Beaucoup de _____ clients sont étrangers.

6 _____ dentiste s'appelle Monsieur Martin.

1.10

ÉCOUTEZ BIEN!

Listen carefully to the five conversations. Answer the questions after each one, in English.
Listen to each dialogue twice.

1 Who are the two people talking?
What are they talking about?

2 What do these two people wish to know?
What are the answers?

3 What does the first person try to find out?
What answer do they get?

4 Have these two people the same marital status?
What detail do we learn about the second one?

5 Where does the lady work?
What is her occupation?

LECTURE

Choose your favourite personality, online, with CELEB, the new French celebrity magazine. Simply click on VOTE!

Choisissez votre personnalit

avec  *le nouvea*

de la press

Cliquez sur VOTEZ, tout simplement!

Daniel Radcliffe.
Acteur.
Anglais

VOTEZ

Beyoncé Knowles.
Chanteuse.
Américaine.

VOTEZ

Roger Federer.
Joueur de tennis.
Suisse.

VOTEZ

Barack Obama.
Homme politique
Américain.

VOTEZ

Ronaldinho.
Footballeur.
Brésilien.

VOTEZ

Graham Norton.
Présentateur de TV.
Irlandais.

VOTEZ

Katherine Jenkins.
Chanteuse.
Galloise.

VOTEZ

Pedro Almadova
Cinéaste.
Espagnol.

VOTEZ

Audrey Tautou.
Actrice.
Française.

VOTEZ

Andrea Bocelli.
Chanteur.
Italien.

VOTEZ

Maria Sharapova.
Joueuse de tennis.
Russe.

VOTEZ

Linda Evangelista
Mannequin.
Canadienne.

VOTEZ

Q Google

...référée, en ligne,

...agazine
...eople.

Martine Aubry.
Femme politique.
Française.

VOTEZ

J.K. Rowling.
Écrivain.
Anglaise.

VOTEZ

Zaha Hadid.
Architecte.
Anglo-iraquienne.

VOTEZ

Cate Blanchett.
Actrice.
Australienne.

VOTEZ

Lang Lang.
Pianiste.
Chinois.

VOTEZ

Zoë Ball.
Présentatrice de radio et de TV.
Anglaise.

VOTEZ

Troisième unité

au café

7.11

Some of the hotel guests are in a café ordering drinks.

Guillaume	Alors, qu'est-ce que vous prenez?
François	Pour moi, une bière, naturellement. Et toi, Marie?
Marie	Je ne sais pas; un jus d'orange ou un citron pressé. Non, un schweppes.
Henri	Moi, je prends un kir.
Guillaume	Monsieur, s'il vous plaît!
Garçon	Bonsoir, messieur-dames. Vous désirez?
Guillaume	Alors, une bière . . .
Garçon	Bouteille ou pression?
François	Bouteille, s'il vous plaît, et un schweppes pour ma femme.
Guillaume	Un kir pour Henri, et pour vous Josée?
Josée	Un grand crème pour moi, et un panaché pour mon mari.
Guillaume	Et pour vous, Claire?
Claire	Un café et un cognac.
Guillaume	Alors un café et un cognac, et pour moi, un verre de vin blanc bien frais.
Garçon	Un café, un cognac et un petit blanc. Tout de suite messieurs-dames.

MOTS ET EXPRESSIONS UTILES

Qu'est-ce que vous prenez?	*What will you have?* (lit. *take*)
je prends	*I'll have* (lit. *I take*)
s'il vous plaît	*please*
bonsoir	*good evening*
un garçon	*a waiter* (here), *a boy*
Vous désirez?	*What would you like?*
tout de suite	*straight away, immediately*
une bière bouteille	*a bottled beer*
une bière pression	*a draught beer*
un café	*a coffee*

un citron pressé	*a freshly squeezed lemon juice*
un cognac	*a brandy*
un grand crème	*a large white coffee*
un jus d'orange	*an orange juice*
un kir	*a white wine with blackcurrant liqueur*
un panaché	*a shandy*
un schweppes	*a tonic water*
un verre de vin	*a glass of wine*
blanc	*white*
bien frais	*nice and cold*
ma femme	*my wife*
mon mari	*my husband*

avez-vous compris?

How many people have chosen alcoholic drinks?

au café (suite)

1.12

Now they order some snacks.

Guillaume	Monsieur, s'il vous plaît! Je voudrais un sandwich.
Garçon	Fromage, jambon ou pâté?
Guillaume	Un sandwich au jambon.
François	Et pour moi, un croque-monsieur.
Claire	Moi, je voudrais une glace au chocolat.
Garçon	Très bien. C'est tout?
Guillaume	Oui, merci. Et l'addition, s'il vous plaît.

MOTS ET EXPRESSIONS UTILES

suite	*continued* (here)
un sandwich au fromage/au jambon/au pâté	*a cheese/ham/pâté sandwich*
un croque-monsieur	*a toasted ham and cheese sandwich*
une glace (au chocolat)	*a (chocolate) ice cream*
l'addition	*the bill*

avez-vous compris?

What type of sandwiches are available?

à vous!

Complétez le dialogue. *Complete the dialogue*. The tourists like watching the world go by from a café terrace in Paris. Help the waiter give them what they ordered (shown in the bubbles) and indicate who is talking.

Claire   Josée   François   Lucien   Marie   Guillaume

Garçon	Voilà messieurs-dames! Alors, le schweppes, c'est pour qui?
_____	C'est pour moi.
Garçon	Le vin blanc?
_____	Pour moi, et le citron pressé, c'est pour ma femme.
Garçon	Voilà monsieur, voilà madame. Et les cafés?
_____	Pour mon mari et pour moi.
Garçon	Alors, la bière, c'est pour vous?
_____	Oui, merci.
Garçon	Et le croque-monsieur?
_____	C'est pour moi.
Garçon	Et la glace?
_____	C'est pour moi, merci.

au café (suite)

As the tourists are chatting over their drinks, the conversation turns to more personal topics.

Guillaume	Avez-vous des enfants, Claire?
Claire	Oui, j'en ai deux, un fils Paul et une fille Élisabeth.
Guillaume	Et vous Henri, avez-vous des enfants?
Henri	Non, malheureusement je n'ai pas d'enfants, mais j'ai beaucoup d'amis!
Guillaume	Et vous Marie et François?
François	Nous aussi, nous avons deux enfants.
Guillaume	Vous avez une maison ou un appartement?
Marie	Nous avons seulement un appartement à Strasbourg.
Claire	Moi, j'ai un appartement à Rouen.
Henri	J'ai une petite maison à Nuits-Saint-Georges.
Guillaume	Vous avez un animal familier?
Claire	Paul et Élisabeth ont des souris blanches, un lapin, un hamster et des poissons rouges.
Marie	Les enfants ont un cochon d'Inde.
Guillaume	Et vous Henri, avez-vous un animal familier, un chien peut-être?
Henri	Je n'ai pas de chien, mais j'ai un chat qui s'appelle Moustache.

MOTS ET EXPRESSIONS UTILES

vous avez	*you have*
Vous avez . . . ?/Avez-vous . . . ?	*Do you have . . . ?*
j'ai	*I have*
je n'ai pas	*I don't have*
j'en ai deux	*I've got two (of them)*
ils/elles ont	*they have*
malheureusement	*unfortunately*
des enfants	*children*
une fille	*a daughter, girl*
un fils	*a son*
un(e) ami(e)	*a friend*
un appartement	*a flat*
une maison	*a house*
un animal familier (pl. animaux)	*a pet*
un chat	*a cat*
un chien	*a dog*
un cochon d'Inde	*a Guinea pig*
un hamster	*a hamster*
un lapin	*a rabbit*
un poisson rouge	*a goldfish*
une souris blanche (pl. des souris blanches)	*a white mouse*

avez-vous compris?

Read the conversation again. How would you complete the form in English?

	Children	Pets	Accommodation
Claire			
Henri			
Marie et François			

au café (suite et fin)

7.14

The conversation continues over another round of drinks.

Guillaume	Vous avez une voiture, Claire?
Claire	Oui, j'ai une Clio.
Claire	Et vous Guillaume?
Guillaume	J'ai seulement un vélo, et quelquefois un car pour les touristes!

The younger members of the group have become very friendly; they now use the **tu** form.

Annick	Yves a un bateau.
Yves	Oui, j'ai un bateau de pêche.
Dominique	Tu as aussi un tracteur ou un camion?
Yves	Non, mais j'ai une moto. Et toi?
Dominique	Antoine et moi, nous avons une mobylette.
Sylvie	Moi aussi, j'ai une mobylette.
Annick	Moi, j'ai une petite voiture. Et toi Jeanne?
Jeanne	Oui, j'ai une voiture, mais je n'ai pas de garage.

MOTS ET EXPRESSIONS UTILES

il/elle a	*he/she has*	un bateau (pl. des bateaux)	*a boat*
tu as (fam.+sing.)	*you have*	un tracteur	*a tractor*
nous avons	*we have*	un camion	*a lorry*
une voiture	*a car*	une moto	*a motorbike*
un vélo	*a bicycle*	une mobylette	*a moped*
un car	*a coach*	un garage	*a garage*

avez-vous compris?

What do these people own, or not own?

Dominique et Antoine ont une **1** m_____. Yves n'a pas de **2** t_____ et il n'a pas de **3** c_____ mais il a une **4** m_____ et un **5** b_____. Guillaume a un **6** v_____. Jeanne a une petite **7** v_____ mais elle n'a pas de **8** g_____.

à vous!

Match the texts to the pictures.

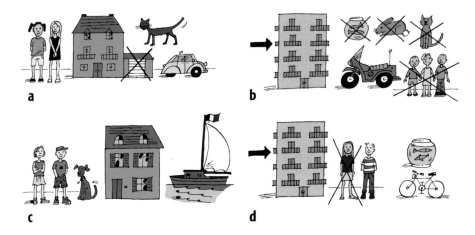

1 J'ai deux enfants, un fils et une fille. J'ai un chien, une maison et un bateau.

2 J'ai deux enfants, deux filles. J'ai une maison et un chat. J'ai une voiture mais je n'ai pas de garage.

3 J'ai un appartement. J'ai un fils mais je n'ai pas de fille. J'ai des poissons rouges et un vélo.

4 J'ai un appartement. J'ai une moto. Je n'ai pas d'enfants et je n'ai pas d'animal familier.

Now cover the text and only look at the pictures. Can you remember what each person said?

et vous?

Avez-vous des enfants? Des animaux? Une voiture? Etc. . . .

Henri rêve

7.15

Henri loves wine. He is daydreaming about the wine in his cellar.

Il a combien de bouteilles? *How many bottles does he have?*

Une bouteille de Meursault.

Une, deux, trois, quatre, cinq, six, sept, huit, neuf, dix, onze, douze, treize, quatorze, quinze . . . Quinze bouteilles de Beaune!

Une, deux, trois, quatre . . . Quatre bouteilles de Volnay!

Une, deux, trois, quatre, cinq, six, sept, huit, neuf, dix, onze, douze, treize, quatorze, quinze, seize, dix-sept, dix-huit, dix-neuf, vingt . . . Vingt bouteilles de Nuits-Saint-Georges!

Une, deux, trois, quatre, cinq, six, sept, huit, neuf, dix . . . Dix bouteilles de Chablis!

En tout, il a cinquante bouteilles de vin!

avez-vous compris?

Henri a combien de bouteilles de vin/de Chablis/de Beaune, etc?

Ex. Il a 50 bouteilles. Il en a 50. (lit. *50 of them*).
Il a dix bouteilles de Chablis. Il en a dix de Chablis.

à vous!

1 You are the only person who speaks French. Order the drinks for your party.

a thirteen Coca-Colas (**cocas**), eleven squeezed lemon juices, and four shandies

b three black coffees, five white coffees, and seven tonic waters

c six white wines, eight beers, and ten white wines with blackcurrant

d one brandy, nine beers and fourteen Coca-Colas

e two brandies, fifteen orange juices, and twenty squeezed lemon juices

2 Read out the following prices. *Ex.* 12,50€ = douze euros cinquante

17€, 18,20€, 14,50€, 19,20€, 11,50€, 13€, 16€, 16,20€, 15€.

7.16

Henri rêve (suite et fin)

Now Henri is thinking about how much his wine is worth.

Voyons . . . Le Meursault coûte soixante euros la bouteille. Et le Beaune coûte . . . vingt euros vingt-cinq la bouteille. Le Volnay coûte . . . euh . . . trente euros cinquante la bouteille. Le Nuits-Saint-Georges coûte cinquante-cinq euros la bouteille et j'en ai vingt! Et le Chablis coûte quarante-cinq euros la bouteille. Oh là là, ça représente une petite fortune, tout ça!

avez-vous compris?

Complétez le texte. *Complete the text.*

Une bouteille de Volnay coûte <u>30,50</u>€, le Meursault coûte _____ €, le Beaune coûte _____ €, le Chablis coûte _____ € et le Nuits-Saint-Georges coûte _____ €. Henri a _____ bouteilles de Nuits-Saint-Georges.

à vous!

Read out the following prices:

Ex. 30,50€ = trente euros cinquante

65€, 40€, 20,50€, 16,10€, 60,20€, 18,10€, 40,15€, 50,25€, 19,30€, 17,55€.

UN PEU DE GRAMMAIRE

AVOIR *to have*

j'ai	*I have*	je n'ai pas	*I have not*
tu as	*you have*	tu n'as pas	*you have not*
il a	*he has*	il n'a pas	*he has not*
elle a	*she has*	elle n'a pas	*she has not*
nous avons	*we have*	nous n'avons pas	*we have not*
vous avez	*you have*	vous n'avez pas	*you have not*
ils ont	*they have*	ils n'ont pas	*they have not*
elles ont	*they have*	elles n'ont pas	*they have not*

Je n'ai pas de (d' before a vowel). . .	*I haven't (got) a/any . . .*	
Ex.	Je n'ai pas de chien.	*I haven't got a dog.*
	Je n'ai pas d'enfants.	*I haven't got any children.*

AVOIR + EN

J'en ai trois	*I have three (of them).*
Je n'en ai pas	*I haven't got any (of it/of them).*

Plurals

Remember that in French, the general rule of the plural is to add an **–s** at the end of nouns, unless the word already ends in **–s**, in which case it remains the same:

une souris, des souris; un fils, des fils

Some plurals are irregular:

un animal, des animau**x**; un bateau, des bateau**x**; un lieu, des lieu**x**

Adjectives form the plural in the same way, whereas they are invariable in English. They also show gender by normally adding an **–e** if they refer to a feminine noun or person.

▶ **Grammaire** 4(d), 12(a)(d), 19(f)

EXERCICES

A Choose some expressions from the box below to complete the conversation.

– Bonsoir messieurs-dames!   **1** - …
– Vous désirez?   **2** - …
– Très bien!   **3** - …
– Bouteille ou pression?   **4** - …
– Et pour les enfants?   **5** - …
– Vous avez beaucoup d'enfants. C'est votre classe?   **6** - …

Et une bière pour monsieur / madame   Oui, nous sommes dentistes   bouteille

Quatre cognacs, cinq verres de vin rouge et six kirs   Oui, nous sommes professeurs

Un grand crème pour moi, s'il vous plaît   Trois glaces, cinq cocas et sept limonades

Bonjour madame!   Un verre de vin blanc pour moi, s'il vous plaît   pression

Bonsoir monsieur!

B Match the questions and answers below.

1 Oui, j'ai une Renault.   **a** Avez-vous des enfants?
2 Non, je n'ai pas d'animal familier.   **b** Avez-vous une maison?
3 Non, mais j'ai un vélo.   **c** Vous avez une voiture française?
4 J'ai un fils et une fille.   **d** Vous avez un bateau?
5 Non, j'ai seulement un appartement.   **e** Est-ce que vous avez un chien?

C Interview your neighbour. Prepare questions about his/her belongings (house, car, pets, etc.).

D Complete with the correct form of the verb **avoir**.

1 Moi j'_____ une voiture anglaise et ma femme _____ une voiture française.
2 Les enfants _____ un lapin, un hamster et des souris blanches.
3 _____ -vous une maison?
   Oui, nous _____ une grande maison en Normandie.
4 Mon mari _____ une moto; moi j'_____ un vélo.
5 Vous _____ combien d'enfants?
   Nous _____ deux filles, mais nous n'_____ pas de fils.

E Continue the sequence.

1 Un, trois, cinq, _____ , _____ .

2 Cinq, dix, quinze, _____ .

3 Dix, douze, _____ , _____ , _____ , vingt.

4 Vingt, dix-neuf, dix-huit, _____ , _____ , _____ , quatorze.

5 Dix-neuf, dix-sept, quinze, _____ , _____ .

6 Trente, trente-cinq, _____ , _____ , _____ , _____ , soixante.

ÉCOUTEZ BIEN!

1.17, 1.18

Première partie

You are going to hear six customers in a café asking the waiter what their bills come to. What is the correct amount due for each round?

Deuxième partie

Listen to the conversation between Mrs Bigger, a French lady married to a wealthy American, and an old acquaintance, Monsieur Lepetit. Then read the statements below carefully and answer **vrai** or **faux** (*true or false*).

a Mme Bigger a une petite maison en Floride.

b Elle n'a pas d'enfants.

c Elle a un chien, deux chats et des poissons rouges.

d Elle a trois voitures.

e Elle a un yacht en Californie.

f Elle n'a pas de vélo.

Faites le point! unités 1–3

1 Complete.

a Dominique et Antoine ne _____ pas ingénieurs, ils _____ cuisiniers.

b Nous _____ pacsés, nous ne _____ pas mariés.

c Vous _____ français? Non, je ne _____ pas français, je _____ anglais.

d  _____ ? C'est Henri. _____ médecin? Non, il _____ médecin, il _____ pharmacien.

2 Choose the correct answer from between the slashes.

a Sylvie est fonctionnaire / infirmière / ouvrière dans une usine de parfums.

b Quelle est votre nationalité? / Quelle est votre situation de famille? / Quel est votre métier? Je suis ingénieur.

c Comment vous appelez-vous? Je suis Jeanne / Je suis professeur / Je m'appelle Jeanne.

d Je ne suis pas marié, je suis célibataire / fonctionnaire / allemand.

3 You are in a French café with six friends. As you know your friends' likes and dislikes, can you help them make the right decisions?

a She hesitates between **un kir** and **un panaché**. You know she does not like beer.

b He is allergic to milk. Will you suggest **un café** or **un crème**?

c She definitely prefers red wine. Will you recommend **un vin rouge** or **un vin blanc**?

d This friend always chooses draught beer because it's cheaper. So should it be **une bière bouteille** or **une bière pression**?

e He hates cheese. Can he order a **croque-monsieur**?

4 Give the answers to the following. Use a calculator (*une calculette*) if you wish.

a quatre + huit =

b deux × sept =

c seize ÷ deux =

d quinze + un =

e douze + six =

f vingt − trois =

g cinq + six − quatre =

h trente × deux =

i cinquante-cinq − quarante =

5   Pick the odd one out in the boxes below, and justify your choice.

a   un vélo   un car   un kir   une voiture

b   une maison   une bouteille   un appartement   un garage

c   des poissons   des souris   des amis   des chats

d   un camion   une bière   un panaché   un crème

e   un mari   une fille   un frère   un fils

6   Use **mon**, **ma** or **mes** to express 'my'.

a ___ vélo   **d** ___ amis   **g** ___ chats

b ___ voiture   **e** ___ mari   **h** ___ glace

c ___ appartement   **f** ___ fils   **i** ___ bière

7   Use the correct form of the verb **avoir** in these sentences. Then match them with the questions that follow.

a   Non, mais nous en _____ à Nice.

b   Non, ils n'_____ pas d'enfants.

c   Oui, j'ai un cochon d'Inde et mon frère _____ trois lapins.

d   Ma femme a une Toyota, mais moi, j'_____ une petite voiture française.

e   Non, mais moi, j'en _____ un.

  (i)   Avez-vous des animaux familiers?

 (ii)   Avez-vous une voiture anglaise?

(iii)   Avez-vous des amis français à Paris?

 (iv)   Elle a aussi un vélo?

  (v)   Ils ont des enfants?

8   Give the plural form of the following words.

a   un ami – des . . .   **c**   une souris – des . . .   **e**   un vélo – des . . .

b   un animal – des . . .   **d**   un bateau – des . . .   **f**   un fils – des . . .

Quatrième unité

la visite de Paris

Ah, voilà le car!
Allons-y!

Josée and Lucien Cousin are waiting for the coach
to go on a tour of Paris.

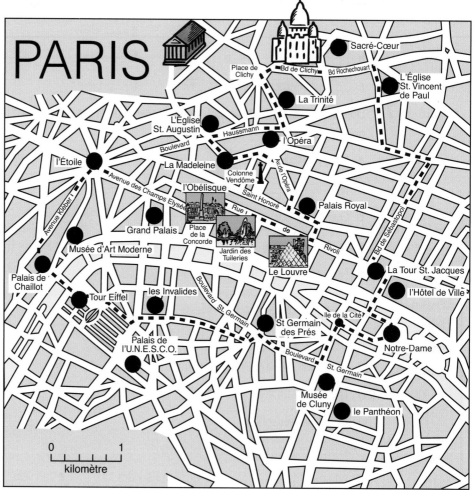

PARIS

Sacré-Cœur

Place de Clichy · Bd de Clichy · Bd Rochechouart

L'Église St. Vincent de Paul

La Trinité

L'Église St. Augustin

Haussmann

l'Opéra

Boulevard

l'Étoile

La Madeleine

Colonne Vendôme

Avenue des Champs Elysées

Av. de l'Opéra

l'Obélisque

Saint Honoré

Rue

Palais Royal

Avenue Kléber

Grand Palais

Place de la Concorde

de

Musée d'Art Moderne

Jardin des Tuileries

Rivoli

Bd de Sébastopol

Le Louvre

La Tour St. Jacques

Palais de Chaillot

l'Hôtel de Ville

Tour Eiffel

les Invalides

Boulevard St. Germain

Ile de la Cité

St Germain des Prés

Notre-Dame

Palais de l'U.N.E.S.C.O.

Boulevard St. Germain

Musée de Cluny

le Panthéon

0 ____ 1
kilomètre

Guillaume	Voici l'Arc de Triomphe et les grandes avenues. Nous sommes maintenant avenue Kléber . . . Voilà le palais de Chaillot.
Josée	Qu'est-ce que c'est?
Guillaume	C'est un centre culturel, avec des musées, un théâtre . . . Voici la Seine . . . Nous sommes maintenant sur le pont d'Iéna.

Lucien	Regardez, un bateau-mouche!
Guillaume	Oui, et voilà la célèbre tour Eiffel …
	À gauche, ce sont les Invalides.
Josée	Qu'est-ce que c'est exactement?
Guillaume	À l'origine, un hôpital pour les soldats, aujourd'hui, le musée de l'Armée …
	Nous sommes maintenant à Saint Germain-des-Prés. Regardez l'église!
Josée	Et la Grande Arche?
Guillaume	C'est à la Défense, à l'ouest de Paris … Et voilà le quartier Latin, le quartier des étudiants … Nous sommes maintenant dans l'île de la Cité, le cœur de Paris. À droite, c'est la cathédrale de Notre-Dame, et il y a aussi un marché aux fleurs …
Lucien	Est-ce que le Centre Pompidou est par ici?
Guillaume	C'est exact. C'est très intéressant, et il y a souvent un spectacle sur l'esplanade.
Josée	Quoi, par exemple?
Guillaume	Des jongleurs, des chanteurs …
Josée	Oh, allons-y, allons-y!

MOTS ET EXPRESSIONS UTILES

Qu'est-ce que c'est?	*What is this?/What is it?*	voilà	*there is*
C'est un/une …	*It's a …*	il y a	*there is/there are*
le palais	*the palace*	regardez	*look*
le jardin	*the garden*	célèbre	*famous*
un musée	*a museum*	aujourd'hui	*today*
le pont	*the bridge*	à gauche	*on the left*
un bateau-mouche	*a river-boat for sight-seeing*	à droite	*on the right*
la tour	*the tower*	à l'ouest	*to the west*
un hôpital (pl. des hôpitaux)	*a hospital*	pour	*for*
une église	*a church*	dans	*in*
un marché (aux fleurs)	*a (flower) market*	par ici	*round here*
le cœur	*the heart*	sur	*on*
maintenant	*now*	souvent	*often*
voici	*here is*	Allons-y!	*Let's go!* (lit. *there*)

avez-vous compris?

Can you match the following descriptions with places mentioned on the coach tour?

1 This river runs through Paris.

2 Today a military museum, formerly a hospital.

3 A district frequented by students.

4 Notre-Dame can be found here, in what is known as the heart of Paris.

5 A colourful modern cultural centre where there are often displays or performances out on the esplanade.

travail à deux

Work in pairs. A French-speaking tourist is checking up on the sights in the London area. Do your best to assist, but don't be afraid to say **je ne sais pas**, if you don't know!

Touriste   Covent Garden, qu'est-ce que c'est? C'est un marché?

Vous   Non, ce n'est pas un marché, c'est un centre culturel avec l'Opéra, des magasins, des cafés, des spectacles . . .

Touriste   The Victoria and Albert, c'est un musée?

Vous   Oui, **1** _____ .

Touriste   Et St Martin-in-the-Fields, qu'est-ce que c'est?

Vous   **2** _____ .

Touriste   Et St Bartholomew's, c'est une église aussi?

Vous   Bart's? Ah non, **3** _____ .

Touriste   Le Globe, qu'est-ce que c'est?

Vous   **4** _____ .

Touriste   Et le Cutty Sark, qu'est-ce que c'est?

Vous   **5** _____ .

1.20

la visite de Paris (suite et fin)

After a walk to the Pompidou Centre, the coach tour continues . . .

Guillaume	Nous sommes maintenant à Montmartre, dans le nord de Paris . . . Voilà le Sacré-Cœur.
Josée	Qu'est-ce que c'est?
Guillaume	C'est une église, une basilique exactement.
Lucien	Et la place du Tertre, c'est aussi à Montmartre?
Guillaume	Oui, c'est aussi à Montmartre, là-haut!
Lucien	C'est une place avec des artistes, des peintres, n'est-ce pas?
Guillaume	Oui, c'est ça . . . Ah, voici les grands boulevards. Voilà le Printemps, les Galeries Lafayette . . .
Josée	Ah oui, les grands magasins!
Guillaume	Voici La Madeleine . . . C'est aussi une église, de style grec . . . Et voilà l'Opéra Garnier . . . Nous sommes maintenant au Palais-Royal. Voici la Comédie-Française.
Josée	Ah, le théâtre de Molière!
Guillaume	Et voici le Louvre, un palais converti en musée . . .
Lucien	Regardez, la pyramide de verre!
Guillaume	Voici le jardin des Tuileries . . . Et voilà la place de la Concorde avec l'obélisque de Louqsor.

Guillaume	Ah! nous sommes enfin aux Champs-Élysées, l'hôtel n'est plus loin.

MOTS ET EXPRESSIONS UTILES

le nord	*the north*	enfin	*at last*
la place	*the square*	C'est ça.	*That's it./That's right.*
un grand magasin	*a department store*	Qu'est-ce qu'il y a?	*What's the matter?/What is there?*
un embouteillage	*a traffic jam*	une manifestation	*a demonstration*
là-haut	*up there*	loin	*far*
seulement	*only*		

avez-vous compris?

1 What is the place du Tertre famous for, and where is it?

2 Name two famous department stores in Paris.

3 What is the Comédie-Française?

4 The Louvre is a famous museum, but what was it originally?

5 What is there in the middle of the place de la Concorde?

6 What delays the coach there?

à vous!

Qu'est-ce que c'est?

1 Ce sont des centres culturels avec des musées, des théâtres et des expositions.

2 C'est le musée de l'Armée, à l'origine un hôpital pour les soldats.

3 C'est un quartier très moderne où il y a une arche célèbre à l'ouest de Paris.

4 C'est une grande place avec un obélisque égyptien au milieu.

5 C'est un service de promenades touristiques sur la Seine.

6 C'est une basilique à Montmartre dans le nord de Paris.

à la réception de l'hôtel

Back at the hotel, a prospective customer is making some enquiries at reception.

Client	Bonjour, madame. Vous avez des chambres libres?
Réceptionniste	Une chambre pour une personne?
Client	Non, une chambre pour deux personnes, avec salle de bain ou douche.
Réceptionniste	Pour une nuit?
Client	Oui, pour ce soir seulement.
Réceptionniste	Alors, il y a une chambre avec douche, lavabo et WC privés qui fait cent cinquante euros, avec la télévision et le téléphone.
Client	Le petit déjeuner est compris?
Réceptionniste	Non, il est en plus, il fait seize euros par personne.
Client	Il y a un restaurant?
Réceptionniste	Oui, bien sûr.
Client	Il y a un garage?
Réceptionniste	Non, je regrette, mais il y a un parking.
Client	Ça va, je la prends.
Réceptionniste	Quel est votre nom?
Client	Lafitte.
Réceptionniste	Ça s'écrit comment?
Client	L-A-F-I-deux T-E.
Réceptionniste	Très bien. Voici votre clé. C'est la chambre numéro 610, au sixième étage.
Client	Il y a un ascenseur j'espère!
Réceptionniste	Bien sûr monsieur, tout de suite à gauche, mais je regrette, il est en panne!

MOTS ET EXPRESSIONS UTILES

des chambres libres	*vacancies*
une chambre pour une personne	*a single room*
une chambre pour deux personnes	*a double room*
avec douche/salle de bain(s)	*with shower/bathroom*
lavabo/WC privés	*washbasin/own toilet*

un parking	*a car park*
votre clé/clef (f.)	*your key*
un ascenseur	*a lift*
pour une nuit	*for one night*
pour ce soir	*for tonight*
Le petit déjeuner est compris?	*Is breakfast included?*
ça va, je la prends	*all right, I'll take it*
Ça s'écrit comment?	*How is that spelt?*
cent	*(a) hundred*
au sixième étage	*on the sixth floor*
bien sûr	*of course*
je regrette	*I am sorry*
en panne	*out of order*

avez-vous compris?

Répondez en anglais. *Answer in English.*

1 How long do the Lafittes want the room for?

2 What facilities do they get with the room?

3 How much is it with breakfast?

4 Where can they leave their car?

5 What is the room number, and where is it situated?

6 What is wrong with the hotel?

travail à deux

1 Take it in turns to ask for the following rooms.

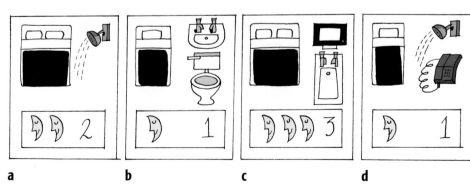

a   **b**   **c**   **d**

2 Work in pairs. Find out what facilities the hotel provides (for example, lift, car park, restaurant). Answer **Oui, bien sûr** or **Non, je regrette**, accordingly.

la chambre de Jeanne

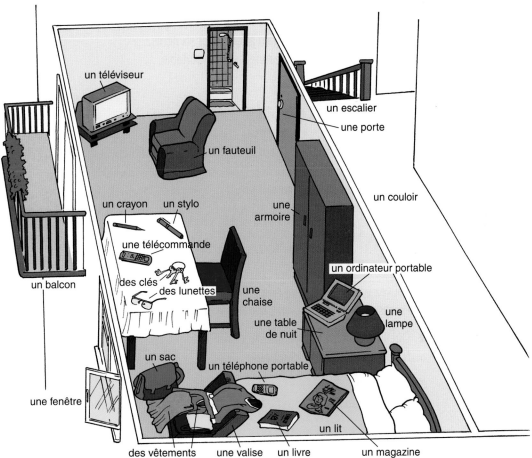

un téléviseur

un escalier

une porte

un fauteuil

un couloir

un crayon   un stylo   une armoire

une télécommande

des clés

des lunettes   une chaise

un ordinateur portable

une lampe

un balcon   une table de nuit

un sac   un téléphone portable

une fenêtre

un lit

des vêtements   une valise   un livre   un magazine

avez-vous compris?

1 Regardez, écoutez et montrez du doigt.
Look at the picture, then point to the items as you hear them.

2 Maintenant montrez les affaires de Jeanne.
Now point to Jeanne's personal belongings.

travail à deux

Work in pairs to check your vocabulary.

1 Ask **Comment dit-on ... en français?** (*How do you say ... in French ?*) Answer using **un**, **une** or **des** as appropriate.

2 Take it in turns to say what is in Jeanne's room, repeating the sentence and each time adding a new item. Start again after five or six items.
Ex. Dans la chambre de Jeanne il y a un portable, …

1.23

l'alphabet français

Écoutez l'alphabet français. *Listen to the French alphabet.* Repeat the letters with the recording or with your teacher. (To help you, we have included an approximate pronunciation guide on page 310.)

à vous!

1 Pouvez-vous épeler votre nom, s'il vous plaît?
Practise spelling your name, the name of your street and the name of your town/village.

2 Quelle est votre courriel/adresse e-mail?
NB *dot* = point; @ = arobase

3 Continue this list.
A comme **a**nimal, **B** comme **b**ateau, **C** comme **c**amion, **D** comme …

travail à deux

Work in pairs to revise your French vocabulary.

1 Test your partner by spelling some words they will write down. Then ask **Qu'est-ce que c'est en anglais?**

2 Play **le pendu** (*hangman*).

UN PEU DE GRAMMAIRE

le (m.)	
la (f.)	*the (singular)*
l' (before a vowel, m. or f.)	
les	*the (plural)*

Ex. le stylo, la clé, l'armoire, les portes

un (m.)	*a/one*
une (f.)	
des	*some*

Ex. un étudiant, une étudiante, des étudiant(e)s

c'est	*this is/it's*
ce sont	*these are/they're*

▶ **Grammaire** 3(a)(b), 9(a)(b)

EXERCICES

A Parts of the hotel have to be redecorated. Can you complete the painter's list, using **le**, **la**, **l'**, or **les** correctly?

1 _____ portes   **6** _____ ascenseur

2 _____ escalier   **7** _____ armoires

3 _____ couloir   **8** _____ douche

4 _____ balcon   **9** _____ salle de bain

5 _____ fenêtres   **10** _____ tables

B Can you remember where to use **un**, **une** or **des**? Try to complete the following sentences about Paris.

1 Le palais de Chaillot est _____ centre culturel avec _____ théâtre et _____ musées.

2 Le Printemps et les Galeries Lafayette sont _____ grands magasins.

3 La tour Eiffel est _____ monument très célèbre.

4 Il y a _____ artistes place du Tertre.

5 La Madeleine est _____ église de style grec.

6 Il y a _____ embouteillage place de la Concorde.

C You overhear a conversation at the hotel reception, but it is noisy and you can't catch all the words. Can you complete the dialogue using the words below?

combien   il y a   personne

clé   chambres

ce soir   douche   cent   étage   compris

Cliente   Vous avez des **1** _____ libres pour **2** _____?
Réceptionniste   Pour **3** _____ de personnes?
Cliente   Pour une **4** _____, de préférence avec **5** _____.
Réceptionniste   J'ai une chambre au quatorzième **6** _____.
Cliente   **7** _____ un ascenseur?
Réceptionniste   Bien sûr. La chambre fait **8** _____ euros, petit déjeuner **9** _____.
Cliente   Ça va, je la prends.
Réceptionniste   Voici votre **10** _____.

D You are visiting an exhibition with a French theme. Try to get more information about the sketches by asking the attendant **Qui est-ce?** or **Qu'est-ce que c'est?** as appropriate.

ÉCOUTEZ BIEN!

Première partie

A customer is ringing a hotel to book a room. The line is not very good. Can you provide the missing parts?

Réceptionniste	Allô, hôtel Europa, j'écoute!
Client	Allô! Bonjour, madame. Je voudrais réserver _____ .
Réceptionniste	Oui monsieur, pour _____ de personnes?
Client	Pour deux personnes, pour moi et pour _____ .
Réceptionniste	Et c'est pour combien de _____ ?
Client	Une seulement, le _____ mai.
Réceptionniste	Vous préférez avec _____ ou avec _____ ?
Client	Je ne sais pas!
Réceptionniste	Nous avons une chambre avec douche qui fait _____ euros.
Client	Combien?
Réceptionniste	_____ euros et le _____ fait _____ euros par personne.
Client	_____ un restaurant?
Réceptionniste	Non monsieur, _____ , mais il y en a d'excellents dans la région.
Client	_____ , je la prends.
Réceptionniste	Quel est _____ , monsieur?
Client	Martineau, M-A-R-T-I-N-E-A-U.

Deuxième partie

1 Listen to some letters spoken at random, and write them down.
   Each will be said twice.

2 Then go back to the map on page 7.
   Some children are spelling the names of French towns, but a few of these places have been misspelt.
   Which ones?

LECTURE

If you were going to Paris, which of the well-known places below would you choose to visit first, and why?

Le Grand Louvre

À l'origine un château fort, cet ancien palais royal est le plus grand musée de la capitale. On y trouve des œuvres mondialement connus comme *la Vénus de Milo* et *la Joconde* de Léonard de Vinci. On adore ou on déteste la modernité de sa nouvelle entrée, une immense pyramide de verre, inaugurée en 1989 pour commémorer le bicentenaire de la Révolution.

La Tour Eiffel

C'est un des symboles les plus connus de la capitale française. Construite pour l'Exposition Universelle de 1889, elle mesure 320 mètres de haut. C'est le monument le plus célèbre et le plus visité de Paris avec environ 6 millions de visiteurs par an. On y trouve des boutiques, des restaurants et un bureau de poste.

Notre-Dame de Paris

C'est une magnifique cathédrale, un exemple remarquable de l'architecture gothique, située en plein cœur de Paris à l'extrémité est de l'île de la Cité qui est le centre historique de la capitale. On a une vue particulièrement intéressante de la cathédrale quand on fait une promenade en bateau-mouche sur la Seine.

La Butte Montmartre

C'est un quartier très pittoresque qui se trouve sur une colline dans le nord de Paris. On y trouve l'imposante basilique du Sacré-Cœur et la place du Tertre avec ses nombreux artistes. Il y a aussi des cafés, des restaurants, des cabarets, des musées et la maison du compositeur et pianiste Erik Satie. C'est un des endroits les plus animés de la capitale.

Cinquième unité

un mauvais rêve au restaurant

Antoine the cook has a bad dream. He's in a restaurant with his brother and new friends from the hotel. Unfortunately there's not much on the menu.

Serveur	Bonsoir messieurs-dames.
Antoine	Bonsoir. Vous avez une table pour cinq personnes?
Serveur	Oui monsieur, au premier étage. Par ici, s'il vous plaît.
Antoine	Merci.
Serveur	Désirez-vous un apéritif?
Antoine	Non merci.
Serveur	Voilà la carte.
Antoine	Merci, nous prendrons le menu à vingt-cinq euros.

A little later . . .

Serveur	Vous avez choisi, messieurs-dames?
Sylvie	Moi, je voudrais de la soupe pour commencer. Vous avez de la soupe de tomates?
Serveur	Je suis désolé, il n'y a pas de soupe le midi.
Sylvie	Alors de la salade de tomates?
Serveur	Il n'y a pas de crudités aujourd'hui, mais il y a de la charcuterie.
Sylvie	Bon, alors, du pâté de campagne.
Antoine	Et pour moi, du saucisson à l'ail.
Dominique	Pour moi aussi.
Serveur	Oui, et pour mademoiselle?
Jeanne	Je ne sais pas . . . un œuf dur à la mayonnaise, peut-être.

MOTS ET EXPRESSIONS UTILES

mauvais(e)	*bad*
un serveur	*a waiter*
Bonsoir	*Good evening*
Vous avez . . . ?	*Do you have . . . ?*
Par ici, s'il vous plaît	*This way, please*
Nous prendrons . . .	*We'll have . . .* (lit. *We'll take*)
Vous avez choisi?	*Are you ready to order?* (lit. *Have you chosen?*)
Je voudrais . . .	*I would like . . .*
pour commencer	*to start with*
je suis désolé(e)	*I am sorry*
Il n'y a pas . . .	*There isn't . . .*
Il n'y a plus . . .	*There isn't any . . . left.*
des crudités	*(some) raw vegetable salad*
de la charcuterie	*(some) cold meat* (from the delicatessen)
du saucisson	*(some) salami-type sausage*
à l'ail	*with garlic*
un œuf dur	*a hard-boiled egg*

avez-vous compris?

1 Where is the friends' table situated?
2 What menu do they choose?
3 What is not served at lunchtime?
4 Why can't Sylvie have tomato salad?
5 Who chooses garlic sausage?
6 What sort of egg does Jeanne ask for?

à vous!

You are in a French restaurant ordering starters for yourself and one other person. Choose tomato salad to start with, then try ordering soup. Finally select something else for yourself and your friend.

Serveur/Serveuse	Vous avez choisi?
Vous	Je voudrais **1** _____
Serveur/Serveuse	Je suis désolé, il n'y a pas de salade de tomates le midi.
Vous	Alors, **2** _____
Serveur/Serveuse	Il n'y a pas de soupe aujourd'hui.
Vous	Bon alors, pour moi **3** _____
Serveur/Serveuse	Bien, et pour Monsieur/Madame/Mademoiselle?
Vous	**4** _____
Serveur/Serveuse	Très bien.

un mauvais rêve au restaurant (suite)

1.21

The dream continues.

Serveur	Et ensuite?
Jeanne	Moi, je voudrais de la viande . . . un steak bien cuit avec des frites.
Serveur	Je suis désolé mademoiselle, il n'y a plus de bifteck.
Jeanne	Oh, quel dommage! Alors . . . voyons . . . du poulet rôti avec des frites.
Serveur	Il n'y a plus de frites non plus.
Jeanne	Est-ce que vous avez des légumes?
Serveur	Bien sûr! Aujourd'hui il y a de la ratatouille. Il y a aussi du riz.
Jeanne	Alors du poulet rôti et de la ratatouille.
Antoine	Vous avez du poisson aujourd'hui?
Serveur	Oui, mais seulement des sardines à l'huile.
Antoine	Non, merci!
Serveur	Une omelette peut-être?

Antoine	Quelle bonne idée! Hm . . . Une omelette aux champignons.
Serveur	Désolé, monsieur, il n'y a pas de champignons.
Antoine	Alors, une omelette au jambon.
Serveur	Il n'y a plus de jambon.
Antoine	Eh bien, une omelette nature, c'est possible?
Serveur	Oui, bien sûr.
Dominique	Pour moi aussi, s'il y a assez d'œufs!
Guillaume	Et pour moi.
Serveur	Très bien. Et vous mademoiselle?
Sylvie	Du coq au vin.
Serveur	Il n'y a plus de coq au vin. Du poulet?
Sylvie	Alors du poulet et du riz.

MOTS ET EXPRESSIONS UTILES

de la viande	(some) meat	une omelette au jambon	a ham omelette
un steak/bifteck bien cuit	a well-done steak	si/s'	if
des frites (f.)	(some) chips	s'il y a	if there are
du poulet rôti	roast chicken	assez d'œufs	enough eggs
des légumes (m. pl.)	(some) vegetables	Quel dommage!	What a pity!
du poisson	(some) fish	Voyons.	Let's see.
à l'huile	with oil	non plus	either/neither
une omelette aux champignons	a mushroom omelette	Eh bien,	Well,

avez-vous compris?

Répondez vrai ou faux. *Answer true or false.*

1 Jeanne would like steak and chips.
2 She finally has roast chicken and chips.
3 Sardines are the only fish on the menu today.
4 Ham omelettes and mushroom omelettes are both available.
5 Sylvie has chicken cooked in wine.

à vous!

Order the items in the box. The restaurant has run out of everything except eggs! Use the exchange below and then continue along the same lines.

roast chicken   fish   chips   ratatouille   vegetables   rice

Serveur/Serveuse Et ensuite?

Vous Je voudrais . . .

Serveur/Serveuse Désolé, il n'y a plus de poulet rôti.

Vous Alors . . .

Serveur/Serveuse Désolé, il n'y a plus de . . .

 ## un mauvais rêve au restaurant (suite et fin)

1.28

Serveur	Et comme dessert?
Jeanne	Oh, pour moi, du fromage.
Serveur	Oui, mais il n'y a plus de camembert, plus de brie, plus de fromage de chèvre, plus de . . .
Jeanne	Qu'est-ce qu'il y a exactement?
Serveur	Du gruyère.
Jeanne	Très bien.
Sylvie	Avez-vous des yaourts?
Serveur	Oui, mais seulement aux fraises.
Guillaume	Qu'est-ce que vous avez comme fruits?
Serveur	Des oranges.
Dominique	Qu'est-ce que vous avez comme gâteaux?
Serveur	Nous avons une excellente tarte aux poires maison.
Antoine	Parfait.
Serveur	Alors, du gruyère, un yaourt et trois tartes?
Guillaume	C'est ça.

Antoine	Quel restaurant! Il n'y a pas de bifteck, pas de frites, pas de soupe, pas de coq au vin . . .
Serveur	Mais si, monsieur!
Antoine	Comment, il y a du coq au vin?
Serveur	Non, mais il y a du vin!
Antoine	Alors une bouteille de bordeaux.
Serveur	Nous avons seulement du bourgogne.
Tous	Parfait!
Guillaume	Moi, je voudrais de l'eau, s'il vous plaît. Vous en avez, j'espère!

At the end of the meal . . .

Antoine	Je prendrai bien un petit café, moi. Et vous?
Dominique	Moi aussi.
Guillaume	Oui, bonne idée. Jeanne, Sylvie?
Jeanne	Oui.
Sylvie	Pour moi aussi.
Antoine	S'il vous plaît! Cinq cafés et l'addition.
Serveur	Tout de suite, messieurs-dames.

MOTS ET EXPRESSIONS UTILES

du fromage	(some) cheese
du fromage de chèvre	(some) goat's cheese
des yaourts (m. pl.)	(some) yogurts
Qu'est-ce que vous avez comme . . . ?	What sort of . . . have you got?
aux fraises	with strawberries
une tarte aux poires	a pear flan
si	yes (following a negative statement or question)
Mais si, monsieur!	Of course, sir! (emphatic)
Vous en avez, j'espère!	I hope you've got some!
je prendrai . . .	I'll have . . . (lit. I'll take)

avez-vous compris?

Which items are on the menu today?

Cheese	Desserts	Drinks
brie	yogurts	Bordeaux wine
camembert	oranges	Burgundy wine
goat's cheese	pears	coffee
gruyère	strawberry flan	tea

à vous!

Ask appropriate questions about the food and drink available, to get the answers given here.

Ex. – Soupe de tomates et soupe aux champignons.
   – Qu'est-ce que vous avez comme soupe?

1 Brie, camembert, gruyère et fromage de chèvre.

2 Tartes, éclairs.

3 Bordeaux, Bourgogne, vin d'Alsace.

4 Bifteck, poulet rôti.

5 Fraises, poires, oranges.

Now read the whole conversation carefully, work out what starters, main courses, desserts and drinks have been ordered.

Entrée	Plat principal	Dessert	Boisson

le petit déjeuner

The first morning in Paris, Jeanne wanted her breakfast served in her room. This is the form she filled in to order it.

HÔTEL ÉTOILE

Petit Déjeuner

Chambre: 18   Pour 1/~~2~~ personne(s)

Jus de fruit   Orange ☑   Pamplemousse ☐   Pain ☐
Café   noir ☑   au lait ☐   décaféiné ☐   Beurre ☑
Thé   nature ☐   au lait ☐   au citron ☐   Pain grillé ☐
Chocolat chaud ☐   Confiture ☐
Céréales ☐   Saucisses ☐   Œuf au plat ☐   Croissants ☑
                                                                  Miel ☐
                                                                  Sucre ☐

7 heures ☐
7 heures et demie ☐
8 heures ☑
8 heures et demie ☐
9 heures ☐

Et vous!

1 Jeanne a commandé du jus d'orange, du café noir, des croissants et du beurre pour 8 heures.

Imagine you are staying at the Hôtel Étoile, what will you order and for what time?

Je prendrai . . . à . . .

2 Qu'est-ce que vous prenez? Prenez-vous le petit déjeuner à l'anglaise ou à la française?

Moi, je prends . . .

UN PEU DE GRAMMAIRE

There is some . . .

Il y a du fromage (m.).

de la soupe (f.).

de l'eau (before a vowel).

de l'huile (before an **h**).

des frites (pl.).

There isn't any . . . | There isn't any more . . .(left)

There isn't any . . .	There isn't any more . . .(left)
Il n'y a pas de fromage.	Il n'y a plus de fromage.
de soupe.	de soupe.
d'eau.	d'eau.
d'huile.	d'huile.
de frites.	de frites.

The preposition *à*

The preposition **à** can be used to indicate a key ingredient in a culinary preparation.

un sandwich **au** jambon (m.)

une glace **à la** vanille (f.)

des sardines **à l'**huile (before an **h** aspirate)

du saucisson **à l'**ail (before a vowel)

un yaourt **aux** fraises (pl.)

Si

Be careful not to confuse **si** = *yes* (after a negative question or statement) with **si** (**s'**) meaning *if*.

Nous prendrons du poisson si vous en avez.

Je voudrais une omelette s'il y a des œufs.

Note: **si** is shortened to **s'** before **il** but not before **elle**.

▶ **Grammaire** 5(b)

EXERCICES

A Complete the other customers' more modest shopping lists by using the pictures.

1 Je voudrais **a** du thé, **b** de la moutarde, **c** de la bière, **d** de l'_____ , **e** _____
_____ et **f** _____ _____ .

2 Je voudrais **a** de la crème, **b** de la viande, **c** du _____ , **d** du _____ , **e** _____
_____ et **f** _____ _____ .

3 Je voudrais **a** de l'huile, **b** des bonbons, **c** de la _____ , **d** du _____ , **e** _____
_____ et **f** _____ _____ _____ .

4 Je voudrais **a** du _____ , **b** _____ _____ , **c** _____ _____ ,
d _____ _____ et **e** _____ _____ .

B Choose a suitable key ingredient from the box for each of the food items below.

1 des yaourts **2** une tarte **3** un sandwich **4** une glace **5** une omelette

6 de la soupe **7** du coq **8** du saucisson **9** de la crème **10** un café

le lait

le fromage

la vanille

l'ail

les fruits

le chocolat

le jambon

les champignons

les fraises

le vin

C You choose either the 40 euro or the 25 euro menu. Using the food and drink items from units 3 and 5, respond to the waiter/waitress and order a meal for yourself and a friend.

Serveur/Serveuse	Vous avez choisi, messieurs-dames?	**1** …
Serveur/Serveuse	Très bien. Désirez-vous un apéritif?	**2** …
Serveur/Serveuse	Bien. Que prendrez-vous pour commencer?	**3** …
Serveur/Serveuse	Oui, et ensuite?	**4** …
Serveur/Serveuse	Et comme dessert?	**5** …
Serveur/Serveuse	Parfait! Et comme boisson?	**6** …

D The lady who owns the house you are renting hasn't stocked up the fridge as she promised. There's no butter, cheese, eggs, meat, beer or milk. Continue this note to her:
Madame, Dans le frigidaire il n'y a pas de . . .

E Complete the conversation using **du**, **de la**, **de l'**, **des**, **de** or **d'**.

Marchand	Bonjour monsieur, vous désirez?
Client	Je voudrais **1** _____ huile d'olive, s'il vous plaît.
Marchand	Je suis désolé, je n'ai plus **2** _____ huile d'olive.
Client	Je voudrais aussi **3** _____ pain.
Marchand	Désolé, je n'en ai pas aujourd'hui.
Client	Je voudrais **4** _____ bière alsacienne. Vous en avez?
Marchand	Je n'ai pas **5** _____ bière alsacienne, mais j'ai **6** _____ bière belge.
Client	Non merci. Avez-vous **7** _____ salade?
Marchand	Ah non, mais j'ai **8** _____ fruits et **9** _____ légumes.
Client	Alors, un concombre et six tomates. Vous avez **10** _____ moutarde?
Marchand	Oui, j'ai **11** _____ moutarde de Dijon.
Client	Très bien. C'est tout, merci. Ah, désolé, je n'ai pas **12** _____ argent!
Marchand	Pas de problème monsieur. J'accepte les cartes bancaires.

ÉCOUTEZ BIEN!

1.29

You will hear twelve very brief conversations about food and drink. Listen carefully and, for each of them, complete the statements below.

1 The lady orders roast _____ and _____ .

2 For breakfast, this man eats croissants or _____ .

3 Today's dessert is _____ .

4 The children drink _____ or _____ for breakfast.

5 To start with, the customer wants some _____ soup.

6 Today, bananas and _____ are available.

7 The _____ is in the fridge, but nobody knows where the _____ is!

8 The customer chooses _____ juice.

9 Sorry, there isn't any _____ today.

10 Antoine is thirsty; he would like a _____ .

11 The customer asks for some _____ with his cold meat.

12 Sorry, there is no _____ left.

LECTURE

Look at the advertisements for three restaurants in Savoie and see what they have to offer. Which would you choose and why?

Sixième unité

mini-conversations

Guillaume is now asking people about their ages.

> Claire, quel âge ont Paul et Élisabeth?

> Paul a onze ans et Élisabeth a sept ans.

> J'ai onze ans.

> J'ai sept ans

> Henri, quel âge a votre chat?

> Il est jeune, il a seulement six mois.

> J'ai six mois.

MOUSTACHE

> Annick, quel âge a Yves?

> Et vous Annick, quel âge avez-vous?

> Il a vingt ans.

> Indiscret!

à vous!

Complétez. *Complete.*

a Paul _____ onze ans.

b Élisabeth _____ sept _____ .

c Quel âge _____ Paul et Élisabeth?

d Quel âge _____-vous?

e Nous _____ onze ans et sept ans.

f Moustache a six _____ .

g Quel âge _____-tu?

h J'_____ quinze ans.

i Quel _____ a Jeanne?

j Je ne sais pas _____ âge elle _____ !

 Qu'est-ce qui ne va pas?

1.31

What's wrong?

1 au Pôle nord …

J'ai froid.

2 au Sahara …

J'ai chaud.

3 au restaurant …

Oui, nous avons faim.

Vous avez faim?

4 à la cuisine …

Il a soif.

5 à l'école …

Le Futuroscope est près de Marseille.

Le parc Astérix est près de Paris.

Non, tu as tort.

Oui, tu as raison.

6 au casino …

Vous avez de la chance!

7 à la maison …

J'ai peur!

8 à la maison …

Il a sommeil!

à vous!

Complétez. *Complete with the correct words.*

1 Elle n'a pas soif. Elle a _____ .

2 Il n'a pas faim. Il a _____ .

3 Elle n'a pas de _____ !

4 Il a _____ .

5 Ils ont _____ .

6 Il n'a pas froid. Il a _____ .

dans une chambre d'hôtel

1.32

At the hotel in the evening, François is having a shower and Marie cannot find her keys.

Marie	François, j'ai perdu mes clés! Tu sais où elles sont?
François	Dans ton sac, sans doute.

Marie	Non, j'ai regardé.
François	Sur la commode, alors?
Marie	Non!

François	Sous le journal, peut-être?
Marie	Non plus!
François	Tu es sûre qu'elles ne sont pas par terre?

Marie	Ahhh!
François	Qu'est-ce qu'il y a?
Marie	Il y a une énorme araignée, au plafond!
François	Et derrière le radiateur?

Marie	Une araignée, derrière le radiateur!
François	Mais non, les clés!
Marie	Pourquoi derrière le radiateur? Pourquoi pas sur le balcon, devant la fenêtre ou au mur, derrière le tableau!

François	Je ne sais pas, moi!
Marie	Ah, les voilà, entre le sac et la valise.

MOTS ET EXPRESSIONS UTILES

J'ai perdu mes clés.	*I have lost my keys.*
ton (m.), ta (f.), tes (pl.)	*your (fam.)*
sans doute	*probably*
j'ai regardé	*I have looked*
la commode	*chest of drawers*
sous	*under*
un journal (pl. des journaux)	*a newspaper*
par terre	*on the ground*
au plafond/mur	*on the ceiling/wall*
derrière	*behind*
devant	*in front of*
les voilà	*there they are*
entre	*between*
pourquoi (pas)	*why (not)*

avez-vous compris?

Complétez. *Complete.*

Où sont les clés de Marie? Elles ne sont pas **1** _____ le journal. Elles ne sont pas **2** _____ la commode. Elles ne sont pas **3** _____ la fenêtre. Elles ne sont pas **4** _____ le radiateur. Elles sont **5** _____ le sac et la valise.

Et l'énorme araignée? **6** _____ est-elle? Elle n'est pas **7** _____ terre, elle est **8** _____ plafond.

à vous!

1 How would you ask a close friend if he/she has ever lost anything?

Tu as jamais perdu ton iPod? Ta tablette? Tes clés? *Have you ever lost your iPod? Your tablet? Your keys?*

Continue the list.

2 Complétez. *Complete.*

Ex. Il y a un avion **dans** le ciel.

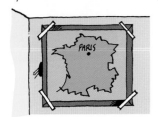

1 Les lettres sont _____ le tiroir de la commode.

2 Il y a une dame _____ le parapluie.

3 Il y a une carte de France _____ .

4 Il y a _____ contre le mur de l'école.

5 L'oiseau est _____ la branche.

6 Les journaux et les magazines sont _____ .

7 Il y a une araignée _____ .

8 Le fauteuil est _____ la porte.

9 Il y a une auto _____ le camion et le car.

10 Qu'est-ce qu'il y a _____ la boîte?

1.33

les photos-souvenirs

Guillaume shows his friend Julien, on his smartphone, a couple of photos sent by some of the tourists.

Guillaume   Ça, c'est Moustache, le chat d'Henri.

Julien   Henri?

Guillaume   Oui, Henri **le** pharmacien.

Julien   Ah! C'est le chat **du** pharmacien de Nuits-Saint-Georges. Et ça, qui est-ce?

Guillaume   Annette et Simon, les enfants de Josée, **la** Martiniquaise.

Julien   Ils sont mignons les enfants **de la** Martiniquaise! Ça, c'est une photo de Strasbourg, non?

Guillaume   Oui, c'est la ville de François et de Marie.

Julien   François et Marie?

Guillaume   Oui, **l'**ingénieur et **l'**infirmière.

Julien   Ah! C'est la ville **de** l'ingénieur et **de** l'infirmière. Ils ont de la chance! Et ça, qu'est-ce que c'est?

Guillaume   Ça, c'est le restaurant d'Antoine et de Dominique, **les** cuisiniers corses.

Julien   Il est sympa, le restaurant **des** cuisiniers!

MOTS ET EXPRESSIONS UTILES

mignon	*sweet, cute*
sympa(thique)	*nice* (here), *friendly*

avez-vous compris?

Répondez vrai ou faux. *Answer true or false.*

1 L'ami de Guillaume s'appelle Gilles.

2 Strasbourg est la ville du pharmacien.

3 *Les Flots Bleus* est le nom du restaurant des cuisiniers corses.

4 Le restaurant d'Antoine et de Dominique est sympathique.

5 Annette et Simon sont les enfants de l'infirmière et de l'ingénieur.

6 Moustache est le chat des enfants.

à vous!

1 Who owns what? Write out the answers and give the English equivalents.

Ex. le bateau du pêcheur – *the fisherman's boat* (lit. the boat of the fisherman)

2 Match the following French book titles with their English equivalents.

a La femme du boulanger. (Pagnol)   **(i)**   Claudine's house.

b Les contes du lundi. (Daudet)   **(ii)** Monday's tales.

c La maison de Claudine. (Colette)   **(iii)** The baker's wife.

d Le bal des voleurs. (Anouilh)   **(iv)** The country doctor.

e Le médecin de campagne. (Balzac)   **(v)**   The thieves' ball.

UN PEU DE GRAMMAIRE

Expressions with *avoir*

J'ai vingt ans.	*I am twenty* (lit. *I have twenty years*).
J'ai faim/soif.	*I am hungry/thirsty* (lit. *I have hunger/thirst*).
J'ai froid/chaud.	*I am cold/hot.*
J'ai raison/tort.	*I am right/wrong.*
J'ai sommeil/peur.	*I am sleepy/afraid.*
J'ai de la chance.	*I am lucky.*

Translation of 'your'

Familiar	Plural/polite	
ton (m.) mari	votre (m.) mari	*your husband*
ta (f.) femme	votre (f.) femme	*your wife*
tes (pl.) enfants	vos (pl.) enfants	*your children*

Possessives

L'ami de Guillaume.	*Guillaume's friend.*
La voiture de mon mari.	*My husband's car.*
Les lunettes du professeur/de la secrétaire/de l'infirmière/des étudiants.	*The teacher's/secretary's/nurse's/students' glasses.* (lit. the glasses of the teacher/secretary/nurse/students)

▶ **Grammaire** 4(d), 5(a), 7, 14

EXERCICES

A Link what the people are saying and the corresponding reactions.

1 Je voudrais un grand verre d'eau s'il vous plaît.

2 Aujourd'hui il fait seulement cinq degrés.

3 J'ai perdu mon sac avec mon passeport et mes cartes bancaires.

4 Non merci, pas de dessert pour moi.

5 Ils sont en vacances en Afrique. Ils font un safari au Kenya.

6 Regardez! C'est la souris blanche de mes enfants.

a Ils ont de la chance mais ils ont chaud!

b Je n'ai plus faim.

c Nous avons froid.

d Vous avez peur?

e Vous avez soif!

f Vous n'avez pas de chance!

B A man is helping his wife prepare for a business trip to England.

Mari Tu as toutes **1** _____ affaires, chérie? **2** _____ passeport, **3** _____ carte bancaire, **4** _____ téléphone, **5** _____ ordinateur portable, **6** _____ lunettes, **7** _____ clés … ?

Femme Oui, j'ai tout.

Mari Et prends aussi **8** _____ parapluie, c'est plus prudent!

C Look at the picture and answer the questions in French.

1 Qu'est-ce qu'il y a derrière l'arbre?

2 Où est l'oiseau?

3 Qu'est-ce qu'il y a devant la moto?

4 Où est le vélo?

5 Où sont les enfants?

D Look at the picture and make up sentences about it.

E Fill in the gaps in the mini-conversations with **de**, **du**, **de la**, **de l'** or **des**.

  – Qui est-ce?
  – C'est la femme **1** _____ Lucien.
  – Ah, c'est la femme **2** _____ médecin.

  – Où sont les clés?
  – Quelles clés? Les clés **3** _____ maison?
  – Non, les clés **4** _____ voiture.

  – Les étudiants ont sommeil?
  – Quels étudiants? Les étudiants **5** _____ professeur de français?
  – Oui, les étudiants **6** _____ Madame Michaud.

  – Le car **7** _____ touristes est devant l'hôtel?
  – Oui, mais la moto **8** _____ guide est entre le car et le mur **9** _____ hôtel.

F Turn to the reference section on page 341 and study the cardinal numbers. Then, say or write the following numbers and complete the sequences.

  1 30, 50, 70, _____ .
  2 40, 60, _____ , _____ .
  3 6, 12, 24, 48, _____ .
  4 11, 21, 31, 41, 51, _____ , _____ , _____ , _____ .
  5 100, 95, 90, 85, 80, _____ , _____ , _____ , _____ .

ÉCOUTEZ BIEN!

Première partie

Listen to the series of short dialogues, then complete the sentences.

1 Charlotte is _____ years old and Juliette is _____ .

2 The girl is _____ years old and her brother is _____ .

3 Henry's cat is _____ old.

4 Marie is lucky because she doesn't have any _____ .

5 The children are _____ .

6 Chantal is _____ .

Heureux Anniversaire!

Deuxième partie

Now listen to five more dialogues. In each case say what has been lost and where it might be found.

Faites le point! unités 4–6

1   Find the odd one out.

a   Which is not a means of transport?

bateau   vélo   parapluie   camion   moto

b   Which of these would you not be able to fit into a handbag?

clés   crayons   stylos   douches   lunettes

c   Who would not normally be working in a town?

fonctionnaire   pêcheur   médecin   professeur   coiffeuse

d   Which is not edible?

riz   poulet   poisson   carte   poire

e   Which is not a building?

église   grand magasin   champignon   palais   tour

f   Which structure is not normally part of a room?

plafond   mur   porte   fenêtre   pont

g   Which of these can you not drink?

citron pressé   eau   fleur   thé   chocolat

h   Which of these would you be unlikely to find in a hotel?

couloir   escalier   ascenseur   embouteillage   balcon

2   From the ratings below, list in order **a–h** the eight horses that finished the race. Did the favourite win?

a 90	**c** 56	**e** 220	**g** 64
b 71	**d** 48	**f** 83	**h** 72

deux cent vingt	Game Boy*
cinq cents	Cœur de lion
soixante-douze	Likely Laddie
quatre-vingts	Crown Imperial
quatre-vingt-trois	L'Aigle
quatre-vingt-dix	Gin Fizz
soixante et onze	Front Runner
cinquante-six	Kalulu
soixante-quatre	Coup de grâce
quarante-huit	Pied-à-terre

* le favori

3 Here is a dialogue taking place at a hotel reception where a client hopes to book in a group.
Complete with words from the box.

faim   ascenseur   chance   désirez   soif

seize

étage   il y a   clés   dix-sept

Réceptionniste	Bonjour, messieurs-dames. Vous **a** _____ ?
Client	Bonjour, madame. **b** _____ des chambres libres?
Réceptionniste	Oui, monsieur.
Client	Nous sommes **c** _____ .
Réceptionniste	Il y a seulement **d** _____ chambres!
Client	Ah, nous avons de la **e** _____ , Paul et Paulette sont mariés! À quel **f** _____ sont les chambres?
Réceptionniste	Il y a des chambres sur douze étages, mais il y a un **g** _____ .
Client	Ah, très bien. Nous avons **h** _____ . Est-ce qu'il y a un restaurant?
Réceptionniste	Oui, monsieur.
Client	Et nous avons **i** _____ . Il y a un bar?
Réceptionniste	Oui, monsieur, là. Et voici les **j** _____ .

4 Complete.

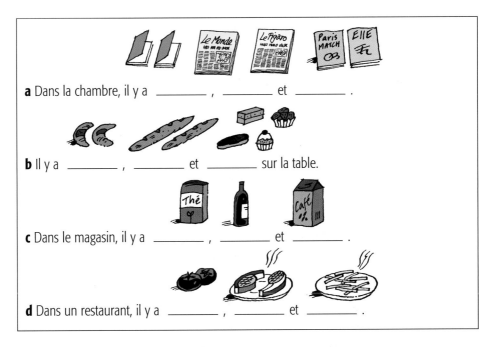

a Dans la chambre, il y a _____ , _____ et _____ .

b Il y a _____ , _____ et _____ sur la table.

c Dans le magasin, il y a _____ , _____ et _____ .

d Dans un restaurant, il y a _____ , _____ et _____ .

5 What types of food are on the menu?

du poisson   du fromage
des légumes   des œufs
de la charcuterie   de la viande
des fruits   des gâteaux

> # Menu
>
> ❖ ❖ ❖
>
> *Sardines · Poulet · Omelette*
>
> *nature*
>
> *Bifteck · Salade · Fraises*
>
> *Poires · Gruyère · Camembert*

6 Complete to say where the animals are.

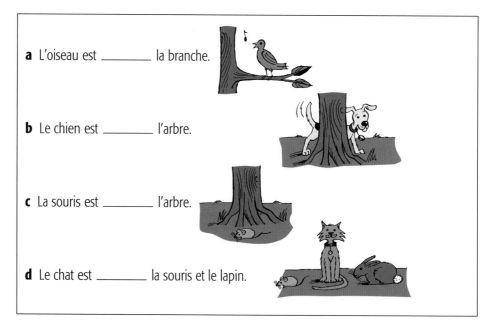

a L'oiseau est _____ la branche.

b Le chien est _____ l'arbre.

c La souris est _____ l'arbre.

d Le chat est _____ la souris et le lapin.

7 How would you change from the polite form to the familiar form?

1 Quel est votre sport préféré?

2 Votre ballon de foot n'est pas dans votre chambre.

3 Votre guitare est sous votre lit.

4 Pourquoi est-ce que vos vêtements sont par terre?

5 Votre valise est peut-être dans l'armoire.

6 Où est votre téléphone portable?

8   Whose is it? Complete using the word for each person's profession.

a C'est le stylo _____ .

b C'est le bateau _____ .

c C'est le téléphone _____ .

d C'est le sac _____ .

e Ce sont les lunettes _____ .

9   Complete.

a   Il y a une _____ dans la soupe.

b   Le _____ est au mur.

c    Le _____ est derrière la valise.

d   La lettre est dans le _____ .

e   Il y a un vase sur la _____ .

Septième unité

2.1

dans la rue

The hotel guests are trying to find their way around.

Antoine	Dites-moi, Guillaume, j'ai faim. Est-ce qu'il y a une boulangerie près d'ici?
Guillaume	Probablement. Tiens, voilà une pâtisserie, juste en face.
Antoine	Oh, une pâtisserie! Je voudrais un gros gâteau à la crème!
Sylvie	Moi, j'ai besoin de dentifrice et de shampooing. Il y a une pharmacie par ici?
Guillaume	Oui, là-bas, à cent mètres.
Sylvie	Ah oui, merci.

Jeanne	J'ai besoin de timbres pour mes cartes postales. Où est la poste? C'est loin?
Guillaume	Non, à côté du café.
Jeanne	Ah, oui, je vois.

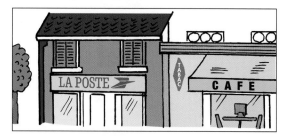

Guillaume	Et moi, je cherche une librairie, pour acheter un livre. Mais je ne sais pas où elle est!
Jeanne	C'est tout près, à cinq minutes!

MOTS ET EXPRESSIONS UTILES

une boulangerie	a baker's	J'ai besoin (de) . . .	I need . . .
une pâtisserie	a cakeshop	un timbre	a stamp
le dentifrice	toothpaste	à côté de	next to
la poste	the post office	C'est tout près	It's very near.
une librairie	a bookshop	je vois (voir)	I see (to see)
Il y a . . . par ici/près d'ici . . . ?	Is there . . . round here/near here?	on peut acheter	one can buy
		Je cherche . . .	I am looking for . . .

avez-vous compris?

1 Why is Antoine enquiring about a baker's?

2 Which shop does Guillaume then notice?

3 How far away is the chemist's?

4 What does Jeanne need?

5 Where is the post office?

6 Is the bookshop far away?

à vous!

What do all these people want? Choose the correct alternative, to link the object with the place where it will be found.

1 J'ai besoin de fromage / de dentifrice; je cherche une pharmacie / une école.

2 Je n'ai plus d'argent / d'eau; je cherche une église / une banque.

3 J'ai besoin de timbres / de shampooing; je cherche une pâtisserie / la poste.

4 Pardon, monsieur, je cherche une salle de bain / une chambre pour deux nuits. Il y a une tour / un hôtel près d'ici?

5 Je n'ai plus de légumes / de crayons. Où est le musée / le marché, s'il vous plaît?

6 J'ai très froid / soif. Il y a une pâtisserie / un café par ici?

7 J'ai besoin de pain / de lunettes. Il y a un hôpital / une boulangerie près d'ici?

8 Je cherche le centre culturel / une librairie, pour acheter un livre / du vin.

plan de la ville

As many English-speaking visitors come to Planville, the tourist office has decided to produce a bilingual version of their street map.

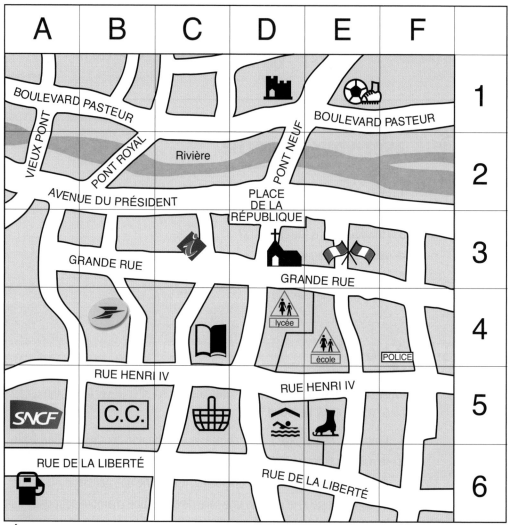

LÉGENDE

 la bibliothèque
(library)

 le centre commercial
(shopping centre)

 le château
(castle)

 le collège, le lycée
(secondary school)

 le commissariat de police
(police station)

l' école
(school)

 la mairie/l'hôtel de ville
(town hall)

 la station-service
(petrol station)

 la patinoire
(ice rink)

la piscine
(swimming pool)

le Syndicat d'Initiative/
l'Office du Tourisme
(tourist office)

 la poste
(post office)

 le stade
(stadium)

le supermarché
(supermarket)

 l'église
(church)

 la gare SNCF
(railway station)

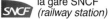

travail à deux (1)

Use the **plan de la ville** to ask where various places are:

Ex. Either – Où est la poste?   Or – A cinq.
         – B quatre.   – La gare.

Make sure you know how to say the letters in French before you start.

Add some of the places below to the map. Produce your own symbols if you wish.

la banque	le garage	le parking
le café	l'hôpital	la pharmacie
le camping	l'hôtel	le restaurant
le cinéma	le parc	les toilettes

travail à deux (2)

Partenaire A

(Partner B should refer to page 90.)

A1 First, ask your partner if the places on the list below are far.

Ex. **La mairie, c'est loin?**

Make some notes.

la mairie	15 mn.
le commissariat de police	
le supermarché	
l'Office du Tourisme	
la piscine	
la bibliothèque	

A2 Now, answer your partner using the information on the diagram below. (Start with **C'est à . . .**)

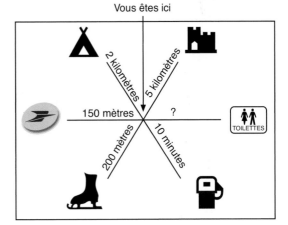

on demande son chemin

In the street, a lady is asking a policeman the way.

La dame	Pardon, monsieur l'agent, pour aller au cinéma Rex, s'il vous plaît?
L'agent de police	C'est très facile.
La dame	C'est loin?
L'agent de police	Non, c'est à cinq minutes à pied. Allez tout droit jusqu'au croisement . . .
La dame	Il y a des feux?
L'agent de police	Oui. Vous traversez. Vous prenez la deuxième rue à gauche, puis la première à droite. Continuez tout droit jusqu'à l'église, et vous y êtes!
La dame	Ah bon! Merci bien, monsieur l'agent.
L'agent de police	À votre service, madame.

MOTS ET EXPRESSIONS UTILES

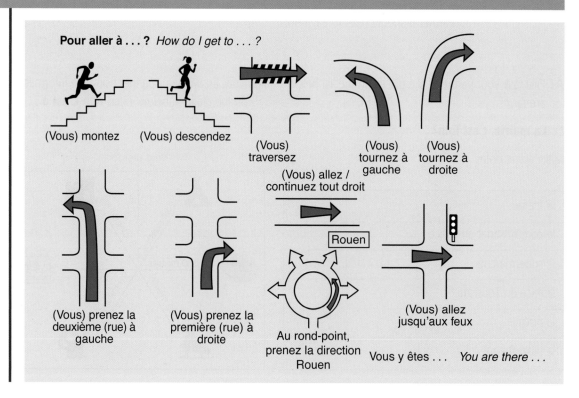

Pour aller à . . . ? *How do I get to . . . ?*

(Vous) montez

(Vous) descendez

(Vous) traversez

(Vous) allez / continuez tout droit

(Vous) tournez à gauche

(Vous) tournez à droite

(Vous) prenez la deuxième (rue) à gauche

(Vous) prenez la première (rue) à droite

Rouen

Au rond-point, prenez la direction Rouen

(Vous) allez jusqu'aux feux

Vous y êtes . . .   *You are there . . .*

avez-vous compris?

The lady is looking for **1** _____ . It is not **2** _____ , it is **3** _____ on foot. There are some **4** _____ at the crossroads. The lady must **5** _____ take the second street **6** _____ , then the first **7** _____ . She must carry **8** _____ to the church.

à vous!

Complétez. *Complete*. Use the diagram and the vocabulary in the box.

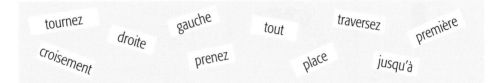

tournez   droite   gauche   tout   traversez   première

croisement   prenez   place   jusqu'à

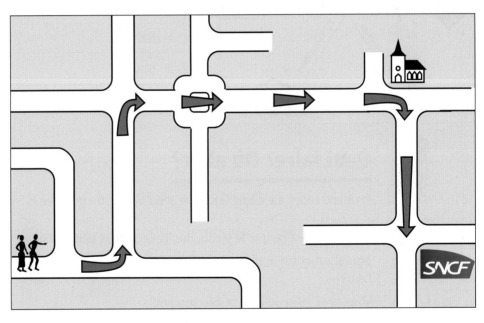

Pour aller à la gare, **a** _____ la deuxième rue à **b** _____ , puis la **c** _____ à **d** _____ . **e** _____ la **f** _____ , continuez **g** _____ droit **h** _____ l'église. **i** _____ à droite. Allez jusqu'au **j** _____ . La gare est là.

travail à deux (2)

Partenaire B

(Partner A should refer to page 87.)

B1 First, answer your partner using the information on the diagram below.

(Start with **C'est à . . .**)

Vous êtes ici

5 minutes   100 mètres   POLICE

15 minutes

3 kilomètres

20 kilomètres

B2 Now, ask your partner if the places on the list below are far.

Ex. **La poste, c'est loin?**

Make some notes.

la poste	150 mn.
les toilettes	
la station-service	
la patinoire	
le château	
le camping	

Quoi faire? Où aller?

2.3

Josée and Lucien are asking Guillaume about various things to see in Paris.

Josée Guillaume, est-ce que le jardin des Tuileries est loin de l'hôtel?

Guillaume Non, il est entre la place de la Concorde, au bout des Champs-Élysées, et le Louvre.

Lucien Vous avez visité le Louvre récemment?

Guillaume Non, il y a trop de monde, mais j'ai visité le musée d'Orsay. C'est formidable!

Josée Dites-moi, Guillaume, c'est bien l'obélisque de Louqsor qui est au milieu de la place de la Concorde?

Guillaume C'est ça.

Josée Et, où est la rue de Rivoli?

Guillaume Elle est à côté des Tuileries.

Lucien Et l'École Militaire?

Guillaume Elle est en face de la tour Eiffel près du palais de l'U.N.E.S.C.O.

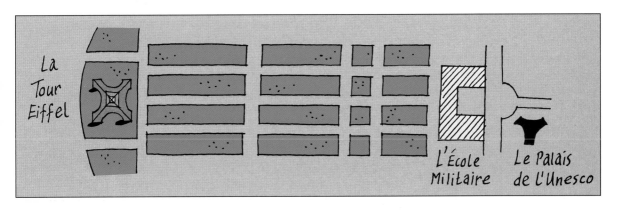

Josée   Est-ce qu'il y a des choses intéressantes autour de l'Opéra?

Guillaume   Oui, il y a la Madeleine, la place Vendôme, le boulevard Haussmann et les grands magasins . . .

Josée   Les grands magasins! Alors Lucien, c'est décidé, viens vite!

Lucien   Où est la station de métro?

Guillaume   La station de métro et l'arrêt d'autobus sont dans la première rue à droite de l'hôtel.

Josée   Merci Guillaume. À ce soir!

Guillaume   Bonne journée!

MOTS ET EXPRESSIONS UTILES

Quoi faire?	*What shall we do?*	en face (de)	*opposite*
Où aller?	*Where shall we go?*	Viens vite! (venir)	*Come quickly! (to come)*
trop de monde	*too many people*	la station de métro	*the metro station*
au bout (de)	*at the end (of)*	l'arrêt d'autobus	*the bus stop*
au milieu (de)	*in the middle (of)*	À ce soir	*See you tonight*
à côté (de)	*next (to)*	Bonne journée!	*Have a nice day!*
autour (de)	*around*	j'ai visité	*I have visited*

avez-vous compris?

1 Où est le jardin des Tuileries?
2 Qu'est-ce qu'il y a au milieu de la place de la Concorde?
3 La rue de Rivoli est-elle loin des Tuileries?
4 Où est le palais de l'U.N.E.S.C.O.?
5 Qu'est-ce qu'il y a autour de l'Opéra?
6 Où sont la station de métro et l'arrêt d'autobus?

 à vous!

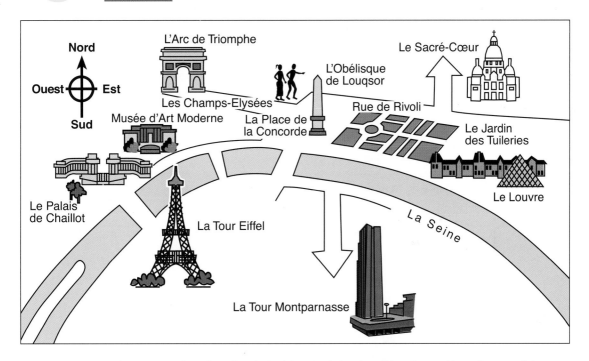

Help a group of tourists plan their visit to Paris by describing the position of some of the places of interest as accurately as you can. Use **loin de**, **près de**, **à côté de**, **en face de** and **au milieu de**.

Ex. Le Sacré-Cœur est loin de la tour Eiffel.

Use **du/de la/de l'/des** . . . as appropriate. Refer to **Un peu de grammaire** before you start.

et vous?

Talk about places you have visited and, if you can, give your opinion.

Vous avez visité Paris, Londres, Rome, New York, etc.? Qu'est-ce que vous avez visité?

Ex. À Londres, j'ai visité le Palais de Buckingham. C'est très célèbre!

Now talk about places that you and a friend have visited.

Ex. À Bilbao nous avons visité le musée Guggenheim. C'est très intéressant!

À Sydney nous avons visité l'opéra. C'est magnifique!

UN PEU DE GRAMMAIRE

De + le/la/l'/les (*of the*)

au milieu de la piscine	*in the middle of the swimming pool*
à côté de l'hôpital	*next to the hospital*
but de + le = **du**	
de + les = **des**	
en face du musée	*opposite the museum*
près des toilettes	*near the toilets*

À + le/la/l'/les (*to the*)

Pour aller à la gare?	*How do I get to the station?*
Je vais à l'hôpital.	*I am going to the hospital.*
but à + le = **au**	
à + les = **aux**	
Pour aller au château?	*How do I get to the castle?*
Allez jusqu'aux feux.	*Go up to the traffic lights.*

▶ **Grammaire** 5(c), 6(a)

EXERCICES

A Write the dialogues in full.

1 – Je cherche la  .

–

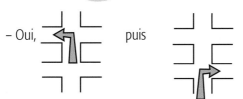

2 – Pour aller au , s'il vous plaît?

– 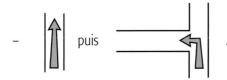 puis

3 – Il y a une par ici?

– Oui,  puis .

4 – Où est la , s'il vous plaît?

– 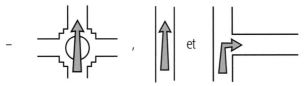 , et .

5 – Pour aller à la  , s'il vous plaît?

– C'est facile, au , prenez la direction

B   Complete the conversation below using the cues given.

Vous	(**1** *Stop a lady in the street and tell her that you are looking for the shopping centre.*)
Passante	Pas de problème, il est en face de l'hôpital.
Vous	(**2** *Ask how to get to the hospital.*)
Passante	Alors, continuez tout droit, traversez la rivière . . .
Vous	(**3** *Ask if it's far.*)
Passante	C'est à cinq ou six kilomètres.
Vous	(**4** *Tell her that you are on foot and ask if there is a bus.*)
Passante	Oui, c'est le numéro douze.
Vous	(**5** *Ask where the stop is.*)
Passante	En face du cinéma.
Vous	(**6** *Ask where the cinema is.*)
Passante	Il est dans la deuxième rue à gauche.
Vous	(**7** *Thank her and say goodbye.*)

C   Turn back to the **plan de la ville** on page 86. Work out which places are referred to.

1 _____ est place de la République, près de la mairie.

2 _____ est à côté de la patinoire.

3 _____ est au nord de la ville, pas loin du château.

4 _____ est entre la bibliothèque et l'école.

5 Il y a _____ au sud-ouest de la ville, en face de la gare.

D   What questions did various tourists ask so as to get the following responses at the tourist office?

1 La bibliothèque est à côté de la mairie.

2 Il y a une boulangerie près du parking et une autre sur la place.

3 Non, le camping est loin d'ici, à dix kilomètres au nord de la ville.

4 Oui, il y a un Crédit Mutuel et une BNP dans la rue principale.

5 Je suis désolé, il n'y a pas de piscine dans notre ville.

6 Alors, allez jusqu'aux feux et là tournez à gauche. Le commissariat de police est sur votre droite.

7 Non, c'est seulement à cinq minutes à pied.

8 Les toilettes? Elles sont juste en face.

ÉCOUTEZ BIEN!

Première partie

Listen to the conversations carefully. Match the places and the distances.

1	le château	**a**	à 150 mètres
2	une boulangerie	**b**	à 3 kilomètres
3	la bibliothèque	**c**	à 15 minutes
4	le centre commercial	**d**	?
5	la gare	**e**	à 20 kilomètres
6	les toilettes	**f**	à 5 minutes

Deuxième partie

Listen to the conversations and look at the diagrams. Do they correspond to the instructions?

Which one(s) is(are) correct?

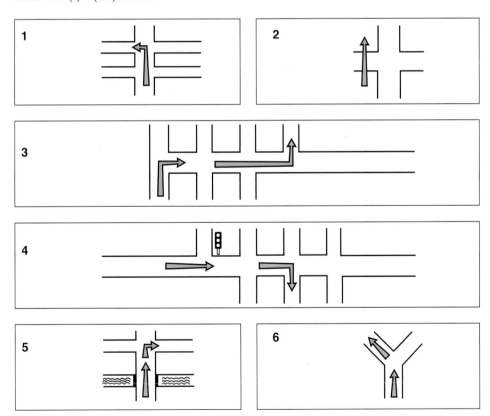

Listen again and say where the people are going.

LECTURE

You have checked the web for hotels in Paris, and the two below appeal to you particularly. Decide which one suits you best.

Réservez votre chambre d'hôtel par Internet avec **hotelenligne.com**

Hôtel Passacaille

L'Hôtel Passacaille est situé dans le nord de Paris, à mi-chemin entre le Sacré-Cœur et le Moulin Rouge. Il se trouve à proximité de la station de métro Abbesses, vous permettant d'accéder facilement aux sites touristiques de la capitale. Chaque chambre dispose d'une salle de bains privée bien équipée. Toutes sont dotées d'une télévision à écran plat, d'un lecteur DVD, d'un téléphone et d'un accès Wi-Fi gratuit. Un petit-déjeuner buffet est servi chaque matin à l'hôtel. Pour le déjeuner et le dîner, vous trouverez de nombreux restaurants à proximité. Le bar-salon est un lieu idéal pour un apéritif ou une tasse de café. La réception est ouverte 24h/24 et le personnel peut vous réserver des taxis et des spectacles. Un parking public est disponible à proximité. L'aéroport de Roissy-Charles-de-Gaulle est facilement accessible depuis la Gare du Nord, terminus de l'Eurostar et des TGV.

Commentaire de client:

«L'hôtel est très bien situé, dans un quartier animé la nuit comme le jour.»

Hôtel les Tilleuls

Situé à quelques minutes à pied de la Place de l'Étoile et des Champs-Élysées, **l'Hôtel les Tilleuls** propose des chambres modernes avec une salle de bains privative. Toutes sont climatisées, insonorisées et accessibles par ascenseur. Certaines possèdent un balcon. Elles sont aussi équipées de la télévision par satellite et d'un minibar. Une connexion Wi-Fi est disponible dans tout l'hôtel. Tous les matins, profitez d'un délicieux petit déjeuner en salle ou dans votre chambre. Vous pourrez prendre vos repas dans l'un des trois restaurants de l'hôtel. Vous aurez le choix entre cuisine traditionnelle, pizzas et buffets. La réception est ouverte 24h/24 et propose un service de garde d'enfants et une bagagerie. L'Arc de Triomphe, la place de la Concorde, le Louvre, le Grand Palais et la Tour Eiffel sont à proximité. Plusieurs stations de métro permettent un accès aisé aux attractions touristiques de la ville. La station de métro Charles de Gaulle - Étoile dessert le parc de Disneyland par train direct.

Commentaire de client:

«Nous avons apprécié le confort, le calme et la disponibilité du personnel.»

Huitième unité

mini-conversations

Où travaillez-vous?

Moi, je travaille à Strasbourg.

Elle travaille à temps partiel dans un hôpital.

Nous travaillons en Bretagne.

Nous travaillons à Fort-de-France.

Ils travaillent à Quimper tous les deux.

Tu travailles dans un restaurant, Antoine?

Oui, je travaille à Ajaccio, comme t

avez-vous compris?

Complétez les phrases avec la forme correcte de **travailler**. *Complete the sentences with the correct form of **travailler**.*

1 Je _____ dans un hôpital.

2 Tu _____ à Ajaccio, Dominique?

3 François _____ aussi à Strasbourg.

4 Josée _____ à Fort-de-France.

5 Nous ne _____ pas à Brest.

6 Vous _____ à Paris?

7 Ils ne _____ pas à Bastia.

8 Josée et Marie _____ à temps partiel toutes les deux.

9 Les Muller _____ en Alsace.

10 Et Henri, où est-ce qu'il _____ ?

et vous?

Où travaillez-vous? En Angleterre? à Londres? dans un bureau? en plein air?

2.1

Laurent et Chantal

Laurent and Chantal are young people from Rouen in Normandy. Let's see who they are and how they meet for the first time.

Où habitent-ils?

Voilà Laurent. Il habite à Rouen, en France.

Voilà Chantal. Elle habite dans la banlieue de Rouen.

Où travaillent-ils?

Il est employé de banque, il travaille dans un bureau.

Elle est vendeuse, elle travaille dans un magasin.

Où mangent-ils le midi?

Il mange un sandwich, au café.

Elle mange à la cantine.

MOTS ET EXPRESSIONS UTILES

tous/toutes les deux	*both of them*	un magasin	*a shop, a store*
comme toi (fam.)	*like you*	manger	*to eat*
habiter	*to live*	le midi	*at lunchtime* (here)

avez-vous compris?

Répondez vrai ou faux. *Answer true or false.*

1 Laurent et Chantal habitent en France.

2 Laurent travaille dans une usine.

3 Chantal travaille dans un magasin.

4 Le midi il mange à la cantine.

5 Le midi elle mange au restaurant.

à vous!

Travaillez en groupe. *Work in groups.* One person in the group is the interviewer and one or two of the others in the group listen and take notes in order to report back later. The rest choose a town or region, a place of work and a place to eat at lunchtime (from the boxes below). The interviewer asks each of them the following questions:

Où habitez-vous?   J'habite . . .
Où travaillez-vous?   Je travaille . . .
Où mangez-vous le midi?   Je mange . . .

à Paris en banlieue en Angleterre en Normandie à Londres en Bretagne	dans un bureau dans une usine dans un grand magasin dans un hôpital dans une clinique dans un collège dans une école	à la maison à la cantine au restaurant au café au bureau au McDo je ne mange pas

2.8

Laurent et Chantal (suite et fin)

Now let's find out how Chantal and Laurent spend their evenings.

Le soir, ils restent à la maison

Il regarde la télévision ou un DVD et il lit le journal.

Elle écoute la radio ou des CD.

Une fois par semaine, le jeudi soir, ils étudient l'anglais

Laurent étudie l'anglais. Il parle un peu l'anglais.

Chantal étudie aussi l'anglais. Elle parle assez bien l'anglais.

Dans la classe, Laurent remarque Chantal.

À la pause-café, il parle à Chantal.

MOTS ET EXPRESSIONS UTILES

le soir	*in the evening(s)*
une fois par semaine	*once a week*
le jeudi	*on Thursdays*
regarder	*to watch/look at*
il lit (lire)	*he reads (to read)*
écouter	*to listen (to)*
étudier	*to study*
remarquer	*to notice*
parler	*to speak*

avez-vous compris?

Répondez vrai ou faux. *Answer true or false.*

1 Le soir, Chantal regarde la télévision.

2 Laurent écoute la radio.

3 Le jeudi soir, ils étudient l'anglais.

4 Laurent parle bien l'anglais.

5 Laurent parle à Chantal à la pause-café.

6 À la maison, Chantal lit le journal.

à vous!

Link the sentences to the symbols representing the activities.

1 J'étudie le russe.

2 Qu'est-ce que tu manges?

3 J'habite à Bordeaux.

4 Les enfants regardent la télé.

5 Nous écoutons de la musique pop.

6 Vous parlez allemand?

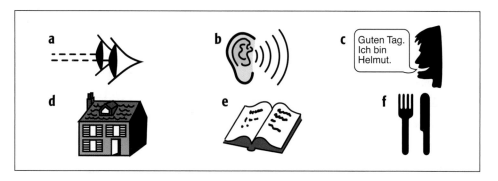

2.9

Claire Ouate interviewe Chantal et Laurent

Claire Ouate is a market researcher in Rouen. She stops Laurent and Chantal in the street.

Mme Ouate	Excusez-moi messieurs-dames . . . Je fais une enquête sur les Français et le poisson et je voudrais vous poser quelques questions.
Chantal	Ah bon, d'accord.
Mme Ouate	Habitez-vous à Rouen?
Laurent	Oui, nous habitons à Rouen.
Mme Ouate	Travaillez-vous aussi à Rouen?
Chantal	Oui, nous travaillons à Rouen tous les deux.
Mme Ouate	Mangez-vous souvent du poisson?
Chantal	Moi, jamais. Je suis végétarienne.
Laurent	Je mange quelquefois de la morue. Mais je préfère les sardines, j'en achète régulièrement.
Mme Ouate	Parfait! Goûtez ceci.
Chantal	Non merci!
Mme Ouate	En fait, ce n'est pas du poisson. C'est du soja. C'est très riche en protéines et c'est bon pour la santé.
Chantal	Et c'est parfait pour les végétariens!

MOTS ET EXPRESSIONS UTILES

je fais (faire ![])	*I am doing*	une enquête	*a survey* (here)
souvent	*often*	goûter	*to taste/try*
quelquefois	*sometimes*	le soja	*soya*
préférer	*to prefer*	Je voudrais vous poser quelques questions	*I would like to ask you a few questions*
acheter	*to buy*	tous les deux	*both*
aimer	*to like*	bon pour la santé	*good for the health*
la morue	*cod*	jamais	*never*

avez-vous compris?

Choisissez la bonne réponse. *Choose the correct alternative.*

1 Laurent et Chantal habitent à Rouen/Dieppe.

2 Ils ne travaillent pas à Cabourg/Rouen.

3 Laurent mange quelquefois du poisson/de la viande.

4 Il préfère les sardines/la morue.

5 Laurent/Chantal n'achète pas de viande.

à vous!

Now imagine you are telling the interviewer where you and a close friend live, work and eat. Use **nous habitons**, **nous travaillons**, **nous mangeons . . .**

et vous?

Answer the questions below. Try to use the following in some of your answers: **un peu**, **(assez) bien**, **quelquefois**, **régulièrement**, **souvent**, **le midi**, **le soir**, **une fois par semaine**.

Parlez-vous le français/l'allemand/l'espagnol?
Aimez-vous le poisson?
Achetez-vous souvent du poisson?
Est-ce que vous écoutez la radio?
Est-ce que vous regardez la télévision?
Préférez-vous la radio ou la télévision?

Claire Ouate interviewe un passant

This time Claire stops a passer-by.

Mme Ouate   Bonjour, monsieur. Vous habitez Rouen?

Le passant   Comment?

Mme Ouate   Habitez-vous à Rouen?

Le passant	Parlez plus fort, je suis un peu sourd.
Mme Ouate	Est-ce que vous habitez à Rouen?
Le passant	Ah non, madame, je n'habite pas ici, j'habite à Dieppe.
Mme Ouate	Travaillez-vous aussi à Dieppe?
Le passant	Non, je ne travaille pas à Dieppe, je travaille ici.
Mme Ouate	Vous habitez au bord de la mer. Aimez-vous le poisson?
Le passant	Le poison!!!
Mme Ouate	Non, non, pas le poison, le poisson.
Le passant	Ah, le poisson! Ah, non, madame, je n'aime pas le poisson, je ne mange jamais de poisson, je déteste le poisson!
Mme Ouate	Alors, tant pis! Merci, monsieur, au revoir.
Le passant	Comment?
Mme Ouate	Au revoir!

MOTS ET EXPRESSIONS UTILES

un(e) passant(e)	*a passer-by*
Comment?	*What?, Pardon?*
Parlez plus fort!	*Speak louder!*
sourd	*deaf*
détester	*to hate*
Tant pis!	*Too bad!*

avez-vous compris?

Répondez oui ou non aux questions suivantes. *Answer yes or no to the following questions.*

1 Est-ce que le passant habite à Rouen?

2 Travaille-t-il à Rouen?

3 Aime-t-il le poisson?

4 Mange-t-il souvent du poisson?

travail à deux

How would you complete the questionnaire? Ask each other questions. Begin
Aimez-vous . . .?

Ex. Aimez-vous les fruits? – Oui, j'aime les fruits./Non, je déteste les fruits.

J'aime	Je n'aime pas	Je déteste	
			la crème
			les fruits
			le lait
			les légumes
			le moutarde
			le poisson
			les frites
			la viande
			le vin

2.11

Claire Ouate interviewe une passante

Now Claire talks to another passer-by.

Mme Ouate Bonjour madame. Vous habitez Rouen depuis longtemps?

Mme Ragot Oh là là, oui! J'habite ici depuis trente ans!

Mme Ouate Avez-vous des enfants?

Mme Ragot Oui, j'ai deux filles jumelles qui habitent à Paris.

Mme Ouate Pourquoi habitent-elles Paris?

Mme Ragot Parce qu'elles sont étudiantes.

Mme Ouate Quel âge ont-elles?

Mme Ragot Elles ont vingt ans.

Mme Ouate	Elles habitent à Paris depuis combien de temps?
Mme Ragot	Elles habitent à Paris depuis deux ans maintenant.
Mme Ouate	Qu'est-ce qu'elles étudient?
Mme Ragot	L'une étudie le droit et l'autre l'économie.
Mme Ouate	Quels sont leurs passe-temps préférés?
Mme Ragot	Elles aiment la natation, elles jouent au tennis, elles adorent danser. Sophie joue de la guitare électrique dans un groupe et Nicole joue du piano. Nicole préfère la musique classique.
Mme Ouate	Et vous aussi, vous êtes musicienne?
Mme Ragot	Pas du tout! Je chante faux, mais j'adore les chansons de la Compagnie Créole: *C'est bon pour le moral, c'est bon pour le moral...*
Mme Ouate	Euh, une dernière chose, aimez-vous le poisson?
Mme Ragot	Drôle de question! Oui, j'aime bien le poisson, pourquoi?

MOTS ET EXPRESSIONS UTILES

depuis longtemps	*for a long time*
J'habite ici depuis . . .	*I have been living here for . . .*
des jumelles	*twin girls*
pourquoi	*why*
parce que/qu'	*because*
le droit	*law*
l'économie (f.)	*economics* (here)
depuis combien de temps?	*for how long?*
leurs passe-temps (m.) préférés	*their favourite pastimes/hobbies*
la natation	*swimming*
jouer	*to play*
musicien(ne)	*musical* (here)
pas du tout	*not at all*
je chante faux	*I can't sing in tune*
une chanson	*a song*
j'adore	*I love*
une dernière chose	*one last thing*
J'aime bien . . .	*I quite like . . .*
drôle de question	*what a funny question*

avez-vous compris?

1 Est-ce que Mme Ragot habite Rouen depuis longtemps?

2 Elle a combien d'enfants?

3 Quel âge ont-elles?

4 Travaillent-elles?

5 Où habitent-elles?

6 Sont-elles musiciennes?

7 Quels sports aiment-elles?

8 Est-ce que Mme Ragot chante bien?

à vous!

Answer the questions below about the twins, Martin and Martine, according to the cues given.

- Martin et Martine sont étudiants?
- (**1** *Yes they study at the University of Dijon.*)
- Ils ont un appartement à Dijon?
- (**2** *Yes, they live in Dijon.*)
- Ils aiment Dijon?
- (**3** *They prefer Paris.*)
- Ont-ils des passe-temps?
- (**4** *They like sport, they play tennis.*)
- Ils sont musiciens?
- (**5** *Martin plays the guitar and Martine sings.*)

et vous!

Répondez aux questions. *Answer the questions.* Before you start, refer to the **Depuis** section of **Un peu de grammaire.**

1 Vous étudiez le français depuis combien de temps?

2 Où habitez-vous?

3 Depuis longtemps?

4 Est-ce que vous travaillez?

5 Si oui, depuis combien de temps?

6 Avez-vous un animal familier?

7 Jouez-vous d'un instrument de musique?

8 Jouez-vous au tennis, au foot, au golf, etc?

UN PEU DE GRAMMAIRE

Present tense of regular -er verbs:

TRAVAILLER *to work*

je travaille	*I work/am working*	nous travaillons	*we work/are working*
tu travailles	*you work/are working*	vous travaillez	*you work/are working*
il travaille	*he works/is working*	ils travaillent	*they work/are working*
elle travaille	*she works/is working*	elles travaillent	*they work/are working*

Other verbs following this pattern: habiter, regarder, écouter, étudier, parler, jouer, chanter, aimer, adorer, détester.

Question forms

Vous travaillez?	
Travaillez-vous?	*Do you work?/Are you working?*
Est-ce que vous travaillez?	
Il/Elle travaille?	
Travaille-t-il/elle?	*Does (s)he work?/Is (s)he working?*
Est-ce qu'il/elle travaille?	

JOUER

jouer (à)	*to play* (a game or with a toy)
Je joue au tennis.	*I play/am playing tennis.*
jouer (de)	*to play* (a musical instrument)
Je joue du piano/de la guitare.	*I play/am playing the piano/the guitar.*

DEPUIS *for, since*

Use **depuis** and the present tense to say how long you have been doing something.

J'habite à Dax depuis 2005.	*I've been living in Dax since 2005.*
Je joue du piano depuis 10 ans.	*I've been playing the piano for 10 years.*
Je travaille depuis 6 mois.	*I've been working for 6 months.*

▶ **Grammaire** 5(e), 6(c), 8, 9, 16

EXERCICES

A Prepare a list of questions that, as an interviewer, you might ask a famous personality. Ask him/her where they live, work, whether they like sport, play the piano, watch television, often eat fish and so on.

B Answer the questions below in full, selecting the appropriate part of the verb and using the expressions in the bubbles. Each word or phrase can only be used once.

Ex. Sylvie, où mangez-vous le midi? Je . . .
    Je mange à la cantine.

1 Où est-ce qu'ils travaillent? Ils . . .

2 Où est-ce que vous habitez, monsieur? J' . . .

3 Quelle sorte de musique aime-t-elle? Elle . . .

4 Qu'est-ce que Chantal et Laurent étudient? Ils . . .

5 Vous jouez d'un instrument de musique, les enfants? Nous . . .

6 Quand Laurent parle-t-il à Chantal? Il . . .

7 Les enfants, vous écoutez la radio ou des CD? Nous . . .

8 Qu'est-ce que tu manges le midi? Je . . .

C Add the verbs in their correct forms.

1 Nous _____ à Reading depuis 2001.

2 Elle _____ l'allemand depuis six mois.

3 Elles _____ dans un bureau depuis trois ans.

4 Vous _____ au tennis depuis longtemps?

5 Tu _____ la télé depuis combien de temps?

6 Ils ne _____ pas de viande.

7 Tu _____ un bateau depuis combien de temps?

8 Nous _____ un chien depuis cinq ans. Il s'appelle Max.

D Write a short letter to your new French-speaking friend. Tell him/her about yourself. Don't forget to ask a few questions.

Start with **Cher** (m.) or **Chère** (f.) (*Dear*), followed by their first name, and end the letter with **Amicalement**, before your signature.

E Answer the following questions in French:

1 Où habitez-vous?

2 C'est où exactement?

3 Vous y habitez depuis longtemps?

4 Qu'est-ce qu'il y a pour les sportifs?

5 Il y a combien d'écoles/d'églises/de banques?

6 Qu'est-ce qu'il y a pour les touristes?

7 Qu'est-ce qu'il y a pour les jeunes?

8 Est-ce que vous aimez habiter à . . .? Pourquoi?

ÉCOUTEZ BIEN!

2.12

Listen to the conversations and complete the dialogues below.

1 – Pardon messieurs-dames. Où _____-vous?
  – Nous _____ dans une petite maison en _____ .

2 – Éric et Bernard _____ dans une _____ . Vous aussi?
  – Non, moi je _____ travaille _____ !

3 – Sophie _____ la danse ou la musique?
  – La musique. Elle _____ du piano et elle _____ dans une chorale.

4 – Vous _____ _____ ?
  – Non, mais j'_____ l'_____ .

5 – Les enfants _____ l'anglais?
  – Oui, ils _____ _____ de la musique anglaise et _____ des films américains.

6 – Qu'est-ce que tu _____ ?
  – Du poisson. J'en _____ souvent. J'_____ ça!

Neuvième unité

mini-conversations

2.13

avez-vous compris?

1 Que fait la maman?

2 Est-ce que les enfants Dupré font les devoirs?

3 Qui fait du bruit?

4 Annick fait-elle la cuisine?

5 Que fait Antoine?

6 Que font les garçons à l'école?

7 Julien, qu'est-ce qu'il fait pendant les vacances?

8 Et Madame Dupré, qu'est-ce qu'elle fait?

MOTS ET EXPRESSIONS UTILES

faire	to do/to make
faire les devoirs	to do homework
faire du bruit	to make a noise
faire la cuisine	to cook
faire du vélo	to cycle
faire du ski	to ski
bavarder	to chat
tricoter	to knit
l'été (m.)	(in) summer
l'hiver (m.)	(in) winter
les informations (f.)	the news
une erreur	a mistake
trop de/d'	too much

à vous!

1 Look again at the pictures on pages 114–15. Write four or five negative sentences about them.

Ex. Madame Dupré ne tricote pas un cardigan.

2 Complétez. *Complete using the correct form of* **faire**.

Maman	Qu'est-ce que vous **1** _____ , les filles?
Filles	Nous **2** _____ les devoirs.
Maman	Et les garçons, qu'est-ce qu'ils **3** _____ ?
Filles	On ne sait pas. Et toi, qu'est-ce que tu **4** _____ ?
Maman	Moi, je **5** _____ la cuisine, naturellement.
Filles	Et Papa, qu'est-ce qu'il **6** _____ ?

 ## l'arbre généalogique de la famille Dupré

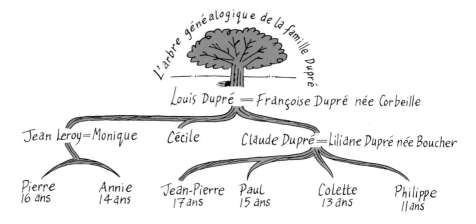

Louis et Françoise Dupré ont un fils, Claude et deux filles, Liliane et Cécile. Ils ont aussi six petits-enfants, deux petites-filles et quatre petits-fils.

Le mari de Monique s'appelle Jean et la femme de Claude s'appelle Liliane. Jean et Monique ont deux enfants, et Claude et Liliane en ont quatre. Cécile n'est pas mariée.

Jean est le père de Pierre. Liliane est la mère de Philippe.

Colette a trois frères, Jean-Pierre, Paul et Philippe. Elle a un cousin et une cousine. Annie, la sœur de Pierre, a quatorze ans. Colette et Annie sont les nièces de Cécile. Pierre est le neveu de Claude. Claude et Liliane sont l'oncle et la tante de Pierre et d'Annie.

Les beaux-parents de Claude s'appellent Boucher. Liliane est la belle-fille de Louis et Françoise. Jean est le beau-frère de Cécile.

MOTS ET EXPRESSIONS UTILES

le cousin (m.)/la cousine (f.)	*the cousin*	le grand-père/la grand-mère	*the grandfather/the grandmother*
le père/la mère	*the father/the mother*	les petits-enfants	*the grand-children*
le frère/ la sœur	*the brother/the sister*	le beau-frère/père/fils	*the brother/father/son-in-law* (here)
le neveu/la nièce	*the nephew/the niece*	la belle-mère/sœur/fille	*the mother/sister/daughter-in-law* (here)
l'oncle (m.)/la tante	*the uncle/the aunt*	les beaux-parents	*the parents-in-law* (here)

avez-vous compris?

Complétez les phrases ci-dessous puis ajoutez trois ou quatre phrases supplémentaires sur la famille Dupré. *Complete the sentences below then add three or four sentences of your own about the Dupré family.*

1 Colette et Annie sont deux _____ .

2 Monique est la _____ de Pierre.

3 La _____ de Pierre s'appelle Annie.

4 Louis est le _____ de Liliane.

5 Colette est la _____ de Monique.

6 Cécile est la _____ de Paul.

7 Jean est le _____ de Liliane.

8 Jean-Pierre est le _____ de Jean et de Monique.

la famille d'Annick Le Goff

2.14

Annick bavarde avec Marine, une nouvelle collègue de bureau. Elle lui montre des photos sur son smartphone.

Annick   J'ai des photos des noces d'argent de mes parents.

Marine   Fais voir!

Annick   Ça c'est mon frère, Jean-Luc, avec Louise et Mireille, mes deux demi-sœurs et là, c'est Stéphanie.

Marine   C'est qui, Stéphanie?

Annick   C'est ma belle-mère. J'ai perdu ma mère quand mon frère est né. Mon père est remarié.

Marine   Ah bon! Et tu l'aimes bien ta belle-mère, elle est sympa?

Annick   Oui, mais je ne la vois pas souvent, seulement pour les fêtes de famille. Maintenant ils habitent tous dans la région parisienne.

Marine   Ton frère aussi?

Annick   Non, lui, je le vois souvent, il habite aussi en Bretagne, à Brest.

Marine   Et tes demi-sœurs, comment les trouves-tu?

Annick   Louise est très gentille, je l'aime beaucoup. Attends, j'ai une autre photo d'elle. Tiens, voilà!

Marine   Oh, je la trouve très belle. Et l'autre demi-sœur, comment est-elle?

Annick   Mireille est différente. Je ne l'aime pas du tout!

Marine   Mais pourquoi donc?

Annick   Elle est jalouse de moi. Elle pense que je suis la favorite de papa et elle a peut-être raison!

Marine   Alors c'est normal! Et Yves, ton fiancé, il a une grande famille lui aussi?

Annick   Non, il est fils unique.

MOTS ET EXPRESSIONS UTILES

fais voir	*show (me)*
les noces d'argent	*silver wedding anniversary*
une demi-sœur	*a half-sister*
un demi-frère	*a half-brother*
une belle-mère	*a stepmother* (here)
un beau-père	*a stepfather* (here)
une fête	*a celebration, a party* (here)
je le vois (voir ▮)	*I see him (to see)*
lui	*him* (used here for emphasis)
belle (f.)/beau (m.)	*beautiful, handsome*
autre	*another, other*
différent(e)	*different*
jaloux (m.)/jalouse (f.)	*jealous*
favori (m.)/favorite (f.)	*favourite*
fils/fille unique	*only child*

avez-vous compris?

Répondez. *Answer.*

1 Annick est-elle fille unique?

2 Quand Annick voit-elle sa belle-mère?

3 Qui est Louise? Comment Marine la trouve-t-elle?

4 Pourquoi Annick n'aime-t-elle pas Mireille?

5 Les parents d'Annick sont mariés depuis combien de temps?

6 Est-ce que le fiancé d'Annick a des frères et sœurs?

et vous?

Avez-vous des frères, des sœurs, des cousins, une belle-mère, des petits-enfants, etc? Décrivez votre famille. *Describe your family.*

à la ferme des Dupré

2.15

Au grenier le chat attrape une souris.

Au premier étage Colette est dans sa chambre. Elle téléphone à une amie. Grand-père chante dans la salle de bain et Philippe joue de la trompette. Grand-mère mange du chocolat en cachette dans sa chambre.

Au rez-de-chaussée Madame Dupré regarde la télé au salon. Monsieur Dupré fait le ménage dans la salle à manger. Dans la cuisine Jean-Pierre épluche les pommes de terre et Paul fait des devoirs. Ils écoutent la radio.

À la cave l'oncle Jean goûte le cidre.

Dans la basse-cour tante Cécile donne à manger aux volailles.

Le facteur apporte une lettre. Il est **dans le jardin**.

1 _____ 2 _____ 3 _____ 4 _____

5 _____ 6 _____ 7 _____ 8 _____

9 _____ 10 _____

MOTS ET EXPRESSIONS UTILES

le grenier	*the attic*
le salon	*the lounge*
la salle à manger	*the dining room*
la salle de séjour	*the living room*
la cuisine	*the kitchen*
la pièce	*the room*
la cave	*the cellar*
le rez-de-chaussée	*the ground floor*
la basse-cour	*the farmyard*
faire le ménage	*to do the housework*
en cachette	*in secret/hiding*
attraper	*to catch*
téléphoner (à)	*to telephone*
apporter	*to bring* (something)
éplucher	*to peel*

avez-vous compris?

Dans quelle pièce ou dans quelle partie de la ferme sont les Dupré? Que font-ils?

Dites ce que fait chaque personne et où elle est. *Say what each one is doing and where he/she is.*

Ex. 7 Il épluche les pommes de terre dans la cuisine.

à vous!

Vingt questions

Here is a game to play in small groups. One student chooses a part of the house and an activity, and writes them down without showing the others.

Ex. Je suis dans le jardin. Je joue au football.

The rest of the group tries to guess both by asking questions in turn.

Ex. Vous êtes dans une chambre? Vous écoutez la radio?

If defeated, the group should find out the answers by asking **Où êtes-vous?** and **Qu'est-ce que vous faites?**

2.16

un coup de téléphone chez Monique Leroy

Monique Leroy, la belle-sœur de Liliane Dupré, a des chambres d'hôtes à la ferme. *Monique, Liliane Dupré's sister-in-law, does B&Bs at her farm.*

Monique Leroy	Allô!
Cliente	Allô! C'est bien la ferme 'Les Volets Verts'?
Monique Leroy	Oui madame.
Cliente	Je voudrais réserver des chambres, s'il vous plaît.
Monique Leroy	Oui, pour quelle date?
Cliente	Du 13 au 15 septembre.
Monique Leroy	Et vous êtes combien de personnes?
Cliente	Trois. Mon mari et moi et ma belle-mère.
Monique Leroy	Donc il vous faut deux chambres.
Cliente	Tout à fait.
Monique Leroy	Voyons … Ah, je suis désolée, madame. Je n'ai qu'une seule chambre de libre le 13. Par contre, le 16, je n'ai pas encore de réservations.
Cliente	Pour moi et mon mari, c'est possible, mais pour ma belle-mère, je ne sais pas … Tant pis! Je prends les deux chambres du 14 au 16.
Monique Leroy	D'accord. Quel est votre nom, madame?
Cliente	C'est Madame Gauthier.
Monique Leroy	Très bien. Et votre téléphone?
Cliente	Mon téléphone fixe est le 05 15 26 30 79…
Monique Leroy	Trente… soixante-dix-neuf.
Cliente	Vous pouvez laisser un message sur le répondeur et vous pouvez aussi me joindre sur mon portable. C'est le 06 65 12 81 43.
Monique Leroy	Je répète: le 05 15 26 30 79 ou le 06 65 12 81 43.
Cliente	C'est ça. Ah, autre chose, ma belle-mère a un caniche; acceptez-vous les chiens?

Monique Leroy	Ah non, je regrette, madame. Nous avons beaucoup d'animaux à la ferme – des moutons, des cochons; il y a aussi des poules, des oies et des canards en liberté. Ce n'est vraiment pas possible.
Cliente	Alors, annulez la chambre pour ma belle-mère, s'il vous plaît!

MOTS ET EXPRESSIONS UTILES

Allô/Allo	*Hello* (in phone calls)	le répondeur	*the answerphone*
C'est bien … ?	*Is it (really) … ?* (confirmation of a fact)	joindre	*to contact*
les volets verts	*the green shutters*	un caniche	*a poodle*
septembre	*September*	Acceptez-vous …?	*Do you accept … ?*
donc	*so*	un mouton	*a sheep*
il vous faut	*you need*	un cochon	*a pig*
tout à fait	*yes* (lit. *quite*)	une poule	*a hen*
pas encore	*not yet*	une oie	*a goose*
tant pis	*too bad*	un canard	*a duck*
d'accord	*fine, OK*	en liberté	(roaming) *free*
vous pouvez (pouvoir)	*you can (to be able to)*	annuler	*to cancel*

avez-vous compris?

Complétez. *Complete.*

La ferme de Monique Leroy s'appelle **1** _____ . Monique a des **2** _____ . La cliente voudrait réserver des chambres pour le mois de **3** _____ . Elle a besoin de **4** _____ chambres, une pour elle et son mari et une autre pour sa **5** _____ . Le seize, toutes les chambres sont **6** _____ . Monique n' **7** _____ pas les chiens parce que beaucoup d'animaux à la ferme sont en **8** _____ . La cliente **9** _____ la réservation pour sa belle-mère parce qu'elle a un **10** _____ .

travail à deux

Take it in turns to book rooms for yourself and some friends/relatives at the Leroy's B&B.

- Allô!
  (**1** *Make sure you've phoned the right place.*)
- Oui monsieur/madame.
  (**2** *Say you'd like to reserve some rooms.*)
- Très bien. C'est pour quelle date?
  (**3** *Answer the question.*)
- Très bien. C'est pour combien de personnes?
  (**4** *Explain exactly what you need.*)
- Je suis désolé(e) monsieur/madame. Le 20 je n'ai qu'une seule chambre de libre.
  (**5** *Offer an alternative.*)
- Oui monsieur/madame, pas de problème. Quel est votre nom?
  (**6** *Answer, making sure they get it right.*)
- Et votre téléphone?
  (**7** *Answer the question.*)

2.11

un message téléphonique

Un autre client a moins de chance. Monique n'est pas chez elle.

Mme Benfetita	Chéri, tu peux appeler la ferme 'Les Volets Verts' pour retenir une chambre?
M. Benfetita	D'accord. Pour quelles dates?
Mme Benfetita	Début octobre, de préférence.
M. Benfetita	OK. ... Alors, 02 33 37 89 12...
Répondeur	Bonjour. Vous êtes bien chez Monique et Jean Leroy. Nous ne pouvons pas vous répondre pour le moment. Veuillez laisser un message après le bip sonore. À la fin de votre message, si vous souhaitez le modifier, tapez dièse. Sinon, raccrochez.
M. Benfetita	Allô! Je suis Monsieur Benfetita, B-E-N-F-E-T-I-T-A. J'aimerais réserver une chambre pour deux personnes pour le 1er et le 2 octobre. Pouvez-vous me rappeler, dès que possible, au 01 48 28 23 96 pour me dire si c'est possible. Merci!

MOTS ET EXPRESSIONS UTILES

moins	*less*	nous ne pouvons pas	*we can't*
chéri(e)	*darling*	répondre	*to answer*
tu peux … ?	*can you … ?*	veuillez (+ inf.)	*please (+ verb)*
retenir (*see tenir*)	*to reserve*	à la fin	*at the end*
d'accord	*OK*	souhaiter	*to wish*
début octobre	*early October* (lit. *beginning*)	tapez dièse	*press the hash key*
de préférence	*preferably*	sinon	*otherwise* (lit. *if not*)
un répondeur	*an answerphone*	raccrocher	*to put the phone down, to hang up*
vous êtes bien	*you are (indeed)* (emphatic)	dès que possible	*as soon as possible*

avez-vous compris?

Corrigez les 12 erreurs. *Correct the 12 mistakes.*

Monsieur Benfetita demande à son frère de téléphoner à l'hôtel 'Les Volets Verts' pour annuler une chambre simple pour la fin octobre, mais les propriétaires ne sont pas dans le jardin. Madame Benfetita laisse un message sur l'ordinateur. Elle donne son numéro de portable pour que les Leroy rappellent le moins vite possible.

UN PEU DE GRAMMAIRE

FAIRE *to do/to make*		**Direct object pronouns**	
je fais	*I do/am doing/I make/I am making*	le	*him/it*
tu fais	*you do/are doing/make/are making*	la	*her/it*
il/elle fait	*he/she does/is doing/makes/is making*	l' (before a vowel or 'h')	*him/her/it*
nous faisons	*we do/are doing/make/are making*	les	*them*
vous faites	*you do/are doing/make/are making*	Je le vois souvent.	*I see him often.*
ils/elles font	*they do/are doing/make/are making*	Je la trouve belle.	*I find her beautiful.*
		Je l'aime bien.	*I like him/her.*
		Je ne les aime pas.	*I don't like them.*

Note that in a negative sentence, the pronoun remains with the verb and between **ne/n'** and **pas**.

▶ **Grammaire** 4, 8, 15(d), 19c

EXERCICES

A Qu'est-ce qu'ils font?

Ex. **1** Elle chante.

B Using the pictures in exercise A, say which activities you don't do, or don't do often.

Ex. Je ne passe pas l'aspirateur./Je ne passe pas souvent l'aspirateur.

Je ne fais pas la cuisine./Je ne fais pas souvent la cuisine.

C Parlez de certains membres de votre famille. *Talk about some of your relatives*. Use some of the vocabulary below.

je vois, je trouve, j'aime, je déteste

avare (*miserly*)	sympa
intelligent(e)	gentil(le)
intéressant(e)	amusant(e)
jaloux(se)	généreux(se)
joli(e) (*pretty*)	beau/belle
stupide	bavard(e)

Ex. Ma tante Monique? Je la trouve généreuse.

Mon frère? Je ne le vois pas souvent.

Mes cousins Laure et Albert? Je les adore parce qu'ils sont amusants.

D Complétez. Imagine you live in a flat. Give your own answers or use some of the expressions in the box below to complete the interview about your home.

Où habitez-vous?	**1** - …
Vous habitez une maison ou un appartement?	**2** - …
Il est à quel étage?	**3** - …
C'est grand?	**4** - …
Vous avez un garage?	**5** - …
Il y a un jardin?	**6** - …

> Oui, il y a un petit jardin à côté.   Non, mais il y a un parking.
>
> Au deuxième/quinzième … étage.   J'habite un appartement.
>
> J'habite dans la banlieue de Londres/dans le centre de Montréal …
>
> Oui, il y deux chambres et une grande salle de séjour.   Oui, le garage est au sous-sol.
>
> Non, c'est petit. C'est un studio.
>
> Non, mais j'ai un beau balcon plein de fleurs/il y a un arbre au milieu du parking …

E Answer the questions according to the cues.

- Où habitez-vous?
  (**1** *You live in Brest.*)
- Depuis longtemps?
  (**2** *For ten years.*)
- Vous avez de la famille à Brest?
  (**3** *You've got a brother and a sister.*)
- Ils ont des enfants?
  (**4** *Yes, you have three nephews and one niece.*)
- Ils habitent loin de chez vous?
  (**5** *Your sister lives in the same block of flats. You live on the 3rd floor and she lives on the 1st.*)
- Vous avez combien de pièces?
  (**6** *You have two bedrooms, one living room, a big kitchen and a bathroom.*)
- Vous aimez votre appartement?
  (**7** *Yes, but there is too much noise.*)

F Describe your dream house (**La maison de mes rêves**).

ÉCOUTEZ BIEN!

2.18

Première partie

Listen to seven short conversations. For each one write down the activity mentioned and where it is taking place.

Deuxième partie

Listen again and fill in the gaps in the sentences below.

1 The boy is talking about his _____. **2** Sophie is talking to her _____. **3** She is talking about her _____. **4** Nicole's _____ is not at home. **5** Gilles wants to talk to Françoise who is the boy's _____. **6** Philippe is talking about his _____. **7** The _____ are hungry.

LECTURE

Read the descriptions of some holiday accommodation in France. Say where you would like to stay, and why.

LES HORTENSIAS

Gîte pour 7/8 personnes

Demeure bretonne agréablement restaurée, située en pleine campagne.

Rez-de-chaussée: Séjour avec cheminée, cuisine équipée, coin-salon, coin-repas, WC, salle de bain, machine à laver, lave-vaisselle.

Étage: 2 chambres 1 lit 2 personnes, 1 chambre 3 lits 1 personne. Grenier aménagé en salle de jeux. Jardin clos, mobilier de jardin. Commerces, piscine, tennis: à 5 km.

Plage: Le Pouldu.

Animaux acceptés.

Les Cigognes (Alsace)

Au cœur d'un petit village pittoresque, 2 chambres d'hôtes aménagées dans la maison du propriétaire. RdeC 1 chambre (2 pers) avec salle d'eau et WC privatifs. Étage 1 chambre (2 pers) avec un lit d'appoint pour enfant, salle d'eau et WC privatifs. Salle de séjour avec TV à disposition. Pendant votre séjour vous pourrez déguster les apéritifs, confitures et pâtisseries faits maison. Randonnées en VTT. Visites de caves et dégustation.

Dinan (Bretagne)

Situé au premier étage d'un immeuble de caractère avec vue sur la Place du Champ Clos, près de la cité médiévale et à deux pas du Château-musée. Pouvant accueillir deux couples, votre appartement comprend une grande pièce de vie avec coin repas, une cuisine aménagée, 2 chambres pour 2 personnes (1 avec lit bébé), salle de bains et WC séparés. Entrée indépendante.

Faites le point! unités 7–9

1 Look at the picture, and complete the sentences using these expressions:

par terre   autour   au milieu

a – Où est le guide? – Il est _____ des touristes.

b – Où sont les touristes? – Ils sont _____ du guide.

c – Où sont les clés du guide? – Elles sont _____ .

2 Look at the picture, and complete the sentences using these expressions:

où   quel   à gauche   quelle

– Où est le café, s'il vous plaît?
– **a** _____ café?
– Le café de la poste.
– À droite de l'hôtel.
– **b** _____ est l'église, s'il vous plaît?
– **c** _____ église?
– L'église St. Pierre.
– **d** _____ de la mairie.

3 Complete the dialogue.

Vous	(**a** *Stop a passer-by politely and ask him how to get to the station.*)
Le passant	C'est facile. Vous êtes à pied?
Vous	(**b** *Say yes, but ask if it is far.*)
Le passant	Non, c'est à cinq minutes. Traversez le pont et prenez la première à gauche. La gare est au bout de la rue.
Vous	(**c** *Ask if there is a hotel near the station.*)
Le passant	Non, mais il y a un café juste en face.
Vous	(**d** *Ask if there is a hotel nearby.*)
Le passant	Oui, il y a un hôtel dans la deuxième rue à droite.
Vous	(**e** *Thank him and say goodbye.*)

4   Complete with the following vocabulary.

à droite   traversez   prenez   par ici

quelle   loin

à côté de   tout droit   à pied

Un monsieur	Pardon madame, il y a une banque **a** _____ ?
Une dame	Oui, il y a le Crédit Rural.
Monsieur	C'est **b** _____ ?
Dame	Non, c'est à cinq minutes **c** _____ . Allez **d** _____ jusqu'à l'église.
Monsieur	**e** _____ église?
Dame	L'église St. Jacques. Là, tournez **f** _____ . **g** _____ la place et **h** _____ la première à gauche. La banque est **i** _____ la poste.
Monsieur	Merci beaucoup, madame. Au revoir.

5   Look at the family tree and choose the correct answer.

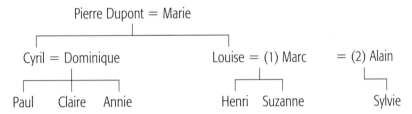

Pierre Dupont = Marie

Cyril = Dominique   Louise = (1) Marc   = (2) Alain

Paul   Claire   Annie   Henri   Suzanne   Sylvie

a   Cyril est le beau-père / le grand-père / le père de Claire.

b   Henri est le demi-frère / le beau-frère / le frère de Suzanne.

c   Marie est la belle-mère / la mère / la grand-mère de Louise.

d   Dominique est la sœur / la belle-fille / la fille de Pierre.

e   Paul est le neveu / l'oncle / le petit-fils d'Alain.

f   Sylvie est la tante / la cousine / la belle-sœur d'Annie.

6   What are they doing? Complete the sentences using **faire**.

a Il _____ .

b Elles _____ .

c Ils _____ .

d Ils _____ .

e Il _____ .

7   The answers to these questions have got muddled up. Can you match them?

a Où habitez-vous maintenant?

b Préférez-vous le cinéma ou la télévision?

c Et vos filles, aiment-elles aussi le cinéma?

d Sophie joue-t-elle d'un instrument de musique?

e Et Anne, joue-t-elle aussi du piano?

f Est-ce que vous aimez le sport?

g Jouez-vous au tennis?

h Vous restez à la maison le soir?

(i) Non. Sophie préfère la musique et Anne est sportive.

(ii) Nous habitons dans une villa en Californie, au bord de la mer.

(iii) Oui, elle joue du piano, et elle chante.

(iv) Oui, nous aimons beaucoup le sport.

(v) Je préfère le cinéma.

(vi) Non, elle n'est pas musicienne.

(vii) Les filles jouent au tennis, mais moi je joue au badminton.

(viii) Oui, nous écoutons des CD ou nous jouons au Scrabble.

8   Fill in the gaps with **le**, **la**, **l'** or **les**.

a Mon chien? Je _____ ai depuis dix ans.

b La télévision? Nous ne _____ regardons pas souvent.

c La radio? Je _____ écoute régulièrement.

d Le poisson? Ils _____ détestent.

e Les gâteaux à la crème? Elle ne _____ aime pas.

9   One of your family wants to buy a farm in France. Give a description of the farmhouse below and list the animals on the farm.

Ferme: Arromanches 20 km.
Rez-de-chaussée: Vaste cuisine avec cheminée, salon, séjour, salle à manger, WC.
Premier étage: Cinq chambres, salle de bain. Grenier aménagé en salle de jeux.
Cave, jardin clos.
Machines:
Deux tracteurs.
Animaux:
Vingt moutons, quatre chèvres, vingt-cinq cochons.
Volailles:
Un coq, trente poules, quinze oies, dix-huit canards.

10   You want to book a room in a B&B. Leave a message on the answerphone giving all the necessary information.

Dixième unité

quel temps fait-il?

2.19

Les quatre saisons

Quelquefois *au printemps* il fait mauvais, il pleut.

En été, en général, il fait du soleil, il fait beau.

En automne il fait souvent du vent.

En hiver il fait froid. Quelquefois il neige.

Dans le désert il fait très chaud. Le ciel est sans nuages.

Quelquefois, la nuit, il fait du brouillard.

MOTS ET EXPRESSIONS UTILES

Quel temps fait-il?	*What's the weather like?*
le printemps	*spring*
l'automne (m.)	*autumn*
quand	*when*
sans nuages (m.)	*cloudless* (lit. without clouds)

avez-vous compris?

1 Quel temps fait-il en hiver?

2 Quel temps fail-il au printemps?

3 Quand fait-il beau?

4 Où fait-il très chaud?

5 Quand fait-il souvent du vent?

6 Quand neige-t-il quelquefois?

7 Quand fait-il du soleil en général?

8 Quel temps fait-il dans le désert?

9 Quand fait-il froid?

10 Quand est-ce qu'il pleut?

à vous!

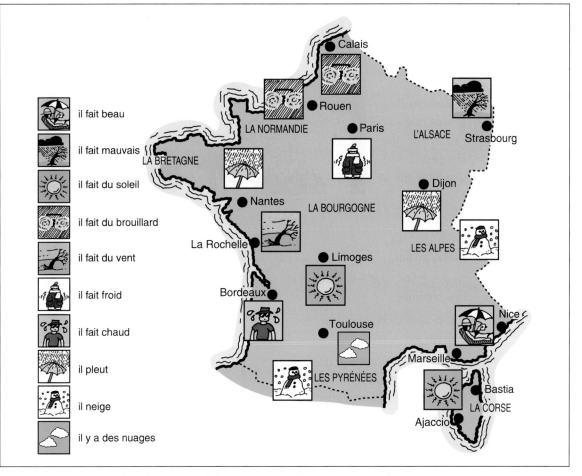

il fait beau

il fait mauvais

il fait du soleil

il fait du brouillard

il fait du vent

il fait froid

il fait chaud

il pleut

il neige

il y a des nuages

Calais

Rouen

LA NORMANDIE

Paris

L'ALSACE

Strasbourg

LA BRETAGNE

Nantes

LA BOURGOGNE

Dijon

La Rochelle

LES ALPES

Limoges

Bordeaux

LES PYRÉNÉES

Toulouse

Nice

Marseille

Bastia

LA CORSE

Ajaccio

Look at the map and describe the weather in various regions of France.

1 En Bretagne …

2 À Paris …

3 En Normandie …

4 En Alsace …

5 Dans les Alpes …

6 En Corse …

7 Dans le Midi …

8 Dans le Nord …

 travail à deux

Take it in turns to ask your partner what the weather is like in different towns.

Quel temps fait-il à … ?

2.20

Claire interviewe un homme à la retraite

Claire   Pardon, monsieur, je fais une enquête sur les Français et les passe-temps. Que faites-vous quand vous avez du temps libre?

Homme   J'ai beaucoup de temps libre maintenant, je suis à la retraite depuis trente ans. Quand il fait beau, je fais du jardinage.

Claire   Vous avez un grand jardin?

Homme   Assez grand. Il y a des fleurs et des légumes.

Claire   Est-ce que vous aimez le jardinage?

Homme   Oui, beaucoup, mais je préfère aller à la pêche et quand il pleut j'aime aller aux escargots. J'adore les escargots!

MOTS ET EXPRESSIONS UTILES

un homme	*a man*
le temps libre	*free time*
être à la retraite	*to be retired*
faire du jardinage	*to do some gardening*
aller à la pêche	*to go fishing*
un escargot	*a snail*

avez-vous compris?

1 Pourquoi le monsieur a-t-il beaucoup de temps libre?

2 Que fait-il quand il fait beau?

3 Qu'est-ce qu'il y a dans le jardin?

4 Il préfère la pêche ou le jardinage?

5 Qu'aime-t-il faire quand il pleut? Pourquoi?

2.21

Claire interviewe un homme à la retraite (suite et fin)

Claire	Êtes-vous très occupé le dimanche?
Homme	Non, rarement. Le matin, je vais à la messe, et après je bois l'apéritif au café avant de déjeuner. Mais le samedi soir, je joue de l'accordéon avec le groupe musical du village.
Claire	Ce sont des professionnels?
Homme	Oh non, des amateurs bien sûr!
Claire	Et le soir, que faites-vous?
Homme	Tous les soirs, sauf le samedi, je joue aux cartes avec des amis au café.
Claire	Et à la maison?
Homme	Quand je rentre à la maison, je prépare le dîner, puis je regarde la télé.
Claire	Quelles émissions préférez-vous?
Homme	Je regarde tout, mais je préfère les films d'aventure et j'adore les émissions pour les enfants.
Claire	Je ne voudrais pas être indiscrète, mais quel âge avez-vous?
Homme	J'ai quatre-vingt-quinze ans!

MOTS ET EXPRESSIONS UTILES

occupé	*busy*	je bois (boire)	*I drink (to drink)*
le samedi/dimanche	*on Saturdays/Sundays*	tous les soirs	*every night* (lit. *all the evenings*)
je vais/il va (aller)	*I go/he goes (to go)*	sauf	*except*
avant (de)	*before*	un film d'aventure	*an action film*
après	*after*	une émission	*a programme* (TV or radio)

avez-vous compris?

1 Le dimanche matin, il va à la messe ou au café?

2 Qu'est-ce qu'il fait le samedi soir?

3 Où et avec qui joue-t-il aux cartes?

4 Que fait-il le soir à la maison?

5 Quelles émissions préfère-t-il?

6 Quel âge a-t-il?

et vous?

Answer the questions, giving as much information as you can.

1 Avez-vous beaucoup de temps libre?

2 Pourquoi?

3 Qu'est-ce que vous faites quand il fait beau?

4 Et quand il pleut?

5 Que faites-vous pendant le week-end?

6 Vous aimez faire la cuisine?

7 Allez-vous souvent au restaurant?

8 Faites-vous de la musique ou du théâtre?

9 Jouez-vous aux cartes, au Scrabble, au Monopoly?

10 Aimez-vous regarder la télévision?

Claire interviewe un jeune garçon

2.22

Claire	Bonjour!
Kris	B'jour m'dame.
Claire	Comment tu t'appelles?
Kris	J'm'appelle Christian, mais j'préfère qu'on m'appelle Kris, avec un K!
Claire	Tu as des frères et sœurs, Kris?
Kris	Ouais, j'ai une grande sœur et un petit frère.
Claire	Tu joues souvent avec ton frère?
Kris	Non, il est trop p'tit. Après l'école, j'joue avec mes copains ou avec des voisins.
Claire	À quoi?
Kris	Ben, on joue au foot ou on fait du skate ou du roller.
Claire	Et quand il pleut?
Kris	Ben, on reste à la maison. On r'garde la télé, on joue à des jeux vidéo sur l'ordi . . .

Claire	Tu lis quelquefois?
Kris	Ouais, des fois, des BD. Et j'adore Harry Potter. J'ai aussi les DVD. C'est génial!
Claire	Et ta sœur?
Kris	Oh elle, elle est toujours collée à son portable, elle envoie des millions de textos. Et elle est vieille!
Claire	Ah bon, elle a quel âge?
Kris	Elle a 15 ans!

MOTS ET EXPRESSIONS UTILES

Ouais	*Yeah*	quelquefois/des fois (fam.)	*sometimes*
trop	*too (much)*	une BD (bande dessinée)	*a strip cartoon*
un copain (m.)/une copine (f.)	*a pal/friend*	génial (fam.)	*fantastic, great*
Ben (fam.)	*Well*	un (téléphone) portable/ mobile/cellulaire	*a mobile (phone)*
on (fam. here)	*we* (also *one/you/they* (generally))	elle est toujours collée à son portable	(lit. *she's forever stuck to her mobile phone*)
faire du skate/du roller	*to go skateboarding/ roller blading*	elle envoie (envoyer)	*she sends*
rester	*to stay*	un texto/un SMS	*a text message*
un ordi (fam.) = *short for* ordinateur	*a computer*	vieille (f.), vieux (m.)	*old*
Tu lis? (lire 🔔)	*Do you read?*		

avez-vous compris?

Complétez. *Complete.*

Claire parle à un jeune garçon qui s'appelle **1** _____ . Il a un **2** _____ et une **3** _____ . Il joue au foot avec ses **4** _____ . Il aime aussi faire du **5** _____ et du **6** _____ . Quand il ne fait pas beau, il **7** _____ à la maison. Quelquefois il lit des **8** _____ . Il adore les livres et les films de **9** _____ . Sa sœur adore son **10** _____ . Elle envoie beaucoup de **11** _____ . Pour Kris, elle est **12** _____ parce qu'elle a quinze ans.

à vous!

Complétez. *Complete.* Imagine you are a group of friends. Tell Claire about your leisure activities.

1 On _____ des DVD.

2 On _____ des BD.

3 On _____ au foot.

4 On _____ du roller.

5 On _____ des textos aux copains.

6 On _____ les livres de Harry Potter.

7 On _____ la télé.

8 On _____ avec les voisins.

9 On _____ du skate.

10 On _____ à la maison.

2.23

Claire interviewe une jeune femme

Claire Pardon, madame, je fais une enquête sur les Français et les passe-temps. Avez-vous beaucoup de temps libre?

Jeune femme Excusez-moi, mais je suis très pressée ce matin.

Claire Est-ce que vous travaillez?

Jeune femme Oui, mais seulement à mi-temps, et comme j'ai des enfants, j'ai beaucoup de travail à la maison.

Claire Qu'aimez-vous faire quand vous avez un peu de temps?

Jeune femme J'aime lire le journal et faire les mots croisés. J'aime bien aussi faire du crochet et de la couture.

Claire Et votre mari, qu'est-ce qu'il aime faire?

Jeune femme Lui, il fait collection de timbres.

Claire Et est-ce que vous êtes sportive?

Jeune femme Moi, pas tellement! Je fais du yoga une fois par semaine, et le dimanche nous aimons faire une promenade dans les bois.

Claire Les enfants, font-ils beaucoup de sport?

Jeune femme Oh oui! Les garçons font du judo et les filles font de l'équitation. Et ils aiment tous la natation.

Claire	Et votre mari?
Jeune femme	Il ne fait jamais de sport. Il préfère regarder le sport à la télévision. Et en plus, il fume!

MOTS ET EXPRESSIONS UTILES

Je suis pressé(e).	*I am in a hurry.*
à mi-temps	*part time*
les mots croisés (m.)	*crosswords*
faire du crochet/de la couture	*to crochet/sew*
faire collection (de)/faire une promenade	*to collect/to go for a walk*
la natation	*swimming*
l'équitation (le cheval)	*horse-riding (horse)*
fumer	*to smoke*

avez-vous compris?

1 Est-ce que la jeune femme travaille?

2 Pourquoi a-t-elle beaucoup de travail à la maison?

3 Quels sont les passe-temps de la jeune femme?

4 Quel est le passe-temps du mari de la jeune femme?

5 La jeune femme fait-elle du sport? Et les enfants?

6 Le mari est-il aussi sportif? Pourquoi?

à vous!

Help Claire talk about the young woman and her family.

lire   semaine   mi-temps   mots croisés
travail   pressée

La jeune femme est très **1** _____ ce matin, parce qu'elle a beaucoup de **2** _____ à la maison. Elle travaille aussi à **3** _____ . Elle aime **4** _____ le journal et faire les **5** _____ . Elle fait du yoga une fois par **6** _____ .

This time, help Claire talk about the young woman's family:

timbres   promenade   bois

natation   fume   sport

Le dimanche, la famille aime faire une **7** _____ dans les **8** _____ . Le mari fait collection de **9** _____ . Les enfants font beaucoup de **10** _____ . Ils aiment tous la **11** _____ . Mais le mari ne fait pas de sport et il **12** _____ !

et vous?

Avez-vous des passe-temps? Êtes-vous sportif/sportive?
Vous jouez au squash? au golf? au rugby? au ping-pong?
Vous faites de l'aérobic? de la natation? du tai-chi? du cheval?
Quand faites-vous du sport?

travail à deux

Take it in turns to ask your partner some questions about the activities on the next page and be ready to answer his/her questions, using **j'aime (bien)**, **j'adore**, **je n'aime pas**, **je déteste** or **je préfère** …

Ex.
– Vous aimez regardez la télévision?
– J'adore regarder la télévision. Je la regarde tous les soirs.
– Vous aimez faire de la cuisine?
– Non, je déteste faire la cuisine. Je ne fais pas de cuisine.
– Vous aimez lire le journal?
– Non, je préfère lire un livre./Oui, mais je préfère lire un livre.

Le soir	Le dimanche	Pendant les vacances
regarder la télévision	faire la grasse matinée*	aller* à l'étranger
écouter la radio	faire une promenade	rester à la maison
utiliser l'ordinateur	lire le journal	aller à la montagne
faire du bricolage*	faire le jardinage	aller au bord de la mer
aller au lit tôt	laver la voiture	faire du camping
sortir (aller au cinéma, aller danser, etc.)	inviter des amis	visiter les endroits intéressants

* bricolage = DIY
aller = *to go*
faire la grasse matinée = *have a lie-in*

l'alphabet de l'amitié

 A J'aime mon ami avec un A parce qu'il est autrichien, il habite à Aigen, il mange de l'ail et il boit de l'alcool, il joue de l'accordéon et il fait de l'aérobic.

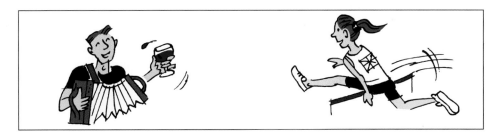

J'aime mon amie avec un A parce qu'elle est anglaise, elle habite à Aylesbury, elle mange des abricots et elle boit de l'anisette, elle joue de l'alto et elle fait de l'athlétisme.

▶

B J'aime mon ami avec un B parce qu'il est belge, il habite à Bruxelles, il mange des biftecks et il boit du beaujolais, il joue au bridge et il fait du bruit.

J'aime mon amie avec un B parce qu'elle est brésilienne, elle habite à Brasilia, elle mange des bonbons et elle boit de la bière, elle joue au badminton et elle fait de la bicyclette.

C J'aime mon ami avec un C parce qu'il est canadien, il habite à Chicoutimi-Jonquière, il mange du camembert et il boit du calvados, il joue de la clarinette et il fait la cuisine.

J'aime mon amie avec un C parce qu'elle est chinoise, elle habite à Canton, elle mange des champignons et elle boit du champagne, elle joue de la contrebasse et elle fait du couscous.

 ## à vous!

Continue, using some other letters of the alphabet in the same way.

J'aime mon ami(e) avec un E parce qu'il/elle est espagnol(e) . . .

UN PEU DE GRAMMAIRE

Aimer / adorer / préférer / détester

+ **noun**	J'aime le sport.	*I like sport.*
	Ils adorent les frites.	*They love chips.*
	Il préfère la musique.	*He prefers music.*
	Nous détestons les devoirs.	*We hate homework.*
+ **verb**	J'aime lire.	*I like reading.*
	Elle adore manger au restaurant.	*She loves eating out.*
	Tu préfères aller au cinéma?	*Do you prefer to go to the cinema?*
	Il déteste faire du jardinage.	*He hates gardening.*
	Nous n'aimons pas utiliser l'ordinateur.	*We don't like using the computer.*

on means 'one' (generally)

À la Martinique on parle français. *In Martinique one speaks French.*

on means 'we' (familiar)

On joue au badminton le jeudi. *We play badminton on Thursdays.*

▶ **Grammaire** 10, 21, 23(a)

EXERCICES

Express your personal tastes by telling someone:

1 that you don't like going for a walk when it rains, going to bed early, reading the paper.
2 that you quite like doing crosswords, gardening when the weather is fine, using the computer.
3 that you prefer going on holiday abroad, camping, watching sport on television.
4 that you love inviting friends, DIY, having a lie-in on Sundays.

B Guess where you are! Choose from the places below.

> dans les Alpes   en Alsace   en Corse   en Provence
>
> en Bourgogne   à La Martinique   en Normandie

1 Le temps est toujours variable. L'hiver il pleut et il fait souvent du brouillard. Au bord de la mer il fait du vent, surtout en automne. Quelquefois il fait beau. L'été quand il fait du soleil on peut faire de la natation. Mais attention – l'eau est toujours froide! Dans cette région on boit du cidre.

2 En général il fait beau l'été. Il fait du soleil mais de temps en temps il pleut. On peut faire de longues promenades et de l'alpinisme. L'hiver il fait froid. Il neige souvent et on peut faire du ski. Le Mont Blanc est dans cette région.

3 Il fait toujours chaud. Il fait du soleil mais il pleut aussi. Il ne pleut pas beaucoup au printemps. Il n'y a pas de neige, donc on ne peut pas faire de ski, mais on peut faire du ski nautique. C'est une île tropicale. L'eau n'est pas froide. Dans cette île on mange beaucoup de bananes.

C Delete words and phrases from the following, so that the sentences best reflect your own lifestyle. Then add a few more sentences of your own.

Je vais quelquefois / souvent / rarement au théâtre. Je vais quelquefois / souvent / rarement au cinéma. Je vais quelquefois / souvent / rarement au restaurant. Je fais du sport de temps en temps / une fois par semaine / une fois par mois. Je ne fais jamais de sport.
Je fais du jardinage de temps en temps / deux fois par semaine / trois fois par mois. Je ne fais jamais de jardinage.
En général / quelquefois je fais une promenade le dimanche.
Je regarde la télé tous les soirs / quatre fois par semaine / une fois par semaine.
J'écoute quelquefois / souvent la radio. Je n'écoute jamais la radio. Une fois par mois / de temps en temps / quelquefois je joue aux cartes.

D The answers of the interview are in the right order, but the questions have been mixed up. Can you match questions and answers?

a Fait-elle beaucoup de sport?

b Qu'est-ce que vous aimez faire le soir quand vous ne regardez pas la télévision?

c Est-ce que vous travaillez?

d Et votre mari, il est sportif?

e Qu'est-ce que vous faites quand vous avez du temps libre?

f Est-ce que vous avez des enfants?

1 Oui, mais seulement le matin.

2 Je vais dans les musées et les galeries de peintures.

3 Eh bien, je lis le journal et je fais les mots croisés.

4 Oui, une fille qui s'appelle Anne-Marie.

5 Elle adore la natation et elle fait de l'équitation.

6 Pas du tout. Il préfère regarder la télé et fumer une cigarette!

E Write an e-mail to your French-speaking penfriend telling him/her about your interests and describe the weather in your region.

ÉCOUTEZ BIEN!

2.24

Study the interviewer's chart carefully, before listening to the dialogue. How would you complete the chart if you were conducting the interview?

LES LOISIRS	jamais	rarement	quelquefois	de temps en temps	régulièrement	souvent	une fois par semaine	le samedi soir	le dimanche	tous les soirs
aller à la piscine										
lire le journal										
aller au cinéma										
faire la cuisine										
faire la vaisselle										
aller à la montagne										
aller à l'étranger										
faire le jardinage										
jouer aux cartes										
aller à la pêche										

Onzième unité

 la journée de Marie Muller

2.25

À sept heures, mon mari prépare le petit déjeuner. À huit heures et quart, je fais les lits. À huit heures et demie, je fais la vaisselle.

À neuf heures, je fais ma toilette. Puis je quitte la maison vers neuf heures et demie, pour acheter des fruits, des légumes et du pain frais. Quelquefois je rencontre des amies et je bavarde avec elles.

François fait les courses au supermarché le samedi matin.

Je rentre chez moi vers onze heures moins le quart et je range les achats. Après ça, je fais la lessive ou je repasse. Je déjeune vers midi et demi.

Ensuite je me prépare pour aller à l'hôpital où je commence à deux heures.

François passe l'aspirateur pendant le week-end.

MOTS ET EXPRESSIONS UTILES

la journée	*the day*	rentrer chez moi	*to return home*
Je fais ma toilette.	*I have a wash.*	vers	*at about*
quitter	*to leave*	puis/après/ensuite	*then/after/following that*
frais (fraîche)	*fresh*	ranger (les achats)	*to tidy away (the shopping)*
le supermarché	*supermarket*	déjeuner	*to have lunch*
faire les courses	*to do the shopping*	je me prépare	*I get ready*
rencontrer	*to meet*	commencer	*to begin*

avez-vous compris?

1   À quelle heure François prépare-t-il le petit déjeuner?

2   À quelle heure Marie fait-elle les lits?

3   Que fait Marie à huit heures et demie?

4   À quelle heure quitte-t-elle la maison pour faire des courses?

5   Est-ce que Marie bavarde souvent avec des amies?

6   Où François fait-il les courses le samedi?

7   Que fait Marie quand elle rentre chez elle? Et après?

8   Que fait-elle vers midi et demi?

9   À quelle heure commence-t-elle à l'hôpital?

10   Qui passe l'aspirateur chez les Muller?

à vous!

Quelle heure est-il? *What's the time?*
Reliez l'heure à la bonne pendule. *Link the time with the correct clock.*

 (i) Il est minuit.
 (ii) Il est trois heures et demie.
(iii) Il est cinq heures dix.
 (iv) Il est six heures moins le quart.
  (v) Il est sept heures moins vingt.
 (vi) Il est quatre heures.

travail à deux

Take it in turns to dictate or write down some times in French.

et vous?

Comment passez-vous une journée en général? *How do you spend a day generally?*

1 Préparez-vous le petit déjeuner? Passez-vous l'aspirateur? Faites-vous les lits? la vaisselle? Si oui, tous les jours? Et à quelle heure?

2 Quand faites-vous les courses?

3 Bavardez-vous quelquefois avec des amis? Quand et où?

4 Faites-vous souvent la lessive, le repassage ou la cuisine?

5 Travaillez-vous? Si oui, à quelle heure commencez-vous?

2.26

Marie chez le boulanger

La boulangère	Vous désirez?
Marie	Je voudrais trois baguettes, s'il vous plaît.
Boulangère	Voilà, et avec ça?
Marie	Je voudrais des gâteaux, six gâteaux.
Boulangère	Oui madame.
Marie	Hmmm, voyons, . . . deux éclairs au chocolat . . .
Boulangère	Je suis désolée, je n'ai plus d'éclairs au chocolat. Au café?
Marie	Alors au café. Deux mille-feuilles . . .
Boulangère	Et avec ceci?
Marie	Il me faut deux tartes.
Boulangère	Pommes, prunes, abricots . . .
Marie	Non, deux tartes aux fraises, s'il vous plaît.
Boulangère	Oui, voilà, et avec ça?
Marie	Ce sera tout, merci. Ça fait combien?
Boulangère	Alors, avec les trois baguettes, ça fait 15 euros, madame.

MOTS ET EXPRESSIONS UTILES

chez le boulanger/à la boulangerie	*at the baker's*	il me faut	*I need*
et avec ça?/ceci?	*anything else?*	ce/ça sera tout	*that will be all*
un mille-feuille	*a cream slice*	ça fait combien?	*how much does that come to?*

avez-vous compris?

Répondez **vrai** ou **faux**.

1 À la boulangerie, Marie achète du pain.

2 Aujourd'hui, il y a des éclairs au chocolat, mais il n'y a pas d'éclairs au café.

3 Marie prend trois mille-feuilles.

4 Elle achète aussi des tartes aux fruits.

5 Il y a des tartes aux fraises, aux pommes, aux abricots et aux prunes.

6 Marie ne prend pas de tartes aux fraises.

travail à deux

Take it in turns to be the shopkeeper and the customer at the baker's.

Ex. C'est combien les …?

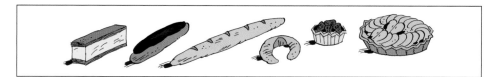

Marie à la crémerie

2.21

La crémière	Bonjour, madame, vous désirez?
Marie	Je voudrais un choix de fromages: un camembert, une tranche de roquefort, un beau morceau de gruyère …
Crémière	Combien de gruyère?
Marie	Environ une demi-livre.
Crémière	Bien, et avec ceci?
Marie	Un petit fromage de chèvre.
Crémière	Voilà.
Marie	Je voudrais aussi des yaourts.

Crémière	Nature ou aux fruits?
Marie	Nature.
Crémière	Oui, combien?
Marie	Huit . . . Merci. Je voudrais aussi un litre de lait et un petit pot de crème fraîche. Et ça sera tout.
Crémière	Bien madame, ça fait 22,16 euros.
Marie	Oh pardon! Il me faut aussi une douzaine d'œufs et une demi-livre de beurre.
Crémière	Quel beurre préférez-vous?
Marie	Du beurre doux des Charentes.
Crémière	Voilà. C'est tout?
Marie	Oui, cette fois c'est tout!

MOTS ET EXPRESSIONS UTILES

à la crémerie	*at the dairy*	ça fait	*that comes to, is*
un choix de/d'	*a selection of*	doux	*unsalted* (here), *soft, sweet*
une tranche de/d'	*a slice of*	c'est tout	*that's all*
un beau morceau de/d'	*a nice piece of*	cette fois	*this time*
une demi-livre de/d'	*half a pound of* (c. 250 grams)		

avez-vous compris?

1 Combien de sortes de fromages Marie achète-t-elle?

2 Combien de gruyère demande-t-elle?

3 Achète-t-elle des yaourts aux fruits?

4 Combien achète-t-elle de lait? de crème fraîche?

5 Achète-t-elle du beurre de Normandie?

à vous!

Provide the client's part of the dialogue, using the cues given.

Crémier/crémière	Bonjour monsieur/madame. Vous désirez?
Client(e)	(**1** *Say you would like a camembert, a slice of roquefort, and a nice piece of gruyère*.)
Crémier/crémière	Combien de gruyère?
Client(e)	(**2** *Say about half a pound*.)
Crémier/crémière	Bien, et avec ceci?
Client(e)	(**3** *Say you want some yogurts*.)
Crémier/crémière	Nature ou aux fruits?
Client(e)	(**4** *Say plain*.)
Crémier/crémière	Oui, combien?
Client(e)	(**5** *Say nine. You also want a pot of fresh cream*.)
Crémier/crémière	Bien monsieur/madame. Ça sera tout?
Client(e)	(**6** *Say yes. Then ask how much it comes to*.)

 ## Marie chez le marchand de primeurs

2.28

Le marchand	À qui le tour?
Marie	C'est à moi! Je voudrais cinq kilos de pommes de terre, s'il vous plaît.
Une cliente pressée	Pardon! C'est mon tour!
Marchand	Je crois que Madame Muller a raison, madame. Alors, cinq kilos de pommes de terre . . . Voilà.
Marie	Merci! Je voudrais faire une salade de fruits. Donnez-moi un kilo de pommes, un kilo d'oranges, trois bananes et une livre de raisin.
Marchand	Voilà! Et avec ceci?
Marie	C'est combien, les pamplemousses?
Marchand	Un euro cinquante la pièce, madame.
Marie	Alors deux pamplemousses, un chou-fleur, un kilo de carottes, un peu de persil et cent cinquante grammes de champignons.
Une client pressée	Ce n'est pas possible! Elle achète le magasin!
Marchand	Vous désirez autre chose?
Marie	Non, c'est tout pour aujourd'hui, merci.

MOTS ET EXPRESSIONS UTILES

chez le marchand de primeurs	*at the greengrocer's*	le raisin	*grapes*
À qui le tour?	*Whose turn is it?*	C'est combien . . .?	*How much is/are . . .?*
C'est à moi!	*It's mine!*	. . . la pièce	*. . . each*
C'est mon tour!	*It's my turn!*	un chou-fleur	*a cauliflower*
Je crois que . . .	*I think that . . .*	le persil	*parsley*
Donnez-moi . . .	*Give me . . .*		

avez-vous compris?

Choisissez la bonne réponse.

1   Marie achète cinq livres / kilos de pommes de terre.

2   Elle achète beaucoup de fruits pour faire une tarte / une salade de fruits.

3   Elle achète un kilo / une livre de carottes.

4   Elle achète cent cinquante grammes / livres de champignons.

5   Elle achète / n'achète pas le magasin.

à vous!

Complétez. *Complete with the following vocabulary.*

voilà   tout   livre   combien   grammes

un   désirez   voudrais   deux

Cliente   Je **1** _____ des pommes de terre.

Marchand   Oui, **2** _____ ?

Cliente   Trois kilos.

Marchand   **3** _____ . Et avec ça?

Cliente   **4** _____ pamplemousses, **5** _____ beau chou-fleur et deux cents **6** _____ de champignons.

Marchand	Et avec ceci?
Cliente	Une **7** _____ de raisin.
Marchand	Voilà! Vous **8** _____ autre chose?
Cliente	Non, c'est **9** _____ , merci.

2.29

Marie chez le boucher

La bouchère	Bonjour, Madame Muller, vous désirez?
Marie	Je voudrais des côtelettes d'agneau.
Bouchère	Oui, combien en voulez-vous?
Marie	Quatre.
Bouchère	Voilà! Et avec ça?
Marie	Un beau rôti de bœuf pour six personnes.
Bouchère	Comme ça?
Marie	Très bien. Je voudrais aussi un pot de rillettes et un petit saucisson sec.

Bouchère	Vous avez des invités ce soir?
Marie	Oui, d'anciens voisins qui habitent maintenant à Sélestat. On veut leur montrer nos photos de vacances.
Bouchère	Ah oui, votre séjour à Paris! Alors, ça sera tout, madame?
Marie	Euh … Non, j'ai besoin de quelque chose pour Loulou, le chien de nos nouveaux voisins. Il est trop mignon! Je lui donne un os de temps en temps.
Bouchère	Alors un os pour Loulou, voilà! Vous désirez autre chose?
Marie	Non merci. Ça fait combien?
Bouchère	Alors … Ça vous fait 55 euros et 34 centimes.
Marie	Voyons … Non, je n'ai pas assez d'argent sur moi. Tenez, voilà ma carte bancaire.

MOTS ET EXPRESSIONS UTILES

chez le boucher/à la boucherie	*at the butcher's*
une côtelette d'agneau	*a lamb chop*
Combien en voulez-vous?	*How much/many do you want?*
un beau rôti de bœuf/porc	*a nice joint of beef/pork*
un pot de rillettes	*potted pork or goose*
des invités	*guests*
d'anciens voisins	*former neighbours*
on veut (vouloir)	*we want*
leur	*to them*
lui	*to him/her/it*
un os	*a bone*
assez (de)	*enough*
voyons	*let's see*
tenez	*here you are*
Bonne soirée!	*Have a good evening.*

avez-vous compris?

1 Combien de côtelettes d'agneau Marie achète-t-elle?

2 Quelle sorte de rôti achète-t-elle?

3 Quelle charcuterie achète-t-elle?

4 Pourquoi achète-t-elle beaucoup de viande?

5 Qu'est-ce que Marie veut montrer aux anciens voisins?

6 Qui est Loulou? Qu'est-ce que Marie lui donne de temps en temps?

à vous!

Complétez, en utilisant **trop de/d'** ou **assez de/d'**.

Je n'ai que
2 euros.

10 €

1 Il y _____ nourriture dans le frigidaire.

2 Il n'a pas _____ argent.

3 Il y a _____ passagers dans la voiture.

4 Il n'y a pas _____ hommes.

2.30

des dates et des fêtes

Claire interviewe une passante à Rouen.

Claire	Pardon, madame, je ne voudrais pas être indiscrète, mais, quelle est la date de votre anniversaire?
Catherine	C'est aujourd'hui! C'est le 17 mars.
Claire	Heureux anniversaire, alors! Et votre fête, c'est quand?
Catherine	Je m'appelle Catherine. La Sainte Catherine est fin novembre, le 25 exactement.

Claire	Et à quelles dates êtes-vous en vacances?
Catherine	En général, je suis en vacances au mois d'août. Cette année je pars début août, du premier au quinze.
Claire	Êtes-vous mariée?
Catherine	Oui, depuis douze ans.
Claire	À quelle date est votre anniversaire de mariage?
Catherine	C'est le 12 juin. Nous le fêtons tous les ans. Je prépare un repas spécial et mon mari m'achète toujours un cadeau.
Claire	Et dites-moi, c'est quand, l'anniversaire de votre mari?
Catherine	Je ne sais pas! J'oublie toujours!

MOTS ET EXPRESSIONS UTILES

les jours de la semaine	the days of the week		
lundi	*Monday*	votre fête (f.)	*your name day/saint's day*
mardi	*Tuesday*	fêter	*to celebrate*
mercredi	*Wednesday*	du . . . au . . .	*from the . . . to the . . .*
jeudi	*Thursday*	fin novembre	*at the end of/late November*
vendredi	*Friday*	début août	*at the beginning of August/early August*
samedi	*Saturday*	cette année	*this year*
dimanche	*Sunday*	tous les ans	*every year*
votre anniversaire (m.)	*your birthday*	je pars (partir)	*I go away (to go away, to leave)*
votre anniversaire de mariage	*your wedding anniversary*	oublier	*to forget*

avez-vous compris?

1 C'est quand l'anniversaire de Catherine?

2 Quelle est la date de la Sainte Catherine?

3 Quand Catherine est-elle en vacances?

4 À quelle date est l'anniversaire de mariage de Catherine?

5 Quand est l'anniversaire du mari de Catherine?

à vous!

Regardez le calendrier français et complétez les activités.

First, look up these dates to find out what they are in French. What would their English equivalents be?

	Date	Français	Anglais
1	dimanche 14 février	la Saint Valentin	Valentine's Day
2	mardi 23 février	. . .	. . .
3	dimanche 11 avril	. . .	. . .
4	samedi 1er mai	. . .	. . .
5	dimanche 6 juin	. . .	. . .
6	mercredi 14 juillet	. . .	. . .
7	lundi 1er novembre	. . .	. . .
8	samedi 25 décembre	. . .	. . .

Now answer the following questions:

9 La Saint Dominique, la Saint Laurent et la Sainte Claire sont début août. Quels jours de la semaine sont ces fêtes exactement?

10 À quelles dates sont le premier jour du printemps/le premier jour de l'été/le premier jour de l'automne/le premier jour de l'hiver?

Calendrier

JANVIER

1V JOUR DE L'AN
2S s Basile
3D Epiphanie

4L s Odilon
5M s Edouard
6M s Mélanie
7J s Raymond
8V s Lucien
9S s* Alix
10D Bapt. du Christ

11L s Paulin
12M s* Tatiana
13M s* Yvette
14J s* Nina
15V s Remi
16S s Marcel
17D s* Roseline

18L s* Prisca
19M s Marius
20M s Sébastien
21J s* Agnès
22V s Vincent
23S s Barnard
24D s François S.

25L Conv. s. Paul
26M s* Paule
27M s* Angèle
28J s Thomas Aq.
29V s Gildas
30S s* Martine
31D s* Marcelle

FÉVRIER

1L s* Ella
2M Présent. Seign.
3M s Blaise
4J s* Véronique
5V s* Agathe
6S s Gaston
7D s* Eugénie

8L s* Jacquel.
9M s* Apolline
10M s Arnaud
11J N.-D. Lourdes
12V s Félix
13S s* Béatrice
14D s Valentin

15L s Claude
16M s* Julienne
17M s Alexis
18J s* Bernadette
19V s Gabin
20S s* Aimée
21D s Pierre Dam.

22L s* Isabelle
23M Mardi Gras
24M Cendres
25J s Roméo
26V s Nestor
27S s* Honorine
28D Carême

MARS

1L s Aubin
2M s Charles le B.
3M s Guénolé
4J s Casimir
5V s Olive
6S s Colette
7D s* Félicité

8L s Jean de Dieu
9M s* Françoise
10M s Vivien
11J s* Rosine
12V s* Justine
13S s Rodrigue
14D s* Mathilde

15L s Louise
16M s* Bénédicte
17M s Patrice
18J s Mi-Carême
19V s Joseph
20S PRINTEMPS
21D s* Clémence

22L s* Léa
23M s Victorien
24M s* Catherine
25J Annonciation
26V s* Larissa
27S s Habib
28D s Gontran

29L s* Gwladys
30M s Amédée
31M s Benjamin

AVRIL

1J s Hugues
2V s* Sandrine
3S s Richard
4D Rameaux

5L s* Irène
6M s Marcellin
7M s J.-B. Salle
8J s* Julie
9V Vendredi Saint
10S s Fulbert
11D PÂQUES

12L s Jules
13M s* Ida
14M s Maxime
15J s Paterne
16V s Benoît Labre
17S s Anicet
18D s Parfait

19L s* Emma
20M s* Odette
21M s Anselme
22J s Alexandre
23V s Georges
24S s Fidèle
25D Souv. Déportés

26L s* Alida
27M s* Zita
28M s* Valérie
29J s* Catherine S.
30V s Robert

MAI

1S Fête du Travail
2D s Boris

3L ss Jacq./Phil.
4M s Sylvain
5M s Judith
6J s* Prudence
7V s* Gisèle
8S VICTOIRE 1945
9D F. Jeanne d'Arc

10L s* Solange
11M s* Estelle
12M s Achille
13J s* Rolande
14V s Matthias
15S s* Denise
16D s Honoré

17L s Pascal
18M s Eric
19M s Yves
20J ASCENSION
21V s Constantin
22S s Emile
23D s Didier

24L s Donatien
25M s* Sophie
26M s* Bérenger
27J s Augustin C.
28V s Germain
29S s Aymar
30D PENTECÔTE

31L Visitation

JUIN

1M s Justin
2M s* Blandine
3J s Kévin
4V s* Clotilde
5S s* Igor
6D Fête des Mères

7L s Gilbert
8M s Médard
9M s* Diane
10J s Landry
11V s Barnabé
12S s Guy
13D Fête Dieu

14L s Elisée
15M s* Germaine
16M s J.-F. Régis
17J s Hervé
18V Sacré-Cœur
19S s Romuald
20D Fête des Pères

21L ÉTÉ
22M s Alban
23M s* Audrey
24J s Jean-Baptiste
25V s Prosper
26S s Anthelme
27D s Fernand

28L s Irénée
29M ss Pierre/Paul
30M s Martial

JUILLET

1J s Thierry
2V s Martinien
3S s Thomas
4D s Florent

5L s Ant.-M.
6M s* Marietta
7M s Raoul
8J s Thibaut
9V s* Amandine
10S s Ulrich
11D s Benoît

12L s Olivier
13M ss Henri/Joël
14M Fête Nationale
15J s Donald
16V ND Mt Carmel
17S s* Charlotte
18D s Frédéric

19L s Arsène
20M s* Marina
21M s Victor
22J s* Marie-Mad.
23V s* Brigitte
24S s* Christine
25D s Jacques M.

26L ss Anne/Joa. 30
27M s* Nathalie
28M s Samson
29J s* Juliette
30V s* Juliette
31S s Ignace de L.

AOÛT

1D s Alphonse
2L s Julien
3M s* Lydie
4M s JM Vianney
5J s Abel
6V Transfiguration
7S s Gaétan
8D s Dominique

9L s Amour
10M s Laurent
11M s* Claire
12J s* Clarisse
13V s Hippolyte
14S s Evrard
15D ASSOMPTION

16L s Armel
17M s Hyacinthe
18M s* Hélène
19J s Jean Eudes
20V s Bernard
21S s Christophe
22D s Fabrice

23L s* Rose
24M s Barthélemy
25M s Louis
26J s* Natacha
27V s* Monique
28S s Augustin
29D s* Sabine

30L s Fiacre
31M s Aristide

SEPTEMBRE

1M s Gilles
2J s* Ingrid
3V s Grégoire
4S s* Rosalie
5D s* Raïssa

6L s Bertrand
7M s* Reine
8M Nativité N.-D.
9J s Alain
10V s* Inès
11S s Adelphe
12D s Apollinaire

13L s Aimé
14M Sainte Croix
15M s Roland
16J s* Edith
17V s Renaud
18S s* Nadège
19D s* Emilie

20L s Davy
21M s Matthieu
22M s Maurice
23J AUTOMNE
24V s* Thècle
25S s Hermann
26D s Côme/Damien

27L s Vincent P. 39
28M s Venceslas
29M s Michel/Gabriel
30J s Jérôme

OCTOBRE

1V s* Thérèse E.-J.
2S s Léger
3D s Gérard

4L s Franc. A.
5M s* Fleur
6M s Bruno
7J s Serge
8V s* Pélagie
9S s Denis
10D s Ghislain

11L s Firmin
12M s Wilfried
13M s Géraud
14J s Juste
15V s* Thérèse d'A.
16S s* Edwige
17D s Baudouin

18L s Luc
19M s René
20M s* Adeline
21J s* Céline
22V s* Salomé
23S s Jean de C.
24D s Florentin

25L s Crépin
26M s Dimitri
27M s Emeline
28J ss Simon/Jude
29V s Narcisse
30S s* Bienvenue
31D s Quentin

NOVEMBRE

1L TOUSSAINT
2M Défunts
3M s Hubert
4J s Charles Bor.
5V s Sylvie
6S s Bertille
7D s Carine

8L s Geoffroy
9M s Théodore
10M s Léon
11J ARMISTICE 1918
12V s Christian
13S s Brice
14D s Sidoine

15L s Albert
16M s* Marguerite
17M s* Elisabeth
18J s* Aude
19V s Tanguy
20S s Edmond
21D Christ Roi

22L s* Cécile
23M s Clément
24M s* Flora
25J s* Catherine L.
26V s* Delphine
27S s Séverin
28D Avent

29L s Saturnin
30M s André

DÉCEMBRE

1M s* Florence
2J s* Viviane
3V s François-X.
4S s* Barbara
5D s Gérard

6L s Nicolas
7M s Ambroise
8M Imm. Concept.
9J s Pierre Fourier
10V s Romaric
11S s Daniel
12D s* J.-F. Chantal

13L s* Lucie
14M s* Odile
15M s* Ninon
16J s* Alice
17V s Judicaël
18S s Gatien
19D s Urbain

20L s Théophile
21M HIVER
22M s* Françoise-X.
23J s Armand
24V s* Adèle
25S NOËL
26D Sainte Famille

27L s Jean Ap.
28M ss Innocents
29M s David
30J s Roger
31V s Sylvestre

et vous?

Maintenant, utilisez un calendrier de cette année. Cherchez quels jours de la semaine sont Noël/votre anniversaire/l'anniversaire de votre mari – ou femme – si vous êtes marié(e), etc. Cherchez les dates de Pâques/du premier jour du printemps/de l'été, etc.

UN PEU DE GRAMMAIRE

L'heure	the time
Quelle heure est-il?	*What's the time?*
Il est dix heures.	*It's ten o'clock.*
Il est dix heures et quart.	*It's a quarter past ten.*
Il est dix heures et demie.	*It's half past ten.*
Il est onze heures moins le quart.	*It's a quarter to eleven.*
Il est onze heures moins dix/vingt.	*It's ten/twenty to eleven.*
Il est onze heures dix/vingt.	*It's ten/twenty past eleven.*
Il est midi/minuit.	*It's midday/midnight.*

Expressing quantity

assez de/beaucoup de/trop de	*enough/a lot of/too much, too many*
Trop de pommes.	*Too many apples.*

but

Assez d'argent.	*Enough money.*
Beaucoup d'hommes.	*A lot of men.*

Indirect object pronouns: *lui* and *leur*

Lui and **leur** translate respectively *to him/to her* and *to them*.

Je lui donne de l'argent.	*I give some money to him/to her.*
Je leur montre des photos.	*I show some photos to them.*

Be careful, as in English one says: *I give him/her some money* and *I show them some photos*.

▶ **Grammaire** 5(d), 6(b), 8(c), 19(d)

EXERCICES

A Quelle heure est-il? Il est . . .

B Describe the food and drink by matching words from the two boxes below. Use each word only once. The first one has been done for you.

Example: **1** un verre de vin

C In each of the four recipes below, the quantity of one ingredient is obviously wrong. Find the mistake and correct it if you can.

1

VINAIGRETTE
❖

3 cuillerées à soupe d'huile
1 cuillerée à soupe de vinaigre
1 pot de moutarde
sel, poivre

2

PÂTE À CRÊPES
❖

250 grammes de farine
1 douzaine d'œufs
½ litre de lait
1 cuillerée à café d'huile
1 cuillerée à soupe de cognac
1 pincée de sel

3

GRATIN DAUPHINOIS
❖

500 grammes de pommes de terre
40 grammes de beurre
1 petit pot de crème fraîche
150 litres de lait
1 gousse d'ail
sel, poivre, noix de muscade

4

MADELEINES
❖

200 kilos de farine
3 œufs
150 grammes de sucre
125 grammes de beurre
1 cuillerée à dessert de jus de citron
1 pincée de sel

D You are at the grocer's in France. Use the cues provided to do your shopping.

Épicier À qui le tour?

Vous (**1** *Say it is your turn, and tell him you would like a tin of sardines in oil.*)

Épicier Voilà. Et avec ça?

Vous (**2** *Tell him that you'd like a bottle of water and a litre of red wine.*)

Épicier Voilà. Vous désirez autre chose?

Vous (**3** *Say yes, and tell him you would also like half a pound of coffee and a kilo of sugar.*)

Épicier Voilà. Et avec ceci?

Vous (**4** *Ask him if he has any bread.*)

Épicier Je suis désolé, je n'ai pas de pain.

Vous (**5** *Ask him if he has any cheese.*)

Épicier Oui. Quel fromage voulez-vous?

Vous (**6** *Ask him for a slice of roquefort, a small goat's cheese and a piece of gruyère.*)

Épicier Alors voilà. Et avec ça?

Vous (**7** *Tell him that it is all, and ask him how much it is.*)

E   You are being asked to give details of important dates in your life. Choose a name from the list below, or find your own saint's name from the calendar on page 159, then answer the questions.

Prénom	Claude	Joël(le)	Dominique	Simon(e)
Fête	15–2	13–7	8–8	28–10

- Votre anniversaire, c'est quand?   **1** – ...
- Et votre fête?   **2** – ...
- Quand partez-vous en vacances?   **3** – ...
- À quelles dates exactement?   **4** – ...
- Vous partez quelquefois à Pâques ou à Noël?   **5** – ...
- Pourquoi?   **6** – ...

F   Would you use **lui** or **leur** to complete these sentences?

Quand Marie ouvre la porte à ses anciens voisins, Patricia et Jules, ils **1** _____ donnent un joli bouquet de fleurs. Elle **2** _____ dit merci puis ils entrent et François **3** _____ offre l'apéritif. Comme Patricia ne boit pas d'alcool, il **4** _____ donne un jus de fruit. Ils bavardent et les Muller **5** _____ posent des questions sur la nouvelle maison. Ils passent à table vers 8 heures. Après les champignons à la grecque, Marie **6** _____ sert le rosbif avec des pommes de terre sautées. Après le fromage, elle **7** _____ apporte les gâteaux achetés à la boulangerie. Patricia et Jules complimentent la cuisinière et après le café, Marie et François **8** _____ montrent les photos de Paris.

ÉCOUTEZ BIEN!

Première partie

You are going to hear part of an interview. A market researcher is asking a woman about her timetable (**l'emploi du temps**). Provide the missing information.

Horaires de travail: *Commence à (1)* _____ .
Rentre à la maison (2) _____ .

Déjeuner: *De (3)* _____ *à (4)* _____ .
Sandwich et promenade (beau temps) ou cantine.

Dîner: *(5)* _____ .

Courses: *(6)* _____ *pendant l'heure du déjeuner.*
(7) _____ *le samedi (déteste ça). Marché le (8)*
_____ *avec (9)* _____ .

Télévision: *Aime beaucoup. Regarde tous les soirs de*
(10) _____ *à (11)* _____ *ou (12)* _____ .

Religion: *Messe à (13)* _____ *et (14)* _____ .
De temps en temps le dimanche à (15) _____ .

Deuxième partie

Listen to a man buying some presents in a souvenir shop (**magasin de souvenirs**) in Alsace. Find out how much each article mentioned costs.

LECTURE

2011 – une année peu ordinaire!

Si vous avez un calendrier de l'année 2011, regardez d'abord le mois de juillet. Il y a 5 vendredis, 5 samedis et 5 dimanches, ce qui arrive seulement une fois tous les 623 ans. En octobre, il y a 5 lundis, 5 samedis et 5 dimanches, ce qui arrive seulement une fois tous les 823 ans.

D'autre part, il y a aussi quatre dates inhabituelles en janvier et en novembre: le 1/1/11, le 11/1/11, le 1/11/11 et le 11/11/11.

Et pour finir, amusez-vous un peu: additionnez les deux derniers chiffres de votre année de naissance et votre âge le jour de votre anniversaire en 2011.

Par exemple, si vous êtes né(e) en 1981, 2011 est l'année de votre trentième anniversaire.

$$81 + 30 = 111.$$

Vérifiez avec des amis ou des membres de votre famille, ce résultat est le même pour tout le monde!

Vous êtes aux sports d'hiver à Morzine en Haute-Savoie. Quel(s) magasin(s) pensez-vous visiter et pourquoi?

Technicien du sport

SKI • VENTE • LOCATION
VÊTEMENTS • V.T.T.

MORZ'NA SPORTS

Patrick Baud,
Professeur de ski

74110 Morzine –
Tél. 04 50 79 08 63

email skiprof@morzine.com

AU PLATEAU DE SAVOIE

SPÉCIALITÉS DE FROMAGES
charcuterie du pays
Vins – Liqueurs
Miel – Confiture
Expéditions
«Le Bourg» 74110 Morzine

℘ 04 50 79 09 12

www.fromages-morzine@wanadoo.fr

Librairie

PAPETERIE – CADEAUX
– JEUX
PHOTOCOPIES
TÉLÉCOPIES

PASSAQUIN

2 magasins • 74110 • Morzine

℘ 04 50 79 11 01
04 50 79 00 78
Fax 04 50 79 22 20

Douzième unité

un drôle de week-end!

Laurent et Chantal décident de passer un week-end au bord de la mer. Malheureusement la voiture de Laurent est en panne.

1 Chantal attend le taxi.

2 Elle entend la voiture.

3 Elle prend l'appareil photo et le sac de voyage.

4 Puis elle descend vite l'escalier.

5 Dans le taxi, Laurent attend Chantal pour aller à la gare.

MOTS ET EXPRESSIONS UTILES

passer	*to spend* (time)
en panne	*broken down*
l'appareil (m.) photo	*the camera*
le sac de voyage	*the travelling bag*
j'attends/j'entends	*I wait for/I hear*
je descends	*I go down, get out of*
prendre	*to take*

avez-vous compris?

1 Que fait Chantal?

2 Qu'est-ce qu'elle entend?

3 Qu'est-ce qu'elle prend?

4 Comment descend-elle l'escalier?

5 Pourquoi Laurent attend-il Chantal?

2.34

un drôle de week-end! (suite)

Chantal achète les billets de train au guichet de la gare.

Chantal	Pardon, monsieur, le prochain train pour Dieppe part à quelle heure?
Employé	À huit heures, mademoiselle.
Chantal	De quel quai?
Employé	Quai numéro trois.
Chantal	Et il arrive à Dieppe à quelle heure?
Employé	À huit heures et demie.
Chantal	Alors, deux billets, s'il vous plaît.
Employé	Aller simple?
Chantal	Non, aller et retour.
Employé	Vous rentrez quand?
Chantal	Demain soir. Il y a un train vers huit heures?
Employé	Attendez un instant, mademoiselle. Voyons . . . 18h50, 19h20, 19h50. Voilà. Vous avez un train à dix-neuf heures cinquante.
Chantal	Et il arrive à Rouen à quelle heure?
Employé	À vingt heures vingt.
Chantal	Et le suivant?
Employé	Le train suivant est à vingt heures cinquante.
Chantal	Merci, monsieur.

MOTS ET EXPRESSIONS UTILES

le billet	*the ticket*	suivant	*following, one after*
le guichet	*the ticket office*	un aller et retour	*a return ticket*
le quai	*the platform*	un aller simple	*a single ticket*
prochain	*next*	Le train part/arrive à quelle heure?	*What time does the train leave/arrive?*

avez-vous compris?

Répondez vrai ou faux.

1 Le prochain train pour Dieppe part à huit heures moins dix.

2 Le train part du quai numéro trois.

3 Il arrive à Dieppe à huit heures et demie.

4 Chantal prend deux allers simples.

5 Laurent et Chantal rentrent dimanche soir.

travail à deux

Take it in turns to choose a destination. Then ask what time the next train is, the platform number, and when the train arrives. You set out from Paris on a Monday.

train	803	807	833*	811	821*
quai	**13**	**14**	**15**	**16**	**17**
PARIS	7.00	7.40	8.29	10.23	13.24
LYON	9.00				15.30
AVIGNON	10.50				
MARSEILLE		12.35			
TOULON			13.46	15.58	
NICE			15.27	17.58	20.25

Notes: *le train numéro 833 ne circule pas les lundis
       *le train numéro 821 ne circule pas les vendredis

2.35

un drôle de week-end! (suite)

Laurent et Chantal sont maintenant sur le quai.

1 Comme ils sont un peu en avance, ils attendent le train.

Nous attendons le train.

Nous prenons le train.

8:00

2 Ils prennent le train à huit heures exactement. Dans le train, ils admirent la campagne.

Nous descendons du train.

3 Une demi-heure plus tard, le train arrive à Dieppe. Ils descendent du train. Ils sont enfin au bord de la mer.

4 Ils prennent un taxi. Ils arrivent à l'hôtel et ils y laissent les bagages.

5 Ils prennent l'appareil photo, les maillots de bain et une serviette.

MOTS ET EXPRESSIONS UTILES

un peu en avance	*a little early*	un maillot de bain	*a swimming costume*
enfin	*finally, at last*	une serviette	*a towel*
les bagages (m.)	*luggage*		

avez-vous compris?

1 À quelle heure prennent-ils le train?

2 Que font-ils quand ils arrivent à Dieppe?

3 Où sont-ils enfin?

4 Que laissent-ils à l'hôtel?

5 Que prennent-ils?

un drôle de week-end! (suite)

2.36

Au syndicat d'initiative.

Employée	Monsieur, qu'y a-t-il pour votre service?
Laurent	Je voudrais des renseignements sur Dieppe.
Employée	Je peux vous donner quelques dépliants, si vous voulez.
Laurent	Merci mademoiselle . . . Mmm . . . Le château est loin d'ici?

Employée	Le château-musée? Non. C'est très facile. En sortant, vous tournez à gauche. Vous descendez le boulevard de Verdun . . .
Laurent	Alors, je descends le boulevard de Verdun . . .
Employée	Oui, jusqu'au bout. Le château est juste en face.
Laurent	Ah, très bien. Et il est ouvert aujourd'hui?
Employée	Oui, en ce moment, il est ouvert tous les jours. Il est fermé le mardi du 1er octobre au 31 mai.
Laurent	Il ouvre à quelle heure?
Employée	À dix heures, je crois. Mais attention, il ferme de midi à deux heures.
Laurent	Et il ferme à quelle heure le soir?
Employée	A dix-huit heures.
Laurent	Merci, mademoiselle. Au revoir!

MOTS ET EXPRESSIONS UTILES

un dépliant	a leaflet
des renseignements (m.)	information
en sortant (de)	when you come out (of)
Qu'y a-t-il pour votre service?	What can I do for you?
je peux (pouvoir ▮)	I can
Si vous voulez . . . (vouloir ▮)	If you like/want . . .
Je vous en prie.	Don't mention it.
ouvrir ▮	to open
Le château ouvre à quelle heure?	What time does the castle open?
Le château ferme à quelle heure?	What time does the castle close?
Le château est ouvert/fermé.	The castle is open/closed.
le matin/le midi/l'après-midi/le soir	in the morning/at lunchtime/in the afternoon/in the evening
de . . . heure(s) à . . . heure(s)	from . . . until . . .

avez-vous compris?

Répondez vrai ou faux.

1 Laurent demande des renseignements sur Dieppe.

2 Le château-musée est facile à trouver.

3 Il est ouvert seulement le mardi.

4 Il est ouvert à l'heure du déjeuner.

5 Il ferme à six heures du soir.

à vous!

1 Tell an English friend when he/she can visit these places. For instance, the belfry is open from Easter till the first Sunday in October. (Note that **un jour férié** is *a public holiday*.)

> **Beffroi**: Ouvert Pâques au 1er dimanche d'octobre de 10h à 12h et de 14h à 18h. Fermé le mercredi matin et le mardi.

> **Musée Jeanne d'Arc**: Ouvert de 9h30 à 18h30 du 1er avril au 15 octobre; de 10h à 12h et de 14h à 18h30 le reste de l'année.

> **Musée Corneille**: Visite de 10h à 12h et de 14h à 18h; fermé le jeudi, le vendredi matin, en novembre et certains jours fériés.

2 Listen to the answerphone messsage of a tourist office and provide the missing details.

2.31

1 _____ à l'office de tourisme! L'office de tourisme est **2** _____ du lundi au **3** _____ de 9 heures à **4** _____ heures et de **5** _____ heures à **6** _____ heures. Les dimanches et **7** _____ , de 10 heures à 13 heures. **8** _____ de rappeler pendant les heures d'ouverture. À très bientôt!

travail à deux

Partenaire A (Partner B should refer to page 174.)

First use the signs below to answer your partner's questions.

> Château de la Brossellerie
> **Ouvert de 10h à 12h et de 14h à 17h**
> **Fermé le mardi**
> **Visites guidées Entrée 12€**

> Bibliothèque municipale
> **Mardi, jeudi et vendredi:**
> **Ouverte de 12h30 à 19h15**
> **Mercredi et samedi: de 10h à 19h**
> **Fermée le lundi**

Now, get the information required by asking your partner. Make a note of his/her answers.

At the museum

1 Find out about the opening times.

2 Make sure it does not close at lunchtime.

3 Ask if it is open every day.

At the Post Office

1 Ask at what time it opens.

2 Ask at what time it closes.

3 Check whether this is the case every day.

un drôle de week-end! (suite)

2.38

Laurent et Chantal décident de visiter le château plus tard.

1 D'abord ils font une promenade sur la plage. Il fait très beau, le soleil brille.

2 Ils prennent beaucoup de photos.

Qu'est-ce qu'il y a?

Je ne sais pas!

3 Tout à coup l'appareil ne marche plus. Ils sont très surpris. Ils examinent l'appareil. Chantal interroge Laurent, mais il ne répond pas.

La carte est pleine!

4 Enfin ils comprennent.

Voilà.

Merci.

5 Sur la plage un jeune garçon vend des glaces. Laurent et Chantal achètent chacun un esquimau.

GLACES

Oh, ça suffit maintenant!

Regarde-moi!

6 L'après-midi, Chantal prend un bain de soleil. Laurent prend beaucoup de photos de sa petite amie. Ils oublient le château!

MOTS ET EXPRESSIONS UTILES

d'abord	*at first*	plein(e)	*full*
tout à coup	*suddenly*	chacun(e)	*each*
l'appareil ne marche plus	*the camera doesn't work any more*	un esquimau	*an ice-cream* (on a stick)
répondre	*to answer*	prendre un bain de soleil	*to sunbathe*
comprendre	*to understand*	sa petite amie	*his girlfriend*

avez-vous compris?

1 Que font Chantal et Laurent d'abord?

2 Quel temps fait-il?

3 Que font-ils avec l'appareil photo?

4 Pourquoi l'appareil ne marche-t-il plus tout à coup?

5 Où achètent-ils des esquimaux?

6 Que font-ils l'après-midi?

travail à deux

Partenaire B

(Partner A should refer to page 172.)

First get the information required by asking your partner. Make a note of his/her answers.

Now use the signs below to answer your partner's questions.

At the castle

1 Find out about the opening times in the mornings.

2 Find out about the opening times in the afternoons.

3 Ask if it is open every day.

At the library

1 Ask if it is open every day.

2 Ask if it is open in the morning.

3 Ask what time it shuts.

> Musée
> **Ouvert de 10h30 à 18h30**
> **Fermé le lundi et mardi**
> **Entrée 6€**
> **Visite libre**

> La Poste 🖃
> **Heures d'ouverture**
> **du lundi au vendredi 8h–19h**
> **samedi 8h–12h**
> **Fermé dimanches et jours fériés**

2.39

un drôle de week-end! (suite et fin)

Plus tard le couple retourne à l'hôtel.

1 Le soir, au bar de l'hôtel, ils bavardent avec d'autres clients.

2 Le dimanche matin, ils visitent Dieppe et le midi, ils déjeunent dans un petit restaurant du port.

3 La radio marche. Ils écoutent les informations.

4 Ils apprennent une mauvaise nouvelle: les cheminots sont en grève!

MOTS ET EXPRESSIONS UTILES

un cheminot	*railway worker*
une nouvelle	*a news item*
en grève	*on strike*
apprendre	*to learn*

avez-vous compris?

Répondez en français.

1 Que font Laurent et Chantal le soir?

2 Que font-ils le dimanche matin?

3 Où déjeunent-ils?

4 Qu'est-ce qu'ils écoutent à la radio?

5 Est-ce qu'ils apprennent une bonne nouvelle?

à vous!

Help a friend say how she spends her weekends by completing the text below with the following vocabulary:

promenade   sac de voyage   bagages   beau   carte   escalier   campagne   gare   appareil photo   mer

Tous les week-ends, s'il fait **1** _____ , nous prenons le train pour aller au bord de la **2** _____ ou à la **3** _____ . Quand j'entends la voiture de Michel, je prends l' **4** _____ et le **5** _____ , et je descends vite l' **6** _____. Nous laissons la voiture au parking de la **7** _____ . Quand nous arrivons, nous laissons les **8** _____ à l'hôtel et nous faisons une **9** _____. Nous prenons beaucoup de photos, et souvent, le soir, la **10** _____ est pleine.

UN PEU DE GRAMMAIRE

Present tense of -re verbs

Vendre type (attendre *to wait for*, descendre *to go down, get off*, entendre *to hear*,
répondre *to reply*)

je vends	*I sell/am selling*	nous vendons	*we sell/are selling*
tu vends	*you sell/are selling*	vous vendez	*you sell/are selling*
il/elle vend	*he/she sells/is selling*	ils/elles vendent	*they sell/are selling*
on vend	*one sells/is selling*		

Prendre type (apprendre *to learn*, comprendre *to understand*)

je prends	*I take/am taking*	nous prenons	*we take/are taking*
tu prends	*you take/are taking*	vous prenez	*you take/are taking*
il/elle prend	*he/she takes/is taking*	ils/elles prennent	*they take/are taking*
on prend	*one takes/is taking*		

▶ **Grammaire** 11, 15(c)

EXERCICES

A   Use the following verbs to tell the story of Paul.

prend   descend   répond   comprend   apprend   attendre

Paul **1** _____ le français parce qu'il voyage souvent en France pour son travail. Il ne parle
pas très bien, mais il **2** _____ . Il **3** _____ toujours l'avion. En général, il **4** _____
dans un petit hôtel à Paris. Quand la réceptionniste parle à Paul, il **5** _____ en anglais.
Il n'aime pas **6** _____ alors il prend souvent le métro parce qu'il y a beaucoup
d'embouteillages.

B Match up the following questions and answers.

1 Qu'est-ce que tu prends?   **a** Non, je préfère prendre un bain.

2 Qu'est-ce qu'elle attend?   **b** Non, je suis un peu sourd.

3 Pourquoi ne répondent-elles pas?   **c** Le bus pour la piscine.

4 Vous prenez une douche le soir?   **d** Devant le cinéma.

5 Vous entendez la musique?   **e** Un kir, j'adore le kir!

6 Où est-ce que je descends?   **f** Elles ne comprennent pas le français.

C Complete the dialogue. You want return tickets for Dijon. Make enquiries at the station about the next departure and platform number.

1 **Vous ...**   – À dix-sept heures vingt-cinq.

2 **Vous ...**   – À dix-neuf heures quarante.

3 **Vous ...**   – Quai numéro deux.

4 **Vous ...**   – Aller simple ou aller et retour?

5 **Vous ...**   – Vous rentrez quand?

6 **Vous ...**

D Complete the conversations with the correct forms of the verbs **attendre**, **descendre**, **entendre**, **répondre** or **vendre**.

1 – Qui _____-vous?
  – Nous _____ le professeur de français. Et toi?
  – Moi, j'_____ le prof de maths.

2 – Qu'est-ce que vous _____ ?
  – Je _____ des fruits et des légumes. Et vous?
  – Nous _____ des livres et des journaux.

3 – Est-ce que vous _____ du bruit?
  – Oui, nous _____ des enfants qui jouent.
  – Moi, j'_____ un chien.

4 – Pourquoi est-ce que vous ne _____ pas?
  – Nous ne _____ par parce que nous ne comprenons pas la question.
  – Je ne _____ pas parce que je suis timide.

5 – Où est-ce que vous _____ ?
  – Je vais à Notre-Dame; je _____ à la station Cité. Et vous?
  – Nous _____ à Odéon.

Do the same, but this time use **apprendre**, **comprendre** or **prendre**.

6 – Qu'est-ce que vous _____ ?
   – Je _____ un café.
   – Nous _____ un thé.

7 – Vous _____ le français?
   – Oui, nous _____ le français depuis deux ans. Et vous?
   – Moi, j'_____ l'espagnol.

8 – Est-ce que vous _____ ?
   – Non, nous ne _____ pas, vous parlez trop vite!
   – Moi, je _____ tout, c'est facile!

2.40, 2.41

ÉCOUTEZ BIEN!

Première partie

À la gare

You are in the Gare de Lyon in Paris and hear some announcements about the TGV (Train à Grande Vitesse – *High speed train*) departure and arrival times. Check your timetable and make all the necessary alterations.

Destinations	Départs	Arrivées
	PARIS	
ANNECY	7.24	11.59
LAUSANNE	12.25	16.06
DIJON	14.10	15.56
MACON	4.32	6.13
GENÈVE	17.42	21.30
BERNE	18.06	22.47

Deuxième partie

À la radio

Listen to the radio announcements about forthcoming programmes. Then link the titles or names of programmes (**émissions**) with their time of broadcasting (**heures**) and their English summaries (**résumés**).

émissions

1 Jacqueline et Compagnie

2 Résultat de l'enquête sur le cinéma

3 La route en chansons

4 Info-Déjeuner

5 Le Hit-Parade

heures

a midi

b 14 heures à 16 heures

c 21 heures 30

d 6 heures à 10 heures

e 15 heures

résumés

(i)
Top of the Pops with Léo

(ii)
The news read by Didier Gallet

(iii)
A young journalist talks of her adventures in Africa

(iv)
Traffic report and music

(v)
Results of the survey about the cinema in France

LECTURE

Which of these two castles would you prefer to visit? Give your reasons.

Château de la Guignardière

Le Château de la Guignardière est un superbe château Renaissance situé entre Luçon et les Sables d'Olonne. A la fois ludique et culturelle, la visite propose une multitude d'activités pour toute la famille. Visitez l'intérieur du château entièrement meublé.

Promenez-vous dans le magnifique parc boisé et admirez les jardins à la française et à l'anglaise, les plans d'eau, les arbres exotiques et les animaux. Aidez vos enfants à résoudre des énigmes qui les aident à apprendre tout en s'amusant et découvrez le circuit des menhirs.

Aires de jeux et de pique-nique – Boutique – Bar/glaces – Snack en saison – Chiens bienvenus – Parking gratuit.

Horaires: 10 avril au 14 juin: 11h – 20h; 15 juin au 31 août: 10h – 21h; 1er au 25 septembre: 11h – 20h (tous les jours).

 # Château de Talmont Saint-Hilaire

Le château de Talmont Saint-Hilaire est un imposant château-fort situé à quelques pas de la mer. Construit au début du XIème siècle, il est entouré de plusieurs enceintes faites de galets. En 1169 le futur roi d'Angleterre Richard Cœur de Lion, prend possession du château qu'il transforme en une véritable forteresse militaire. Il reste aujourd'hui d'importants vestiges à visiter. Sur la vaste terrasse, profitez de la vue magnifique sur l'ensemble du château et sur les environs. Plongez-vous au cœur de la vie médiévale avec les animations, les ateliers et les spectacles, dont le nocturne le mardi soir.

Visite du château

D'avril à juin : de 10h30 à 12h30, et de 14h à 18h
En septembre et octobre : de 14h à 18h
En juillet et août : le samedi et dimanche de 10h30 à 19h

Animations médiévales

En juillet et août : du lundi au vendredi de 10h30 à 19h.

Faites le point! unités 10–12

1 What's the weather like?

2 Tell a friend that:

a you generally are on holiday in June.

b you often take pictures.

c you sometimes go for a walk on Sundays.

d you rarely play tennis.

e you have a bath every day.

f you cook from time to time.

g you never take the bus.

h you do the shopping in the morning.

i you do not watch television on Saturdays.

j you often play the guitar.

k you study French once a week.

l you always do homework.

3 Write full sentences. **Quelle heure est-il? Il est . . .**

4 **La matinée d'une femme au foyer.** Finish the sentences.

a À neuf heures moins vingt elle . . .

b À dix heures elle . . .

c À dix heures et quart elle . . .

d et elle . . .

e À midi elle . . .

5 Complete with the correct word.

a une _____ de thé

b des _____ de bière

c une _____ de vin

d un _____ d'eau

e une _____ de roquefort

f un _____ de crème fraîche

g un _____ de bonbons

h un _____ de cidre

i un _____ de café

j une _____ de soupe

6 **C'est quelle date?** Write full sentences.

a 2–8

b 23–4

c 14–6

d 17–7

e 1–1

f 4–2

g 19–9

h 21–10

7 In the following series of questions and answers, give the correct form of the verbs in brackets.

a Qu'est-ce que vous _____ ? (vendre)

Nous _____ beaucoup de choses.

b Qu'est-ce que vous _____ ? (prendre)

Je _____ un verre de vin. Et vous?

c Qu'est-ce qu'il _____ ? (attendre)

Il _____ le train.

d Est-ce qu'ils _____ ? (comprendre)

Non, ils ne parlent pas français, ils ne _____ rien!

e Est-ce que vous _____ du pain? (vendre)

Oui, mais les boulangers _____ du pain frais.

f Où _____-vous? (descendre)

Je _____ à la station Odéon.

g Est-ce que vous _____ l'allemand? (apprendre)

Non, j'_____ l'anglais.

h Est-ce que tu _____ à la lettre de Mary en anglais? (répondre)

Non, je _____ en français.

i Quand vous êtes en vacances, est-ce que vous _____ des photos? (prendre)

Oui, nous en _____ beaucoup.

j Est-ce que vous _____ l'italien? (comprendre)

Non, mais je _____ bien l'espagnol.

8 Give the correct form of the verbs.

Christine **a** _____ (attendre) son ami Michel. Quand elle **b** _____ (entendre) la voiture, elle **c** _____ (prendre) son sac et ses lunettes et elle **d** _____ (descendre) vite l'escalier. Michel **e** _____ (attendre) Christine pour aller au cinéma. Ils **f** _____ (décider) d'aller voir un film russe. Mais le film est en version originale et ils ne **g** _____ (comprendre) rien!

9 Name the food. Use **un**, **une**, **des**, **du** or **de la** as appropriate.

10   You are at the greengrocer's. Complete the following conversation:

Vous   (**a** *Say hello to the greengrocer.*)

Marchand   Bonjour. Vous désirez?

Vous   (**b** *Tell him you'd like a kilo of apples.*)

Marchand   Voilà. Et avec ça?

Vous   (**c** *Ask for a pound of grapes.*)

Marchand   Vous désirez autre chose?

Vous   (**d** *Ask for two grapefruit, a cauliflower and 200 grams of mushrooms.*)

Marchand   Voilà. Avec ceci?

Vous   (**e** *Say that's all and ask how much it is.*)

Marchand   Alors ça fait cinq euros cinquante.

Vous   (**f** *Give him the money and say goodbye.*)

11   Replace the words in bold with **lui** or **leur**.

    a Paul montre les photos **à sa femme**.
    b La petite fille téléphone **à son père**.
    c La maman donne du chocolat **aux enfants**.
    d Le jeune homme montre la tour Eiffel **au touriste**.
    e Le professeur explique un point de grammaire **aux étudiants**.

Treizième unité

prêt-à-porter – Femme

Lucien et Josée regardent des vêtements dans un catalogue par correspondance.

1 TAILLEUR–PANTALON

Polyester (55%), Laine (45%)

▉ Brun W 316

▉ Bleu marine W 317

▉ Gris foncé W 318

Nettoyage à sec

400€ Ⓟ ⊠

2 CHEMISIER MANCHES LONGUES

Soie (100%)

☐ Blanc R 212

☐ Champagne R 213

☐ Rose R 214

Lavage à la main

120€ ⊠

3 JUPE

Laine (100%)

▦ Écossaise

P 170

Nettoyage à sec

110€

4 PULL Ⓟ ⊠

Mohair (100%)

☐ Beige J 121

☐ Gris clair J 122

Lavage à la main

160€ ⊠

5 ROBE

Velours

☐ Vert amande H 207

☐ Abricot H 208

Lavage en machine

150€ ⊠

6 VESTE

Imitation fourrure

G 618

Nettoyage à sec

240€ Ⓟ ⊠

7 DÉBARDEUR

Coton (100%)
à fleurs jaunes
Orange
X 402
Lavage en machine
25€

8 PANTALON

Velours côtelé
■ Noir D 198
■ Marron D 199
Lavage en machine
80€

9 PARKA

Polyester (65%),
Coton (35%)
■ Rouge K 113
■ Kaki K 114
Lavage en machine
190€

10 MANTEAU

Tweed
■ Gris T 211
■ Marron T 212
Nettoyage à sec
500€ ⓅP

TAILLES: 36 38 40 42 44 46 48

MOTS ET EXPRESSIONS UTILES

un chemisier	*a blouse/a shirt* (women's)	un pantacourt	*cropped trousers*
une jupe	*a skirt*	un débardeur	*a vest top*
un tailleur-pantalon	*a trouser suit*	un(e) parka	*a parka*
un pull(-over)	*a jumper, pullover*	un manteau	*a coat*
une veste	*a jacket*	(en) velours cotêlé	*corduroy*
une robe	*a dress*	clair	*light*
un pantalon	*trousers*	foncé	*dark*

avez-vous compris?

1 Regardez le catalogue et complétez les phrases avec les couleurs.

    a Le tailleur-pantalon est très classique. Il existe en _____, en _____ et en _____.

    b Tu aimes la robe en velours? Tu la préfères en _____ ou en _____?

    c Je n'aime pas la parka kaki mais j'aime bien la _____.

    d Moi, je n'aime pas le débardeur. _____ avec des fleurs _____. Quelle horreur!

    e Je ne sais pas quel chemisier choisir. Champagne, _____ ou _____?

    f J'ai besoin de deux pantalons. Un _____ et un _____, c'est parfait.

2 Maintenant, regardez le catalogue et écoutez Josée. Faites une liste des vêtements qu'elle aime bien et une liste des vêtements qu'elle n'aime pas.

2.42

Josée aime	Josée n'aime pas

à vous!

Créez votre collection de printemps. Choisissez des couleurs pour le nouveau catalogue.

Ex. une veste jaune citron

Regardez Un peu de grammaire (page 200) avant de commencer.

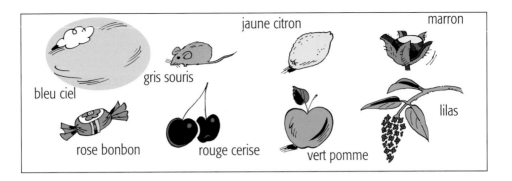

bleu ciel

gris souris

jaune citron

marron

rose bonbon

rouge cerise

vert pomme

lilas

MOTS ET EXPRESSIONS UTILES

les tissus	*materials*	les motifs etc.	*patterns etc.*
soie (f.)	*silk*	écossais(e)	*tartan*
laine (f.)	*wool*	à fleurs	*flowery/floral*
coton (m.)	*cotton*	à rayures	*striped*
fourrure (f.)	*fur*	à manches courtes/ longues	*with short/long sleeves*
		sans manches	*sleeveless*

avez-vous compris?

Regardez le catalogue encore une fois et répondez aux questions suivantes:

1 Dans quels vêtements y a-t-il du polyester?

2 Le chemisier est en coton ou en soie?

3 Quels vêtements sont en laine?

4 La robe est à manches longues ou à manches courtes?

5 Qu'est-ce qui est en imitation fourrure, la veste ou le manteau?

6 Est-ce que le pantalon est en velours cotêlé?

7 Quel est le motif du débardeur?

8 Est-ce que la jupe est à rayures?

à vous!

Choisissez un tissu ou un motif pour les vêtements ci-dessous. Utilisez **en** pour les tissus.

1 une robe	**4** un pantalon	**7** un tailleur
2 un pantacourt	**5** un pull	**8** un manteau
3 une jupe	**6** un chemisier	**9** une veste

et vous?

Aimez-vous les vêtements du catalogue? Complétez les phrases pour expliquer pourquoi. Utilisez le vocabulaire ci-dessous.

très	trop	adorable	cher/chère	chic (inv.)
élégant	clair	foncé	classique	court
long/longue	fragile	horrible	joli	pratique

J'aime/Je n'aime pas …

1 … le chemisier à manches longues. Je le trouve …

2 … la jupe écossaise et la robe en velours. Je les trouve …

3 … le manteau en tweed. Je le trouve …

4 … la veste imitation fourrure. Je la trouve …

5 … le débardeur à fleurs. Je le trouve …

6 … le tailleur-pantalon. Je le trouve …

prêt-à-porter – Homme

Maintenant, Josée et Lucien regardent les vêtements pour hommes.

1 BLOUSON ZIPPÉ
Polyester
multicolore CK 85
190€

2 JEAN
BK 18
84€

3 TENNIS
TK 36
95€

4 CASQUETTE
Mastic 5K 05
Taille unique
25€

5 SWEAT À CAPUCHE
Bicolore
Marine/Blanc HK 42
Beige/Rouge HK 43
60€

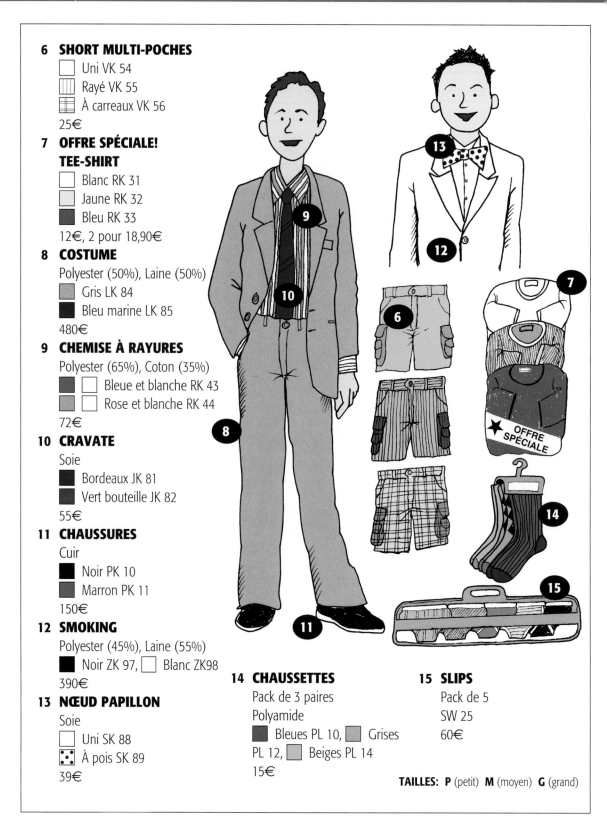

6 SHORT MULTI-POCHES
- ☐ Uni VK 54
- ☐ Rayé VK 55
- ☐ À carreaux VK 56

25€

7 OFFRE SPÉCIALE!
TEE-SHIRT
- ☐ Blanc RK 31
- ☐ Jaune RK 32
- ☐ Bleu RK 33

12€, 2 pour 18,90€

8 COSTUME
Polyester (50%), Laine (50%)
- ☐ Gris LK 84
- ☐ Bleu marine LK 85

480€

9 CHEMISE À RAYURES
Polyester (65%), Coton (35%)
- ☐ ☐ Bleue et blanche RK 43
- ☐ ☐ Rose et blanche RK 44

72€

10 CRAVATE
Soie
- ☐ Bordeaux JK 81
- ☐ Vert bouteille JK 82

55€

11 CHAUSSURES
Cuir
- ☐ Noir PK 10
- ☐ Marron PK 11

150€

12 SMOKING
Polyester (45%), Laine (55%)
- ☐ Noir ZK 97, ☐ Blanc ZK98

390€

13 NŒUD PAPILLON
Soie
- ☐ Uni SK 88
- ☐ À pois SK 89

39€

14 CHAUSSETTES
Pack de 3 paires
Polyamide
- ☐ Bleues PL 10, ☐ Grises PL 12, ☐ Beiges PL 14

15€

15 SLIPS
Pack de 5
SW 25
60€

TAILLES: **P** (petit) **M** (moyen) **G** (grand)

MOTS ET EXPRESSIONS UTILES

un blouson zippé	*a short (zipped) jacket*	un smoking	*a dinner jacket*
un jean	*jeans*	un nœud papillon	*a bow tie* (lit. *butterfly knot*)
des tennis (m. *or* f.)	*trainers*	des chaussures (f.)	*shoes*
une casquette	*a cap*	des chaussettes (f.)	*socks*
un sweat(shirt) (pron. sweet *or* sweat)	*a sweatshirt*	un slip	*underpants, men's briefs*
une capuche	*a hood*	à carreaux	*checked*
un short	*shorts*	à rayures/rayé	*with stripes/striped*
une poche	*a pocket*	à pois	*with polka dots*
un tee-shirt/t-shirt	*a t-shirt*	uni(e)	*plain*
un costume	*a suit* (men's)	(le) mastic	*putty*
une chemise	*a shirt*	taille unique	*one size*
une cravate	*a tie*		

avez-vous compris?

2.43

Écoutez l'enregistrement et montrez du doigt les vêtements sélectionnés par Lucien.

et vous?

1 Préférez-vous les casquettes ou les capuches?

2 Préférez-vous les sweats ou les pulls?

3 Portez-vous souvent un costume/un tailleur?

4 Aimez-vous porter une cravate/quand les hommes portent une cravate?

5 Au travail, portez-vous une chemise ou un tee-shirt/une jupe ou un pantalon?

6 Êtes-vous souvent en short?

goûts vestimentaires

Josée et son amie Edith parlent des goûts vestimentaires de Lucien.

Edith   Lucien préfère porter des chaussures ou des tennis?

Josée   Des tennis. Il trouve que c'est plus confortable.

Edith   Et il préfère les pantalons ou les jeans?

Josée   Il trouve que les jeans sont moins fragiles.

Edith   Et les chemises? Il préfère les chemises unies ou les chemises à rayures?

Josée   Les chemises à rayures, c'est plus gai. Et l'été, il porte des chemises à fleurs!

Edith   Et il porte des cravates ou des nœuds papillon?

Josée   Toujours des cravates, parce que c'est plus sobre. Mais moi je trouve que c'est moins original que les nœuds pap!

MOTS ET EXPRESSIONS UTILES

les goûts vestimentaires	*taste in clothes*
plus … que/qu' …	*more/ …er … than …*
moins … que/qu' …	*less …*
gai(e)	*bright, cheerful*
sobre	*sober, simple, plain*

à vous!

Répondez aux questions de Claire qui fait une enquête sur les goûts vestimentaires. Utilisez le vocabulaire ci-dessous pour donner vos raisons.

plus   trop   confortable   gai   jeune   sobre   original

moins   très   chaud   élégant   moderne   pratique   l'hiver   l'été

Pardon M…, préférez-vous …

1   … les sweats avec ou sans capuche?

Ex.   L'hiver, je préfère les sweats avec capuche parce que c'est plus chaud.

2   … les cravates ou les nœuds papillon?

3   … porter des tennis ou des sandales?

4 … les chemises ou les tee-shirts?

5 … les chaussettes rayées ou les chaussettes à carreaux?

6 … les pantalons longs ou les pantacourts?

les accessoires

Maintenant Josée regarde les accessoires.

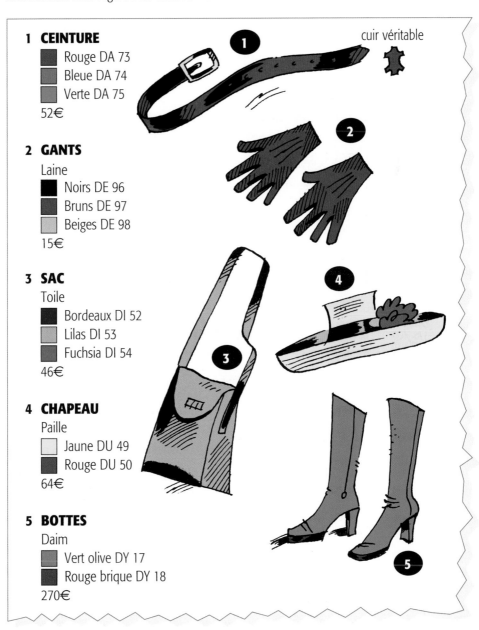

1 CEINTURE
- Rouge DA 73
- Bleue DA 74
- Verte DA 75

52€

2 GANTS
Laine
- Noirs DE 96
- Bruns DE 97
- Beiges DE 98

15€

3 SAC
Toile
- Bordeaux DI 52
- Lilas DI 53
- Fuchsia DI 54

46€

4 CHAPEAU
Paille
- Jaune DU 49
- Rouge DU 50

64€

5 BOTTES
Daim
- Vert olive DY 17
- Rouge brique DY 18

270€

cuir véritable

6 CHAUSSURES
Cuir verni
Noires DO 10
135€

7 FOULARD
Pure soie
Peint main
Motifs géométriques DD
35€

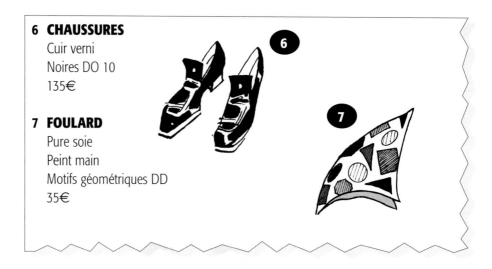

MOTS ET EXPRESSIONS UTILES

accessoires (m.)	*accessories*	un chapeau	*a hat*
cuir (véritable) (m.)	*(real) leather*	paille (f.)	*straw*
une ceinture	*a belt*	des bottes (f.)	*boots*
des gants (m.)	*gloves*	daim (m.)	*suede*
un sac (à main)	*a (hand)bag*	cuir verni (m.)	*patent leather*
toile (f.)	*canvas*	un foulard	*a scarf*

avez-vous compris?

Corrigez les neuf erreurs dans la publicité ci-dessous.

1 Aimez-vous porter des bottes en hiver? Ces jolies bottes sont en cuir verni. Elles coûtent deux cent quatre-vingts euros.

2 Vous avez besoin d'un chapeau de soleil? Nous en avons en paille fuchsia ou rouge.

3 Pourquoi ne pas acheter le sac en toile? Nous l'avons en rose bonbon, en lilas et en bordeaux. Il coûte seulement soixante-dix euros.

4 Vous avez toujours froid aux mains? Achetez nos gants en coton. Le prix? Cinquante euros seulement.

5 Regardez nos ceintures. Elles existent en rouge, en gris et en vert. C'est original, non?

6 Le foulard aux motifs géométriques est adorable! Il fait seulement vingt-cinq euros. Ce n'est pas cher pour de la soie!

travail à deux

Utilisez le catalogue de Josée. À tour de rôle, téléphonez pour passer une commande. L'autre personne note les articles commandés avec le prix, la couleur et la référence.

Ex. Je voudrais la parka à deux cent cinquante euros, en rouge. Référence K cent treize.

au magasin de vêtements

2.45

Pendant leur visite à Paris Josée et Lucien décident d'acheter des vêtements. Lucien a besoin d'un pantalon.

Vendeuse	Bonjour messieurs-dames. Vous désirez?
Lucien	Je cherche un pantalon.
Vendeuse	Voyons . . . Ce pantalon en pure laine vierge est de très belle qualité.
Lucien	Je porte surtout du coton. Nous habitons à la Martinique, et en général, la laine c'est trop chaud.
Vendeuse	Ce modèle vous plaît?
Lucien	Non, je n'aime pas la couleur.
Venduese	Ce pantalon-là est très chic.
Lucien	Oui, mais il est trop élégant.

Vendeuse	Et celui-ci?
Lucien	Je déteste les pantalons à carreaux!
Josée	Combien coûte ce pantalon gris clair?
Vendeuse	150 euros, madame.
Lucien	Oh là là! Vous avez quelque chose de moins cher?
Vendeuse	Celui-ci fait 104 euros.
Lucien	Ah oui, il me plaît. Je peux l'essayer?
Vendeuse	Mais certainement, monsieur. Vous faites quelle taille?
Lucien	Du 46.
Vendeuse	44, 48, 50 …

Je suis désolée, monsieur, mais je n'ai pas votre taille.

Oh, quel dommage!

MOTS ET EXPRESSIONS UTILES

je porte	*I wear*	Il/Elle me plaît	*I like it (m./f.)*
Combien coûte/fait …?	*How much does … cost?*	Je peux l'essayer?	*Can I try it on?*
Il/Elle coûte/fait … euros.	*It is … euros.*	Vous faites quelle taille?	*What size are you?*
… vous plaît?	*Do you like … ?*	celui-ci (m.)	*this one*
quelque chose de moins cher	*something less expensive*		

avez-vous compris?

Lucien n'aime pas les cinq premiers pantalons que lui propose la vendeuse. Pour quelles raisons?

travail à deux

Vous êtes le client/la cliente dans un magasin de vêtements. Vous achetez un manteau/une veste. Répondez au vendeur/à la vendeuse.

– Vous désirez, M …?   **1** – …
– Celui/celle-ci vous plaît?   **2** – …

– Alors, ce modèle?	**3** – ...
– Celui/celle-ci peut-être?	**4** – ...
– Oui, il/elle est très élégant(e).	**5** – ...
– Certainement. Vous faites quelle taille?	**6** – ...

2.46

chez le marchand de chaussures

Josée cherche des sandales.

Vendeuse	Bonjour, madame, vous désirez?
Josée	Je peux essayer les sandales rouges que vous avez en vitrine?
Vendeuse	Les sandales à 195 euros?
Josée	Oui, c'est ça.
Vendeuse	Quelle est votre pointure?
Josée	38.
Vendeuse	Bien, madame. Asseyez-vous.
	Quelques instants plus tard . . .
Vendeuse	Voilà, madame.
Josée	Elles sont en cuir?
Vendeuse	Oui, bien sûr.
Josée	Elles sont très élégantes, elles me plaisent, mais elles sont un peu étroites.
Vendeuse	Voulez-vous essayer la pointure au-dessus?
Josée	S'il vous plaît.
	Quelques instants plus tard . . .
Vendeuse	Voilà, madame.
Josée	Ah oui, elles sont très confortables. Je les prends.
Vendeuse	Nous avons le sac assorti, si vous voulez.
Josée	Oh, il est adorable. Il coûte combien?
Vendeuse	205 euros.
Josée	Non, malheureusement, c'est un peu trop cher pour moi!

MOTS ET EXPRESSIONS UTILES

en vitrine	*in the* (display) *window*	étroit(e)	*narrow*
Quelle est votre pointure?	*What is your* (shoe) *size?*	la pointure/taille au-dessus	*the next size up*
Asseyez-vous.	*Sit down.*	Je le/la/les prends.	*I'll take it* (m./f.)*/them.*
Ils/Elles me plaisent.	*I like them.*	assorti(e)	*matching*

avez-vous compris?

Choisissez la bonne réponse.

1 Josée achète des sandales rouges/jaunes/vertes.

2 Elles coûtent cent quatre-vingt-cinq/cent soixante-quinze/cent quatre-vingt-quinze euros.

3 Josée prend du trente-sept/trente-huit/trente-neuf.

4 Les sandales sont en cuir synthétique/laine/cuir véritable.

5 Les premières sandales sont trop chères/étroites/élégantes.

6 Le sac assorti est trop cher/grand/étroit.

travail à deux

Vous êtes le client/la cliente ou le vendeur/la vendeuse dans un magasin de chaussures. Utilisez le dialogue à la page 199 pour vous aider.

et vous?

Que portez-vous aujourd'hui? De quelle couleur est votre veste/votre pantalon?, etc.

Quelle est votre couleur préférée?

UN PEU DE GRAMMAIRE

Agreement of adjectives

Adjectives agree in gender and number with the noun they qualify, by adding an **e** for the feminine form and an **s** for the plural.

Ex. un chapeau **noir** (*a black hat*), une robe **verte** (*a green dress*), des bottes **grises** (*grey boots*)

However there are some irregular forms.

Ex. blanc (m.)/blanche (f.), cher (m.)/chère(f.), long (m.)/longue (f.), beau (m.)/belle(f.)/ beaux/belles (pl.)

Note that some adjectives are invariable, such as **chic**. Also, when a colour is itself qualified or when a noun is used as a colour.

Ex. une robe **vert bouteille** (inv.)(*a bottle-green dress*), des bottes **marron** (inv.) (*brown boots*)

Comparisons

The comparative –*er/more* + adjective in English is always translated by **plus** + adjective in French.

Ex. Le chapeau de paille est **plus cher** que le chapeau de toile. *The straw hat is **dearer** than the canvas hat*. (lit. *more dear*)

Le tee-shirt de Lucie est **plus original** que le tee-shirt de Laure. *Lucie's tee-shirt is **more original** than Laure's tee-shirt.*

Note that **moins** (*less*) tends to be used more often in French than in English.

Demonstrative adjectives

ce chapeau (m.)	*this/that hat*
cette veste (f.)	*this/that jacket*
ces chaussures (pl.)	*these/those shoes*

▶ **Grammaire** 12, 13

EXERCICES

A Write a list of what you wear in some of the following situations (you might want to include some of the items from the suitcases on page 202.)

1 pour bricoler

2 au travail

3 quand il neige

4 pour aller au restaurant

5 pour travailler à la maison ou dans le jardin

6 quand il fait chaud

7 au bord de la mer

B Indicate the colour or pattern of the garments below, and write what they cost in full.

Ex. **1** Le pull rouge coûte soixante-huit euros cinquante.

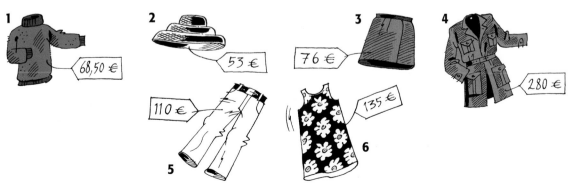

1 68,50 €
2 53 €
3 76 €
4 280 €
5 110 €
6 135 €

C Four people have packed to go to different places at different times of the year. Whose suitcase is whose?

MARIANNE est hôtesse de l'air. Elle va en Australie pour une semaine mais elle n'est pas en vacances.

BRICE adore les sports nautiques et il a décidé de passer les vacances d'été en Corse.

PASCALE passe les vacances de Noël en Suisse. Elle adore faire du ski.

JEAN-LUC part pour trois jours à Grasse pour son travail au mois de novembre.

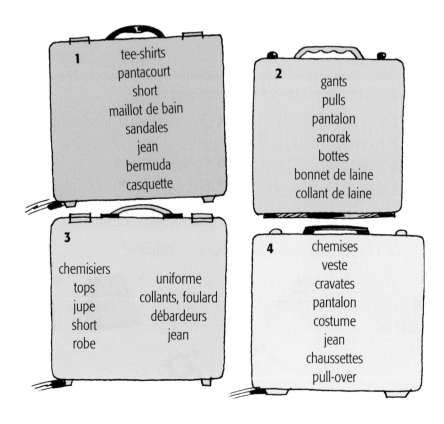

1
tee-shirts
pantacourt
short
maillot de bain
sandales
jean
bermuda
casquette

2
gants
pulls
pantalon
anorak
bottes
bonnet de laine
collant de laine

3
chemisiers
tops
jupe
short
robe
uniforme
collants, foulard
débardeurs
jean

4
chemises
veste
cravates
pantalon
costume
jean
chaussettes
pull-over

D   Complete the sentences using **plus** or **moins** and a suitable adjective.

1   Les jeans sont _____ _____ que les pantalons.

2   Les tennis sont _____ _____ que les chaussures.

3   Les débardeurs sont _____ _____ que les chemisiers.

4   Les vestes sont _____ _____ que les blousons zippés.

5   Les chemises à rayures sont _____ _____ que les chemises unies.

6   Les gants en laine sont _____ _____ que les gants en cuir.

E   You are in a department store looking at jackets. Use the cues to help you complete the dialogue.

Vendeuse	Bonjour monsieur/madame. Vous désirez?
Vous	(**1** *Say you are looking for a jacket.*)
Vendeuse	En coton?
Vous	(**2** *Say wool.*)
Vendeuse	J'ai un joli modèle en vert ou en bleu marine.
Vous	(**3** *Say you don't like plain jackets.*)
Vendeuse	Alors j'ai un modèle à rayures ou à carreaux.
Vous	(**4** *Say you prefer the checked jacket.*)
Vendeuse	Vous faites quelle taille?
Vous	(**5** *Give your size.*)
Vendeuse	Voilà. Elle fait deux cents euros. Vous voulez l'essayer?
Vous	(**6** *Say no, it's a bit too dear for you.*)

ÉCOUTEZ BIEN!

2.41

Écoutez Agnès choisir un vêtement en ligne avec l'aide de son amie Louise, puis complétez le texte ci-dessous.

Louise va sur le site Internet **1** _____ pour aider son amie à acheter une **2** _____ . Agnès trouve que la **3** _____ est jolie mais trop **4** _____ . Elle coûte **5** _____ euros parce qu'elle est en **6** _____ . Elle n'aime pas la bleue parce qu'elle est à **7** _____ . Elle pense que la **8** _____ à rayures est trop **9** _____ mais que la **10** ___ est trop longue. Elle aime bien la **11** _____ en coton, mais c'est difficile à **12** ___ . Finalement elle choisit la **13** _____ qui coûte **14** _____ euros. Elle a besoin de sa carte bancaire pour la **15** _____ en ligne.

Quatorzième unité

le cours d'anglais

Pendant le cours, Laurent a quelques problèmes.

Laurent	Chantal, tu peux me prêter ton stylo?
Chantal	Tiens, voilà mon bic.
Laurent	Merci… Eh, Chantal!
Chantal	Quoi encore?
Laurent	Prête-moi tes lunettes.
Chantal	Mes lunettes? Mais pourquoi?
Laurent	Je ne vois rien. Je n'ai pas mes lentilles de contact ce soir.
Chantal	Je ne suis pas myope, moi. J'ai seulement des lunettes de soleil. Mais où sont tes lunettes?
Laurent	Elles sont dans ma serviette.
Chantal	Et alors?
Laurent	Je ne sais pas où elle est. J'ai cherché partout à la maison, sans succès.
Chantal	Et tu as toutes tes affaires dedans, je suppose?
Laurent	Oui, c'est vraiment embêtant!

MOTS ET EXPRESSIONS UTILES

tu peux…? (fam.)	*can you…?*	myope	*short-sighted*
prêter	*to lend*	la serviette	*the briefcase*
le bic	*the biro*	Et alors?	*So?*
Quoi encore?	*What now?*	J'ai cherché partout	*I've looked everywhere*
Je ne vois rien	*I can't see anything*	les affaires (f.)	*the belongings* (here)
les lentilles(f.)/	*contact lenses*	dedans	*inside*
verres (m.) de contact		embêtant	*annoying*

avez-vous compris?

Répondez vrai ou faux.

1 Chantal prête un bic à Laurent.

2 Laurent porte ses verres de contact aujourd'hui.

3 Laurent porte des lunettes pour voir loin.

4 Chantal n'a pas de problème de vue.

5 Laurent a perdu sa serviette.

6 Les affaires de Chantal sont dans la serviette de Laurent.

à vous!

Complétez les phrases avec les adjectifs possessifs.

1 Tu peux me prêter _____ portable, s'il te plaît?

2 Je ne sais pas où sont _____ tennis.

3 Prête-moi _____ casquette.

4 J'ai perdu _____ parapluie.

5 Tu as des photos de _____ parents?

6 Je ne sais pas où est _____ clé de voiture.

3.2

le cours d'anglais (suite et fin)

Deux étudiantes bavardent après le cours.

Cécile   Regarde Denise, la bonne note de Chantal!

Denise   20 sur 20! C'est formidable! C'est sa note pour la dernière traduction?

Cécile   Oui. J'ai emprunté son cahier. Elle n'a que des bonnes notes.

Denise   Fais voir … 19 sur 20, 18 sur 20 … c'est super! Elle est vraiment forte en anglais.

Cécile   Ce n'est pas comme Laurent!

Denise   Il est comme nous, il est nul en langues vivantes.

Cécile   C'est peut-être parce qu'il est timide.

Denise   Et aussi un peu distrait, tu ne trouves pas?

Cécile   C'est possible. Après tout, il est amoureux!

MOTS ET EXPRESSIONS UTILES

la note	*the mark*	fort(e) en	*good* (lit. *strong*) *at*
son/sa/ses	*his/her*	nul(le) en	*useless at*
la traduction	*the translation*	les langues (f.) vivantes	*modern languages*
emprunter	*to borrow*	timide	*shy*
J'ai emprunté	*I borrowed*	distrait	*absent-minded*
le cahier	*the exercise book*	tu ne trouves pas?	*don't you find/think?*
fais voir	*show me*	amoureux(-se)	*in love*

avez-vous compris?

Reliez les phrases.

1 Laurent n'est pas . . .

2 Denise admire . . .

3 Chantal est . . .

4 Laurent est . . .

5 Cécile a emprunté . . .

6 Cécile et Denise parlent . . .

a avant le cours d'anglais.

b timide et un peu distrait.

c bon en anglais.

d le cahier de Chantal.

e les notes de Chantal.

f forte en langues vivantes.

à vous!

Reliez les célébrités ci-dessous aux mini-biographies à la page 207.

Bonzo Gonzales – Le surhomme du football

Lola Mitchell – La star du grand écran

Keiko Osata – La talentueuse violoncelliste

Ses études au Japon . . . ses huit heures d'exercice quotidiennes . . . sa passion pour la musique de Beethoven . . . le dévouement de son professeur . . . l'importance de sa famille . . . sa préférence pour les grands blonds.

Sa mère, l'amour de sa vie . . . la difficulté de ses longues heures d'entraînement . . . son strip-tease dans la piscine de sa voisine . . . son succès auprès des femmes . . . Sa nouvelle partenaire après un divorce difficile . . . en vacances avec ses enfants.

Son dernier film tourné au Texas . . . sa lutte contre la drogue . . . ses opérations de chirurgie plastique . . . son travail avec les jeunes handicapés . . . sa somptueuse villa en Californie . . . sa carrière après son terrible accident de voiture.

Maintenant écrivez un texte similaire sur une ou deux célébrités de votre choix.

au bureau des objets trouvés

3.3

Laurent espère retrouver sa serviette.

Employé Bonjour monsieur. Qu'y a-t-il pour votre service?

Laurent J'ai perdu ma serviette.

Employé Un attaché-case ou une serviette éponge?

Laurent Un attaché-case!

Employé Vous savez où?

Laurent Aucune idée!

Employé Ah, dommage! Et comment est-elle votre serviette?

Laurent Elle est toute neuve . . .

Employé Elle est de quelle couleur?

Laurent Elle est noire, en cuir.

Employé Oh là là, les serviettes en cuir noir, le bureau en est plein. Qu'est-ce qu'il y a dedans?

Laurent Toutes mes affaires: mes lunettes, mon portefeuille avec mes cartes bancaires, ma carte d'identité, de l'argent, mon permis de conduire, il y a aussi un parapluie pliant . . .

Employé Comme tout le monde, monsieur, comme tout le monde! Vous n'avez rien de spécial?

Laurent Seulement mon livre et mon cahier d'anglais, un dictionnaire de poche . . . Ah, il y a aussi un porte-clés en forme de dauphin. C'est un cadeau d'anniversaire de ma petite amie parce que j'adore les dauphins.

MOTS ET EXPRESSIONS UTILES

espérer	*to hope*	un permis de conduire	*a driving licence*
retrouver	*to find (again)*	un parapluie pliant	*a folding umbrella*
une serviette éponge	*a towel*	tout le monde	*everyone*
Comment est-elle?	*What is it* (f.) *like?*	un porte-clés	*a key ring*
plein(e)	*full*	rien de spécial	*nothing special*
un portefeuille	*a wallet*	en forme de	*in the shape of*
une carte bancaire/d'identité	*a bank/identity card*	un dauphin	*a dolphin*

avez-vous compris?

Corrigez les 12 erreurs.

Laurent est au bureau des objets perdus parce qu'il a perdu sa valise. Elle est rouge et en plastique. Elle est toute neuve. Dedans il y a ses lentilles de contact, son porte-monnaie avec ses cartes de visite, de l'argent, son permis de pêche, et son parapluie géant. Il y a aussi un livre et un cahier d'allemand et un porte-clés en forme de dinosaure qui est un gâteau d'anniversaire.

à vous!

Trouvez les réponses qui correspondent aux questions.

1 Où avez-vous perdu votre sac, mademoiselle?

2 Quel numéro?

3 Comment est-il votre sac?

4 Et de quelle couleur est-il?

5 Qu'est-ce qu'il y a dedans?

6 Un parapluie aussi! De quelle couleur est-il?

a Il est assez grand.

b Il est jaune avec des rayures vertes.

c Mes clés, mon portefeuille, ma carte d'identité, un parapluie pliant . . .

d Dans le bus.

e En cuir rouge.

f Le quarante-huit.

3.4

conversation entre deux hommes d'affaires

Deux hommes d'affaires comparent leur voiture et leur travail.

Lachance	Bonjour mon cher Déveine! Ça va?
Déveine	Comme ci comme ça, et vous?
Lachance	Très bien, merci!
Déveine	Dites-moi, c'est votre voiture?
Lachance	Oui, elle est toute neuve et très confortable.
Déveine	C'est une automatique?
Lachance	Oui, c'est formidable dans les embouteillages!
Déveine	Ma voiture n'est pas automatique, et en plus, elle est en panne.
Lachance	Ah bon, c'est grave?
Déveine	Oui, c'est l'embrayage!
Lachance	Aïe, aïe, aïe! . . .
Déveine	Je suppose que votre nouvelle usine est terminée?
Lachance	Oui, bien sûr! Elle est ultra-moderne. Les ouvriers sont contents.
Déveine	Nos ouvriers sont en grève depuis une semaine.
Lachance	C'est terrible!

Déveine	Oui, mais vous, vos affaires marchent bien?
Lachance	Oui, nos affaires sont prospères. Notre firme a maintenant plusieurs succursales à l'étranger.
Déveine	Nous, nous n'avons qu'une petite usine en banlieue. Je suppose que vous voyagez beaucoup à l'étranger.
Lachance	Oui, très souvent.

MOTS ET EXPRESSIONS UTILES

un homme d'affaires	*a businessman*	l'embrayage (m.)	*the clutch*
la déveine	*bad luck*	les affaires (f.)	*business* (here)
Ça va?	*How are you?*	une succursale	*a branch*
comme ci comme ça	*so-so*	ne que/qu'	*only*
dites-moi	*tell me*	notre (s.)/nos (pl.)	*our*
grave	*serious*	votre (s.)/vos (pl.)	*your*

avez-vous compris?

1 Décrivez la voiture de monsieur Lachance.

2 Quel problème monsieur Déveine a-t-il avec sa voiture?

3 Quel problème a-t-il avec ses ouvriers?

4 Quelle sorte d'usine a-t-il?

5 Pourquoi les ouvriers de monsieur Lachance sont-ils contents? Donnez deux raisons.

6 Pourquoi monsieur Lachance voyage-t-il beaucoup pour ses affaires?

à vous!

Aidez monsieur Lachance à parler de sa firme. Utilisez **notre** ou **nos**.

1 J'ai de la chance. _____ bureau est ultra-moderne, **2** _____ firme a plusieurs succursales à l'étranger, toutes **3** _____ secrétaires sont bilingues.

Maintenant, il parle à monsieur Déveine. Utilisez **votre** ou **vos**.

4 Vous n'avez pas de chance. _____ usine est en banlieue, **5** _____ ouvriers sont en grève, et **6** _____ affaires ne marchent pas bien.

conversation entre deux amies

3.5

Madame Ragot et Madame Cancan parlent de la famille de Claire Ouate.

Mme Ragot	Bonjour, Madame Cancan! Alors, vos voisins sont de retour?
Mme Cancan	Oui, malheureusement, après un petit séjour à la montagne. Avec leurs enfants et leurs animaux, quelle famille!

Mme Ragot	Mais leurs enfants sont à l'école, n'est-ce pas?
Mme Cancan	Oui, heureusement! Leur fils Paul est maintenant au collège.
Mme Ragot	Et leur fille?
Mme Cancan	Élisabeth est encore à l'école primaire.
Mme Ragot	Ils font toujours autant de bruit?
Mme Cancan	C'est pire que jamais! Ils dérangent tout l'immeuble avec leur musique et leurs animaux.
Mme Ragot	Ils ont combien d'animaux?
Mme Cancan	En ce moment, ils gardent les animaux de leurs amis qui sont en vacances. C'est une vraie ménagerie!

MOTS ET EXPRESSIONS UTILES

un séjour	*a stay*	autant (de)	*as much*
heureusement	*fortunately*	déranger	*to disturb*
un immeuble	*a block of flats, building*	garder	*to look after* (here)
de retour	*back*	C'est pire que jamais!	*It's worse than ever!*
toujours	*still* (here)		

avez-vous compris?

Dites si madame Cancan est **contente** ou **pas contente** …

1 d'avoir les Ouate comme voisins.

2 quand les Ouate sont en vacances.

3 parce que les enfants sont à l'école la plupart du temps.

4 quand ils font de la musique.

5 parce qu'ils ont beaucoup d'animaux.

à vous!

Complétez avec **leur** ou **leurs** pour parler de vos voisins.

1 _____ fils, **2** _____ fille, **3** _____ petits-enfants, **4** _____ animaux,
5 _____ amis – ils font tous trop de bruit!

UN PEU DE GRAMMAIRE

Possessive adjectives

	Singular		Plural
	Masculine	Feminine	
my	mon	ma	mes
your (singular+familiar)	ton	ta	tes
his/her/its	son	sa	ses
our	notre	notre	nos
your (polite or plural)	votre	votre	vos
their	leur	leur	leurs

Notes: **1 son, sa, ses** can mean *his, her* or *its,* as possessive adjectives agree with the noun they qualify.
son jardin (m.) *his/her/its garden*; sa voiture (f.) *his/her car*; ses parents (pl.) *his/her parents*
2 mon, ton, son are used in front of feminine words starting with a vowel or an **h** mute.
mon/ton/son amie/habitude *my/your/his/her* (female) *friend/habit*

▶ **Grammaire** 14

EXERCICES

A Write short notes on yourself, giving the necessary information.

1 Mon métier:

2 Ma famille:

3 Ma nationalité et mon pays d'origine:

4 Mes passe-temps:

B Complete with **ton**, **ta**, **tes** as appropriate.
A woman is speaking to her daughter.

Mère	Tu as **1** _____ affaires, Catherine? **2** _____ serviette avec **3** _____ cahiers, **4** _____ stylo, **5** _____ crayons?
Catherine	Oui Maman, j'ai toutes mes affaires.
Mère	Et n'oublie pas **6** _____ dictionnaire d'anglais .

C Complete the notes on famous French people with **son**, **sa**, **ses** as appropriate.

1 Napoléon 1er (1769–1821), empereur des Français, _____ pays d'origine – la France; _____ ville natale – Ajaccio, en Corse; _____ première femme – Joséphine de Beauharnais; _____ batailles célèbres – *Austerlitz, Iéna, Friedland*.

2 Molière (1622–73), écrivain français, _____ pays d'origine – la France; _____ ville natale – Paris; _____ principales comédies – *L'École des maris, L'École des femmes, L'Avare, Tartuffe, Le Malade imaginaire*.

| Napoléon | Molière | Berlioz | A. Renoir | Marie Curie |

3 Hector Berlioz (1803–69), compositeur français, _____ pays d'origine – la France; _____ ville natale – La Côte-Saint-André, Isère; _____ œuvres célèbres – *La Damnation de Faust, Roméo et Juliette, L'Enfance du Christ, La Symphonie fantastique*.

4 Auguste Renoir (1841–1919), peintre français, _____ pays d'origine – la France; _____ ville natale – Limoges; _____ tableaux célèbres – *La Balançoire, Jeunes filles au piano, Les Baigneuses*.

5 Marie Curie (1867–1934), physicienne française, _____ pays d'origine – la Pologne; _____ ville natale – Varsovie; avec _____ mari, Pierre, isola *le radium*.

D You are checking up on an acquaintance. Use **votre** or **vos** as appropriate.

1 _____ mari s'appelle Jean-Baptiste; **2** _____ enfants s'appellent Joseph, Pierre et Marguerite; **3** _____ maison est en ville; **4** _____ ville natale est Montréal.

You are proud parents! Use **notre** or **nos** as appropriate:

5 _____ fils Stéphane joue de la clarinette, **6** _____ filles chantent bien, et **7** _____ petit garçon joue du piano.

Now talk about a neighbour's household, using **leur** or **leurs** as appropriate.

8 _____ appartement est vraiment trop petit! **9** _____ enfants dérangent tout l'immeuble. Et en plus, **10** _____ animaux font beaucoup de bruit.

E Complete the dialogue by using **mon**, **ma**, **mes**, **ton**, **ta**, **tes**, **son**, **sa**, **ses**. The first gap has been filled for you.

Paul   **1** *Ton* père est-il médecin?

Simon   Non, **2** _____ père n'est pas médecin, il est homme d'affaires; c'est **3** _____ grand frère qui est médecin.

Paul   Et **4** _____ mère, est-ce qu'elle travaille?

Simon   Oui, **5** _____ mère est coiffeuse.

Paul   Et **6** _____ sœurs?

Simon   Sophie déteste **7** _____ métier; elle est vendeuse.

Paul   Et Marie?

Simon   Elle est infirmière, elle adore **8** _____ malades.

F You have lost your bag/wallet and go to the lost property office. Complete the conversation.

1 – …   – Vous l'avez perdu quand?

2 – …   – Il est comment?

3 – …   – Et de quelle couleur est-il?

4 – …   – Et qu'est-ce qu'il y a dedans?

5 – …   – Attendez, je vérifie.

3.6

ÉCOUTEZ BIEN!

Au bureau des objets trouvés

You are in a lost property office. Listen to the conversations and provide the missing information, giving as many details as you can.

What is missing	Place lost	Description
umbrella		
		big, blue
	swimming pool	
handbag		

Quinzième unité

vive l'alpinisme!

à vous!

Complétez avec le verbe **aller**.

Où vont -ils?

Ex.

Les enfants?
Ils vont à l'école.

L'ÉCOLE

LE BUREAU

1

L'homme d'affaires?
_____ au bureau.

LES MAGASINS

2

Les jeunes femmes?
_____ aux magasins.

LA MATERNITÉ

3

La future maman?
_____ à la maternité.

LE STADE

4

Le sportif?
_____ au stade.

L'HÔPITAL

AMBULANCE

5

L'ambulance?
_____ à l'hôpital.

LA PISCINE

6

Les jeunes?
_____ à la piscine.

LE COMMISSARIAT DE POLICE

7

L'agent et le voleur?
_____ au commissariat.

LA BIBLIOTHÈQUE

8

L'étudiant?
_____ à la bibliothèque.

LE SYNDICAT D'INITIATIVE

9

Les touristes?
_____ au syndicat d'initiative.

3.8

Claire interviewe un homme d'affaires

Claire fait un sondage sur les Français et les moyens de transport.

Claire	Pardon, monsieur. Vous allez travailler, je suppose?
Homme	Oui, comme vous le voyez, je vais au bureau.
Claire	Comment y allez-vous?
Homme	D'habitude, j'y vais en train, mais les cheminots sont en grève aujourd'hui, alors j'y vais en bus.
Claire	Le trajet dure combien de temps?
Homme	En train, vingt-cinq minutes exactement.
Claire	Et en bus?
Homme	Je ne sais pas encore. Peut-être toute la matinée!

MOTS ET EXPRESSIONS UTILES

Comme vous le voyez . . .	*As you (can) see . . .*
Comment y allez-vous?	*How do you go there?*
d'habitude	*usually*
j'y vais	*I go there*
Le trajet dure combien de temps?	*How long is the journey?*
pas encore	*not yet*
les moyens (m.) de transport	*means of transport*

avez-vous compris?

1 Comment l'homme va-t-il à son bureau d'habitude?

2 Comment y va-t-il ce matin?

3 Pourquoi?

4 Combien de temps dure le trajet en train?

5 Et en bus?

Claire interviewe deux enfants

3.9

Claire	Bonjour les enfants!
Enfants	'Jour madame!
Claire	Vous allez à l'école?
Enfant	Quelle question! Bien sûr!
Claire	Votre école est près de chez vous?
Enfant	Oui, nous y allons à pied.
Claire	Est-ce que vous mangez à la cantine le midi?
Enfant	Nous y mangeons seulement le mardi, parce que maman n'est pas à la maison.
Claire	C'est bon?
Enfant	Pouah! C'est infect, nous emportons toujours un sandwich.

MOTS ET EXPRESSIONS UTILES

nous y mangeons	*we eat there*
Pouah! C'est infect.	*Ugh! It's revolting.*
emporter	*to take* (something with one)

avez-vous compris?

1 Où vont les enfants?

2 Comment y vont-ils?

3 Mangent-ils à la cantine?

4 Pourquoi?

5 Aiment-ils les repas de la cantine?

Claire interviewe une ménagère

3.10

Claire	Pardon, madame, est-il indiscret de vous demander où vous allez?
Ménagère	Pas du tout! Je vais faire les commissions.
Claire	Où faites-vous vos achats?
Ménagère	Je vais au supermarché tous les mercredis.
Claire	Vous y allez toujours en vélo?

Ménagère	Oh là là, non, heureusement! J'y vais en voiture, mais la batterie est à plat ce matin.
Claire	Ce n'est pas de chance!
Ménagère	Non, et pour tout arranger, il pleut! La semaine prochaine, je vais faire mon shopping en ligne!

MOTS ET EXPRESSIONS UTILES

une ménagère	*a housewife*	pour tout arranger	*to make matters worse*
pas du tout	*not at all*	la semaine prochaine	*next week*
les commissions (f.)	} *shopping*	je vais faire	*I am going to do*
les achats (m.)		en ligne	*online*
la batterie est à plat	*the battery is flat*		

avez-vous compris?

1 Où va la ménagère?

2 Quel jour y va-t-elle?

3 Comment y va-t-elle ce matin?

4 Pourquoi?

5 Quel temps fait-il?

6 Comment est-ce qu'elle va faire son shopping la semaine prochaine?

Claire interviewe une jeune fille

3.11

Claire	Pardon, mademoiselle, vous êtes pressée?
Jeune fille	Non, je suis en vacances.
Claire	Très bien! Quelle formule de vacances préférez-vous?
Jeune fille	J'adore faire des randonnées à cheval avec un groupe d'amis.
Claire	Allez-vous quelquefois à l'étranger?
Jeune fille	Non, je préfère rester en France.
Claire	Ah bon, pourquoi? Vous êtes chauvine?
Jeune fille	Pas le moins du monde! Mais je déteste voyager. J'ai peur en voiture. Je n'aime pas voyager en avion parce que j'ai le mal de l'air, et j'ai horreur de voyager en bateau parce que j'ai le mal de mer.
Claire	Et en train?
Jeune fille	J'aime bien le train, mais il y a tellement de grèves!

MOTS ET EXPRESSIONS UTILES

Quelle formule de vacances préférez-vous?	*What kind of holiday do you prefer?*
faire des randonnées à cheval	*pony trekking*
chauvin(e)	*chauvinistic*
Pas le moins du monde!	*Not in the least!*
J'ai le mal de l'air/de mer.	*I suffer from air sickness/sea sickness*
j'ai horreur (de)	*I hate*
tellement (de)	*so much/many*

avez-vous compris?

1 Pourquoi la jeune fille n'est-elle pas pressée?

2 Quelle formule de vacances préfère-t-elle?

3 Elle préfère aller à l'étranger ou rester en France?

4 Pourquoi déteste-t-elle voyager en voiture?

5 Pourquoi n'aime-t-elle pas voyager en avion?

6 Pourquoi a-t-elle horreur de voyager en bateau?

7 Quel est l'inconvénient des voyages en train?

à vous

Donnez les raisons pour lesquelles vous aimez ou n'aimez pas certains moyens de transport.

J'ai horreur de voyager . . .   parce que . . .

1 en voiture	**a** j'ai le mal de l'air
2 en avion	**b** j'ai le mal de mer
3 en train	**c** c'est dangereux
4 en vélo	**d** c'est désagréable quand il pleut
5 en bateau	**e** il y a trop de grèves.

J'aime voyager . . .	parce que . . .
1 en avion	**a** ça ne coûte pas cher.
2 en bateau	**b** c'est très pratique.
3 en vélo	**c** c'est très rapide.
4 en train	**d** j'adore la mer.
5 en voiture	**e** je peux admirer la campagne.

travail à deux

Interviewez votre partenaire. Demandez-lui comment il/elle va à certains endroits et combien de temps dure le trajet/le voyage.

Ex. – Comment allez-vous au cinéma?
    – J'y vais en métro.
    – Le trajet dure combien de temps?
    – Un quart d'heure.

au travail	à pied	cinq minutes/dix minutes, etc.
au supermarché	en vélo	un quart d'heure
au cinéma	en voiture	une demi-heure
à la bibliothèque	en bus	une heure/deux heures, etc.
en ville	en métro	toute la journée
en vacances	en train	un jour/deux jours, etc.
en France	en bateau	
en Australie	en avion	
au Japon	en car	
aux États-Unis	en taxi	

conversation entre deux amis

3.12

Monsieur Déveine rencontre son ami Henri Boivin.

M. Déveine	Bonjour, Henri. Comment allez-vous?
Henri	Je vais très bien, merci. Je reviens de vacances, de Paris. Et vous?
M. Déveine	Moi, ça va comme ci comme ça.
Henri	Votre femme va bien?
M. Déveine	Elle est plutôt fatiguée en ce moment.

Henri	Et les enfants, ils vont bien?
M. Déveine	Ils sont malades, ils ont les oreillons.
Henri	Vous avez toujours la même voiture?
M. Déveine	Oui, malheureusement! Elle est vieille maintenant et elle est encore en panne.
Henri	Et votre petit chien?
M. Déveine	Il est mort.
Henri	Et le travail?
M. Déveine	Le travail, ça ne va pas du tout; je suis au chômage depuis trois semaines.
Henri	Et votre belle-mère?
M. Déveine	Oh, elle, elle va bien, elle est en pleine forme, mais elle est toujours chez nous!

avez-vous compris?

1 Est-ce que Henri va bien?

2 D'où revient-il?

3 Comment va Monsieur Déveine?

4 Et sa femme?

5 Ses enfants sont-ils en bonne santé?

6 Quelle sorte de voiture a-t-il?

7 Est-ce qu'elle marche bien?

8 Comment va son chien?

9 Et son travail?

10 Et comment va sa belle-mère?

MOTS ET EXPRESSIONS UTILES

rencontrer	*to meet*
Comment allez-vous?	*How are you?*
Je vais très bien	*I am very well.*
Elle va bien.	*She is well.*
Ça va.	*I am/he is/things are, etc. well*
Ça va?	*How are you?/How are things?*
Ça ne va pas.	*I am/he is/things are, etc. not well.*
fatigué(e)	*tired*
malade (un(e) malade)	*ill (a patient)*
les oreillons (m.)	*mumps*
je reviens de vacances (revenir)	*I'm just back from my holiday (to return/come back)*
mort	*dead*
au chômage	*unemployed, out of work*
en pleine forme	*on top form*
chez nous	*at our house*

à vous

Dites **Ça va!** ou **Ça ne va pas!**

1 Je suis malade.

2 Je suis en vacances.

3 Le poisson rouge est mort.

4 Je suis au chômage.

5 Je suis fatigué(e).

6 Je suis en pleine forme.

7 Les enfants sont en bonne santé.

8 J'ai une voiture toute neuve.

projets de week-end

Paul Ouate (pseudo Laboman) et ses copains sont en train de parler de leurs projets de week-end sur un blog pour ados.

ado-blog.fr

Auteur	Posté à	Message
Ordigeek	15:51:49	Moi, je vais bavarder avec mon cousin canadien sur Skype. Trop cool! ☺
Laboman	16:05:29	Veinard! Moi. J'ai plein de devoirs. Je vais travailler. ☹
Shopaholik	16:11:30	Demain, je vais faire du shopping avec ma mère, mais c'est elle qui va choisir mes fringues. On va encore se disputer!
Sanssous	16:22:45	Avec mon frère on va rester à la maison pour garder notre petite sœur. C'est payé, bien sûr!
Sportfana	16:32:55	Pas trop amusant, Sanssous! Moi, je vais faire du Tai Kwondo pour la première fois. Génial, non?

MOTS ET EXPRESSIONS UTILES

un pseudo	*pseudonym/alias*
en train de/d'	*in the process of*
un(e) ado (short for 'adolescent')	*teenager*
veinard!	*lucky you!*
des fringues (f.) (fam.)	*clothes*
se disputer	*to argue*

avez-vous compris?

1 Qui va essayer un nouveau sport?

2 Pourquoi Shopaholik n'aime-t-elle pas faire du shopping avec sa mère?

3 Que va faire Ordigeek?

4 Comment Sanssous et son frère vont-ils gagner de l'argent?

5 Qui va aussi rester à la maison? Pourquoi?

et vous?

Qu'est-ce que vous allez faire le week-end prochain?

Complétez les phrases selon vos goûts.

Je vais ...

1	acheter	un email à mon frère/mon correspondant etc.
2	aller	le train/l'avion etc. pour aller à la campagne/en France etc.
3	envoyer	à ma grand-mère/ma fille etc.
4	manger	une nouvelle paire de chaussures/un smartphone etc.
5	prendre	au cinéma/à la piscine etc.
6	téléphoner	dans un bon restaurant italien/chez des amis etc.

UN PEU DE GRAMMAIRE

ALLER *to go*

je vais	*I go/am going*
tu vas	*you go/are going*
il/elle va	*he/she goes/is going*
on va	*one goes/is going, we go/are going*
nous allons	*we go/are going*
vous allez	*you go/are going*
ils/elles vont	*they go/are going*

Use of *y*

Y means *there* (not always expressed in English).

Allez-vous souvent au restaurant?	*Do you often go to the restaurant?*
J'y vais tous les soirs.	*I go (there) every night.*

In/to + countries and regions

There is no difference between *in* and *to* in French, but note that

en is used with feminine countries:

Ex. Il travaille en Grande-Bretagne.	*He works in Great Britain.*

au is normally used with masculine countries:

Ex. Je vais souvent au Brésil.	*I often go to Brazil.*

and **aux** is used with countries in the plural:

Ex. Elle va quelquefois aux Pays-Bas pour ses affaires.	*She sometimes goes to the Netherlands on business.*

Immediate future: **aller**+infinitive (*going to*)

Je vais faire le shopping.	*I am going to do the shopping.*
Qu'est-ce qu'elle va faire?	*What is she going to do?*

▶ **Grammaire** 6a, 6d, 17

EXERCICES

A Make meaningful sentences saying *how* and *how often* some people go to various places. Use one element from each of the boxes. *Ex.* Elle va au collège à pied.

B **Laurent rencontre un ami.** Fill in the gaps in the conversation below using **vais**, **vas**, **va**, **allons** or **allez**.

Ami   Tiens, bonjour Laurent! Comment **1** _____ -tu?

Laurent   Je **2** _____ bien, merci. Et toi?

Ami   Moi, ça **3** _____ . Et Chantal?

Laurent   Elle **4** _____ bien, mais elle est fatiguée en ce moment.

Ami   Elle travaille trop sans doute.

Laurent   Oui, elle est très occupée au magasin et nous sortons souvent.

Ami   Où **5** _____ -vous donc?

Laurent   Nous **6** _____ au cinéma, au restaurant ou au théâtre. Quelquefois on **7** _____ chez des amis, et tous les jeudis, on **8** _____ au collège pour apprendre l'anglais. Résultat, nous **9** _____ au lit très tard.

C Answer the questions using **aller** and the expressions below.

boire une bière	à pied
au lit	très bien
voir le match de football	en Espagne
du mardi au vendredi	deux fois par semaine

1   Les enfants, vont-ils souvent à la piscine? Ils y . . .

2   Comment vas-tu à l'école? J'y . . .

3   Comment va votre belle-mère? Elle . . .

4   Allez-vous à l'étranger? Nous . . .

5   Pourquoi vont-elles au stade? Elles . . .

6   Où allez-vous à onze heures du soir? Nous . . .

7   Quand va-t-il au bureau? Il y . . .

8   Pourquoi allez-vous au café? Je . . .

D   Say what everybody is going to do tomorrow.

François Muller: préparer le petit déjeuner, passer l'aspirateur, faire les courses au supermarché, mais pas ranger les achats.

Edith: aller à un cours de pilates, faire un ou deux sudokus, tricoter, bavarder avec une amie, écouter la radio mais pas regarder la télé.

Yvette et Rosalie: prendre l'Eurostar, faire la visite de Bruges en bateau mouche, voir une exposition de peinture flamande, manger au restaurant dans la vieille ville, goûter à la bière belge mais pas faire de shopping.

Et moi, je … mais je ne …

3.13

ÉCOUTEZ BIEN!

Listen to some snatches of conversation about transport. Indicate how the various people go to different places.

(Some people use more than one means and some means are not used at all.)

	🚶	🚲	🚌	🚋	🚕 TAXI	🚗	🚆 SNCF	✈️	🚢
Les jumeaux									
Gilles									
Suzanne									
Bernard									
Alain									
Sabine									

LECTURE

Prenez-vous soin de votre santé? Faites le quiz ci-dessous pour vérifier.

Votre QUIZ SANTÉ sur ado-blog.fr

Êtes-vous en bonne santé?

1 Combien de gâteaux ou gâteaux secs
mangez-vous par jour?
- (a)   0–5
- (b)   6–10
- (c)   plus de 10

2 Combien de verres de vin buvez-vous par
semaine?
- (a)   0–7
- (b)   8–14
- (c)   plus de 14

3 Combien de cigarettes fumez-vous par jour?
- (a)   0
- (b)   1–10
- (c)   plus de 10

4 Vous mangez des fruits et des légumes …
- (a)   à chaque repas
- (b)   une ou deux fois par jour
- (c)   une ou deux fois par semaine

5 Quand mangez-vous des bonbons ou du
chocolat?
- (a)   tous les jours
- (b)   une ou deux fois par semaine
- (c)   rarement

6 Vous faites de la marche à pied …
- (a)   tous les jours
- (b)   une fois par semaine
- (c)   rarement

7 Vous faites du sport (football, tennis,
natation, etc.) …
- (a)   régulièrement
- (b)   de temps en temps
- (c)   jamais

8 Pour aller au travail …
- (a)   vous prenez la voiture
- (b)   vous y allez en train/en bus
- (c)   vous y allez à pied/en vélo

RÉPONSES

Combien de points avez-vous? 1 (a) 3, (b) 2, (c) 1. 2 (a) 3, (b) 2, (c) 1. 3 (a) 3, (b) 2, (c) 1. 4 (a) 3, (b) 2, (c) 1. 5 (a) 1, (b) 2, (c) 3. 6 (a) 3, (b) 2, (c) 1. 7 (a) 3, (b) 2, (c) 1. 8 (a) 1, (b) 2, (c) 3.

Plus de vingt points Bravo! Vous êtes en bonne santé!

Entre seize et vingt points Très bien. En général vous mangez bien, vous ne mangez pas trop de bonbons, vous mangez assez de légumes.

Entre dix et quinze points Ça va, mais faites attention à votre ligne!

Moins de dix points Oh là là! Franchement vous mangez trop et vous buvez trop! Vous mangez trop de bonbons, trop de gâteaux, mais vous ne mangez pas assez de fruits et de légumes. En plus, vous ne faites pas assez de sport.

Faites le point! unités 13–15

1   Complete the conversations using:

votre usine   nos amis   votre café   vos bureaux   votre ville

a Vous connaissez notre musée?
Non, c'est ma première visite dans _____.
b Vous connaissez notre secrétaire?
Non, c'est ma première visite dans _____.
c Vous connaissez cette machine?
Non, c'est ma première visite dans _____.
d Vous connaissez le garçon?
Non, c'est ma première visite dans _____.
e Vous connaissez _____, Laurent et Chantal?
Oui, je connais vos amis.

2   How would you say the following?

a their son   **d** his parents
b their daughter   **e** her parents
c their children

3   Using **son**, **sa** or **ses**, describe his clothes.

Ex. Son béret est noir.

a
b
c
d
e

4   Complete with the following vocabulary.

> panne   chômage   malade   chance   belle-mère

Il n'a pas de **a** _____: sa femme est **b** _____ , sa **c** _____ est à la maison, sa voiture est en **d** _____ , et il est au **e** _____ !

5   Complete with the following vocabulary.

> commissions   contente   fermé   grève   loin   pleut   voiture

Elle habite assez **a** _____ du supermarché. Aujourd'hui sa **b** _____ est au garage et les bus sont en **c** _____ . Elle prend son vélo pour aller faire les **d** _____ . Malheureusement il **e** _____ . Elle arrive à une heure et le magasin est **f** _____ . Elle n'est pas très **g** _____ !

6   Describe the items below using colour, pattern, material or special feature.

Ex. une robe en soie.

a

b

c

(silk)

d

e

f

g

(woollen)

h

(straw)

i

(leather)

j

7   Complete with the correct form of **aller** and **à** or **en**.

a   Nous _____ au travail _____ métro.

b   Ils _____ au supermarché _____ voiture.

c   Est-ce que vous _____ à la piscine _____ pied?

d   Je _____ chez mes amis _____ vélo.

e   Elle _____ faire son shopping _____ ligne.

8   Complete with **en**, **au** or **aux**.

a   Émile habite _____ (la Belgique) mais il travaille _____ (le Luxembourg).

b   Est-ce que vous aimez habiter _____ (le Canada)?

c   Elle va régulièrement _____ (les États-Unis) pour son travail.

d   Mériem habite _____ (le Maroc).

e   Je vais souvent en vacances _____ (la Vendée).

f   Ils ont un appartement _____ (le Portugal).

9   Use some of the words in the box to compare the following:

> plus   dangereux   rapide   long   pratique   agréable
> moins   cher

a   L'avion est _____ _____ que le bateau.

b   La voiture est _____ _____ que le vélo.

c   Le vélo est _____ _____ que la moto.

d   L'hélicoptère est _____ _____ que l'avion.

e   Le train est _____ _____ que la voiture.

10   Match the statements/questions with the responses/answers below.

a   J'ai perdu mon sac.

b   Cette robe en soie fait 200 euros.

c   Comment allez-vous travailler?

d   Aimez-vous voyager en bateau?

e   Ma voiture est en panne.

f   Vous êtes pressé?

(i)   Non, j'ai le mal de mer.

(ii)   J'y vais en voiture.

(iii)   Comment est-il?

(iv)   Non, je suis en vacances.

(v)   Prenez un taxi!

(vi)   Ah non, c'est trop cher!

Seizième unité

le travail

3.14

Laurent répond aux questions de l'enquêtrice Claire Ouate.

Claire	Pardon monsieur, je fais une enquête sur les Français et le travail. Vous avez un emploi?
Laurent	Oui, je travaille dans une banque. Je gagne bien ma vie et il y a une bonne ambiance au bureau parce que le patron est sympa.
Claire	Combien d'heures travaillez-vous par semaine?
Laurent	Maintenant je travaille trente-cinq heures par semaine, en horaires flexibles. C'est extra!
Claire	Vous commencez et vous finissez à quelle heure?
Laurent	En général je commence à neuf heures et je finis à cinq heures. Mais si je commence à huit heures, par exemple, ou si je ne prends qu'une demi-heure pour déjeuner, je peux quitter plus tôt.
Claire	Vous avez de la chance!
Laurent	Malheureusement Chantal, ma petite amie, finit plus tard le soir et elle travaille aussi le dimanche matin.
Claire	Que fait-elle?
Laurent	Elle est vendeuse dans un magasin de vêtements. C'est fatigant et les clientes qui viennent le dimanche sont souvent difficiles.
Claire	C'est dur de travailler le dimanche!
Laurent	C'est vrai. Elle a un jour de congé pendant la semaine mais ça gâche les week-ends.
Claire	Et je suppose qu'elle ne touche pas un gros salaire.
Laurent	Non, elle est payée juste au-dessus du SMIC.

MOTS ET EXPRESSIONS UTILES

un emploi	*a job*	dur	*hard*
gagner sa vie	*to earn one's living*	un jour de congé	*a day off*
une ambiance	*an atmosphere*	gâcher	*to spoil*
des horaires (m.) flexibles	*flexitime*	toucher	*to receive, to get* (here)
finir	*to finish*	Et puis	*And besides*
quitter	*to leave*	au-dessus (de)	*above*
venir	*to come*	le SMIC	*the minimum wage*

avez-vous compris?

Répondez vrai ou faux.

1 Laurent a un emploi stable.

2 Il a un bon salaire.

3 Il peut choisir ses heures de travail.

4 Il n'est pas satisfait de ses conditions de travail.

5 Il a seulement une demi-heure pour déjeuner.

6 Quelquefois il part du bureau de bonne heure.

7 Le magasin de Chantal ferme tard le dimanche.

8 L'emploi de Chantal présente beaucoup d'inconvénients.

9 Laurent et Chantal ont les mêmes jours de congé.

10 Chantal gagne bien sa vie.

à vous!

Complétez les textes avec le vocabulaire ci-dessous.

> sortent   cuisiniers   horaires   finissent
> tôt
> finit   usine   vont   congé   payée

Sylvie travaille dans une **1** _____ de parfum à Grasse. De temps en temps elle commence très **2** _____ le matin ou elle **3** _____ très tard le soir. Elle n'est pas très bien **4** _____ . Ses jours de **5** _____ sont le dimanche et le lundi.

Antoine et Dominique qui sont **6** _____ dans un petit restaurant ont des **7** _____ irréguliers. Ils **8** _____ souvent vers 1 heure du matin. Ils ne **9** _____ pas souvent le soir mais ils **10** _____ quelquefois à la mer le dimanche et le lundi quand le restaurant est fermé.

3.15

les loisirs

Chantal et Laurent sortent ensemble depuis plusieurs mois déjà.

1 Ils sortent ensemble au moins deux fois par semaine. Ils vont au cinéma ou chez des amis.

2 Le jeudi soir, quand Chantal sort du magasin, Laurent l'attend dans la voiture pour aller à leur cours d'anglais.

3 Ils vont dîner dans un petit café-restaurant. En général Chantal choisit une omelette ou une salade, et Laurent mange un steak-frites.

4 Ils sortent du café-restaurant un quart d'heure avant le début du cours.

5 Laurent n'est pas fort en anglais et il est un peu timide. Si le professeur lui pose une question, il rougit jusqu'aux oreilles.

6 Quand il est fatigué, quelquefois il dort.

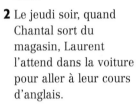

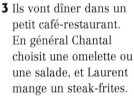

MOTS ET EXPRESSIONS UTILES

sortir	*to go out*	il rougit jusqu'aux oreilles	*he blushes up to the ears*
ensemble	*together*	dormir	*to sleep*
les loisirs (m.)	*leisure activities*		

avez-vous compris?

1 Depuis quand Laurent et Chantal sortent-ils ensemble?

2 Où vont-ils en général le soir?

3 Pourquoi Laurent attend-il Chantal le jeudi soir?

4 Quand sortent-ils du café-restaurant?

5 Pourquoi Laurent rougit-il quand le professeur lui pose une question?

6 Que fait-il quelquefois quand il est fatigué?

à vous!

Reliez les adjectifs et les verbes qui leur correspondent. Donnez l'équivalent anglais de chaque verbe.

Ex. sale ➔ salir   *to (make) dirty*

1 sale	**6** blanc	**a** grandir	**f** ralentir
2 jaune	**7** pâle	**b** grossir	**g** jaunir
3 grand	**8** froid	**c** blanchir	**h** refroidir
4 gros	**9** plein	**d** pâlir	**i** maigrir
5 lent	**10** maigre	**e** salir	**j** remplir

et vous?

À quelle heure finissez-vous de dîner? Préférez-vous manger à la maison ou au restaurant? Pourquoi? Est-ce que vous sortez souvent le soir? Que faites-vous pour fêter votre anniversaire? Vos parents ou des amis viennent-ils chez vous?

Je sors tous les soirs.

3.16

sans plomb ou gazole?

Après le cours d'anglais, Laurent raccompagne Chantal chez elle en voiture.

Chantal   C'était le sujet idéal pour toi ce soir, non? 'All about travelling by car'!

Laurent   C'était intéressant, mais quand même difficile! Tiens, ça me fait penser que j'ai besoin de carburant.

Chantal   Comment dit-on 'essence' en anglais, Mister Darieux? Attention, c'est un faux ami!

Laurent   Oh, fiche-moi la paix, le cours est fini! Et puis j'ai une voiture diesel, donc je vais faire le plein de gazole. Comme il est tard, je vais aller à la station-service qui reste ouverte toute la nuit.

Chantal   Il faut payer à la pompe ou à la caisse automatique. Tu as ta carte bancaire sur toi?

Laurent   Oui, elle est dans mon portefeuille qui est dans ma poche.

Chantal   J'espère que tu n'as pas oublié ton nouveau code confidentiel.

Laurent   Je suis distrait mais je ne suis pas stupide!

Chantal   Tu devrais en profiter pour laver le pare-brise, il est dégoûtant!

Laurent   Tu as raison. Je vais aussi vérifier l'eau, l'huile et la pression des pneus.

Chantal   Oh, le parfait automobiliste!

MOTS ET EXPRESSIONS UTILES

(r)accompagner en voiture	*to give a lift (back)*	la pompe	*the pump*
le sans-plomb (SP)	*lead-free petrol*	la caisse	*the till/cash desk*
le gazole	*diesel*	le code confidentiel	*PIN (number)*
le carburant	*fuel*	tu devrais	*you should*
l'essence (f.)	*petrol*	en profiter	*(to) take advantage (of it)*
le pétrole	*crude oil*	le pare-brise	*the windscreen*
fiche-moi la paix (fam.)	*stop pestering me*	dégoûtant	*disgusting, filthy*
un faux ami	*a false friend*	vérifier	*to check*
faire le plein	*to fill up*	la pression des pneus	*tyre pressure*
il faut (+ inf.)	*you need, it is necessary (to…)*	un(e) automobiliste	*driver, motorist*

avez-vous compris?

Relisez le texte et trouvez les équivalents des mots et expressions ci-dessous.

1 très sale
2 ouvert 24 heures sur 24
3 le gazole
4 mot français qui ressemble à un mot anglais
5 le contraire de tôt

6 laisse-moi tranquille
7 il me faut
8 remplir de carburant
9 aller avec quelqu'un

à vous!

Qu'est-ce qu'il faut/ne faut pas faire?
Complétez les phrases en choisissant les bonnes réponses.

1 Pour être automobiliste, il faut . . .

2 Pour éviter les accidents de voiture, il faut . . .

3 Si le pare-brise est sale, il faut . . .

4 Pour acheter de l'essence la nuit, il faut . . .

5 Pour utiliser une carte bancaire, il ne faut pas . . .

a oublier son code confidentiel.

b trouver une station ouverte 24h/24.

c vérifier la pression des pneus.

d avoir son permis de conduire.

e le laver.

et vous?

1 Utilisez-vous souvent votre voiture?
2 En règle générale, où achetez-vous votre carburant? Pourquoi?
3 Que pensez-vous des véhicules hybrides et électriques?
4 Vérifiez-vous l'eau, l'huile et la pression des pneus vous-même?
5 Lavez-vous votre voiture régulièrement? Chez vous ou à la station-service?

UN PEU DE GRAMMAIRE

Present tense of –ir verbs

Finir type: choisir, grandir, rougir, (se) nourrir = *to feed (oneself)*, pâlir, salir, grossir

je finis	nous finissons
tu finis	vous finissez
il/elle/on finit	ils/elles finissent

Many **-ir** verbs of the **finir** type are linked with adjectives, often colours; for example **rougir** and **rouge**.

Dormir type: sortir, partir, mentir = *to tell lies*, servir

je dors	nous dormons
tu dors	vous dormez
il/elle/on dort	ils/elles dorment

Note that verbs ending in **–frir** and **–vrir** are conjugated like **–er** verbs in the present tense.

Ex. Il offre des fleurs à sa femme.	*He give his wife some flowers.*
Elle ouvre la porte.	*She opens the door.*

Venir *(to come)* and its compounds **revenir** *(to come back)* and **devenir** *(to become)* are irregular verbs conjugated as below. **Tenir** *(to hold, to keep)* follows the same pattern.

je viens	nous venons
tu viens	vous venez
il/elle/on vient	ils/elles viennent

IL FAUT *(infinitive:* **falloir***)*

+ infinitive

Il faut payer à la caisse.	*You must pay at the till.*

+ noun

Il faut de la monnaie.	*You need change.*

▶ **Grammaire** 15, 23 (a)

EXERCICES

A Complete the conversation by using the cues given.

– Est-ce que vous travaillez?
(**1** *Say you are a fire-fighter.*)
– C'est un métier dangereux!
(**2** *Yes, but the atmosphere is good and the colleagues are friendly.*)
– Et que fait votre partenaire?
(**3** *He/She works in an office.*)
– C'est très différent!
(**4** *Yes, he/she starts at 9 and finishes at 5.*)
– Quels sont les inconvénients de son emploi?
(**5** *His/her boss is often difficult.*)
– Et qu'est-ce que votre partenaire aime bien?
(**6** *Sometimes he/she travels abroad.*)

B Fill in the gaps with the correct verbs from the box below.

> dormons   dort   finissent   sert
>
> pars   partez   rougit   sortent

1 Ils _____ ensemble tous les samedis soirs.

2 À quelles dates _____ -vous en vacances?

3 Le bébé _____ de 8 heures du soir à 6 heures du matin.

4 On ne _____ pas d'alcool ici.

5 Les étudiants ne _____ jamais leurs devoirs.

6 Pendant les vacances nous _____ souvent l'après-midi.

7 Il _____ facilement parce qu'il est timide.

8 Je _____ en vacances trois fois par an.

C Put these sentences in the plural.

1 Je viens de Rouen.   Nous …

2 Elle revient du marché. Elles …

3 Tu viens souvent ici?   Vous …

Put these sentences in the singular.

4 Nous devenons un peu sourds.

5 Vous ne revenez pas avec nous?

6 Elles viennent tous les jours.

D Use the following vocabulary to describe Philippe's weekends.

plein huile station-service carte caisse

eau pompe pneus travail pare-brise

Tous les vendredis soirs Philippe quitte son **1** _____ de bonne heure, car en général il part en week-end à la campagne. Il va à la **2** _____ pour faire le **3** _____ d'essence. Il vérifie régulièrement **4** l'_____ et **5** l'_____ , et de temps en temps il vérifie la pression des **6** _____ et il lave le **7** _____ . En général il paie à la **8** _____ mais s'il a oublié sa **9** _____ , il va à la **10** _____ .

E A friend of yours wants to take part in an Internet survey regarding jobs. Help him/her by explaining what is required on the online form.

OBJECTIF EMPLOIS

Cliquez ici pour
participer à l'enquête

Bienvenue sur notre enquête 'Objectif Emplois'. Remplissez le questionnaire en entrant vos données personnelles. Ces informations nous permettront d'établir votre profil professionnel et votre valeur salariale sur le marché de l'emploi.

La participation à cette enquête est anonyme.
Analyse de votre carrière et de votre salaire

Intitulé de votre poste: [_____]

Votre secteur d'activité:

— Sélectionner —
Agriculture
Assurance et banque
Commerce/Marketing
Construction/Immobilier
Communication/Médias
Culture
Enseignement
Hôtellerie-Restauration
Industrie
Informatique
Loisirs
Militaire
Santé
Technologie
Transport
Services publics

Votre région: [_____]

Votre code postal: [_____]

Continuer ▶

---

*Champs obligatoires

*Nombre d'années d'expérience dans votre domaine: [__]

*Nombre de subordonnés: [_____]

*Niveau d'études: [_____]

*Taille de l'entreprise:

— Sélectionner —
1–10 employés
11–50
51–100
101–500
501–1000
1001–5000
5001–10000
Plus de 10000

*Type d'emploi:

— Sélectionner —
Temps complet
Temps partiel
Free-lance/Profession libérale
Stagiaire
Intérimaire

*Salaire actuel: [_____] Horaire ◯ Annuel ◉

Devise: [euros ▼]

Primes annuelles: [_____]

*Choisissez un identifiant: [_____]

*Choisissez un mot de passe: [_____]
(5 caractères minimum)

*Confirmez votre mot de passe: [_____]

*Adresse mél: [_____]

Envoyer

ÉCOUTEZ BIEN!

3.11

Listen to the interview and answer the questions in English.

1 What is the man's occupation and where does he work?

2 Where does he live?

3 How does he get to work?

4 When does he use his car?

5 At what time does he leave home?

6 Which day does he have off?

7 When are his busiest times?

8 What does he particularly enjoy about his job?

9 What kind of customers does he dislike?

10 At what time does he finish work?

11 Why does he say that he is lucky?

12 Why is his wife happy about this arrangement?

LECTURE

Expliquez à un ami anglais cette histoire amusante trouvée dans un journal français.

LE VOLEUR TROMPÉ

Une heure du matin, avenue Foch. Une grosse Renault ralentit, puis s'arrête devant un bel immeuble. Un homme descend et referme la portière avec précaution. Sa compagne reste au volant. L'homme disparaît dans la maison. Il n'allume pas, mais il utilise une petite lampe de poche. Il ignore l'ascenseur et monte à pied jusqu'au sixième étage. Il ouvre la porte d'un appartement avec difficulté et il entre. Il va directement dans la chambre à coucher et ouvre le tiroir de la table de nuit. La lumière de la lampe de poche révèle un véritable trésor; le tiroir est plein de bijoux. L'homme saisit des bracelets, des bagues, des colliers et des boucles d'oreille en or, en argent ou sertis de pierres précieuses de toutes les couleurs. Il les met dans un sac en plastique. Il sort de l'immeuble à toute vitesse, et remonte dans la voiture qui part aussitôt.

Dans la chambre d'un hôtel de luxe, quelque part en Amérique du Sud, le même couple ouvre une grande valise où se trouve le sac en plastique. L'homme sort les bijoux et les met sur le lit.

– Tu es vraiment stupide! Ils sont tous faux! dit la femme.

Sur une petite table se trouve un journal français; il titre:

Étrange cambriolage à Paris:
La célèbre actrice Anna Bella se fait voler ses bijoux de scène!

Dix-septième unité

3.18

Chantal déménage

Chantal a beaucoup de meubles mais elle a bien organisé son déménagement.

Le camion va arriver à deux heures. Les déménageurs vont mettre les meubles et les cartons dans le camion, puis ils vont prendre la direction du nouvel appartement.

L'appartement a quatre pièces; une petite salle de bain, une cuisine, une chambre à coucher de taille moyenne, et une grande salle de séjour qui donne sur un parc. Les hommes vont monter la table, les quatre chaises, les deux fauteuils, le canapé et le buffet et les mettre dans la grande pièce. Puis ils vont monter le lit, la commode, la table de nuit et les mettre dans la chambre. Chantal a aussi une immense armoire normande où elle range ses vêtements. Finalement, ils vont mettre la table de cuisine, les tabourets, le vaisselier et le frigidaire dans la cuisine.

MOTS ET EXPRESSIONS UTILES

déménager	*to move house*	une armoire normande	*a Normandy wardrobe*
le déménagement	*removal*	un tabouret	*a stool*
un meuble (m.)	*a piece of furniture*	un vaisselier	*a dresser*
un carton	*a cardboard box*	mettre	*to put*
une pièce	*a room*	monter	*to carry up* (here)
un buffet	*a sideboard*	donner sur	*to overlook*

avez-vous compris?

Corrigez les erreurs.

1 Le camion de déménagement va arriver à midi.

2 Dans l'appartement, il y a un salon et une salle à manger.

3 Il y a deux chambres, une cuisine et une grande salle de bains.

4 La chambre de Chantal est grande et donne sur un parc.

5 Chantal range ses livres dans l'armoire normande.

6 Dans la cuisine ils vont mettre la table, les chaises et le vaisselier.

à vous!

Faites une liste des meubles que Chantal va mettre dans chaque pièce.

Salle de séjour	Chambre	Cuisine

3.19

Chantal déménage (suite)

Le jour du déménagement, les choses sont un peu différentes. Au début, tout va bien. Les hommes arrivent à l'heure. Ils vident le camion, puis ils montent les meubles et les mettent dans les différentes pièces. Ils ont de la chance. Chantal a un micro-ondes et un frigo mais elle n'a pas de machine à laver, de lave-vaisselle ni de congélateur.

Mais malheureusement, l'armoire normande est beaucoup trop grande pour sa chambre. Les hommes regardent leur montre. Comme il est tard, Chantal leur dit de laisser l'armoire sur le palier. Elle cherche son sac pour leur donner un pourboire. Les hommes la remercient avec un grand sourire, mais Chantal a envie de pleurer. Heureusement que Laurent va bientôt arriver pour l'aider!

MOTS ET EXPRESSIONS UTILES

un micro-ondes	*a microwave*	le palier	*the landing*
une machine à laver/un lave-linge	*a washing machine*	un sourire	*a smile*
un lave-vaisselle	*a dishwasher*	vider	*to empty*
un congélateur	*a freezer*	pleurer	*to cry*
lourd	*heavy*	avoir envie de	*to want to*
une montre	*a watch*	un pourboire	*a tip*

avez-vous compris?

1 Est-ce que les problèmes commencent au début?

2 Est-ce que les déménageurs arrivent en retard?

3 Est-ce que Chantal a beaucoup d'appareils électro-ménagers? (*electrical appliances*)

4 Qu'est-ce qu'ils ne mettent pas dans la chambre? Pourquoi?

5 Pourquoi les hommes regardent-ils leur montre?

6 Où laissent-ils l'armoire?

7 Pourquoi est-ce que les déménageurs sont contents?

8 Qui va aider Chantal?

9 À votre avis,* qu'est-ce que Chantal va faire avec l'armoire normande?

* *In your opinion*

et vous?

Vous avez des meubles d'époque, de la vaisselle de valeur ou des objets d'art ? D'où viennent-ils?

Ex.   Le vase chinois vient de ma belle-mère.
      Les fauteuils Louis Quinze viennent de mon oncle Quentin.

3.20

Chantal déménage (suite et fin)

Il est huit heures du soir. Laurent aide Chantal à ranger sa cuisine.

Laurent   Où est-ce que je mets les assiettes?

Chantal   Mets-les dans le vaisselier.

Laurent   Je mets les couverts dans un tiroir?

Chantal   Naturellement!

Laurent   Les couteaux, les fourchettes . . . Chantal, je ne trouve pas les cuillères!

Chantal   Elles sont dans le carton, avec les serviettes et les nappes.

Laurent   Où sont les tasses et les bols?

Chantal   Regarde, je viens de les mettre sur l'étagère.

Laurent	Où est-ce que je mets la poêle?
Chantal	Mets-la dans le placard, en bas, à côté des casseroles.
Laurent	Et le tire-bouchon?
Chantal	Mets-le sur la table.
Laurent	Et l'ouvre-boîte?
Chantal	Laisse-le aussi sur la table, je vais ouvrir une boîte de soupe pour le dîner.
Laurent	Pas question! Ce soir, je t'emmène au restaurant.
Chantal	Oh, ça c'est gentil.
Laurent	Mais avant, ouvre le frigo.
Chantal	Oh, une bouteille de champagne!
Laurent	Où sont les verres?

MOTS ET EXPRESSIONS UTILES

les couverts (m.)	*the cutlery*	un placard	*a cupboard*
un couteau	*a knife*	une casserole	*a saucepan*
une fourchette	*a fork*	un tire-bouchon	*a corkscrew*
une cuillère/cuiller	*a spoon*	un ouvre-boîte	*a tin-opener*
une nappe	*a tablecloth*	un frigo	*a fridge*
une étagère	*a shelf*	emmener	*to take* (someone somewhere)
une poêle	*a frying pan*	Je viens de . . .	*I have just . . .*

avez-vous compris?

Quelles sont les bonnes réponses?

1 On mange de la soupe avec un couteau / une fourchette / une cuillère.

2 On boit le café dans une tasse / une assiette / une casserole.

3 On fait une omelette dans une poêle / une assiette / un verre.

4 On range les casseroles dans un carton / un tiroir / un placard.

5 Sur la table on met une serviette / une nappe / un journal.

6 On ouvre une bouteille de vin avec un ouvre-boîte / un couteau / un tire-bouchon.

7 On range les couverts sur une étagère / dans un tiroir / dans le frigo.

travail à deux

Vous venez de changer votre cuisine. À tour de rôle, demandez où sont les différents ustensiles et dites où vous venez de les ranger. Utilisez les expressions suivantes:

sur l'étagère/la table …   dans le placard/le tiroir/le vaisselier …   à côté (de) …

Ex.   Où est **la** poêle?   Je viens de **la** mettre sur l'étagère.
        Où sont **les** bols?   Je viens de **les** mettre dans le placard.

et vous?

Quels meubles y a-t-il dans votre chambre? Votre chambre donne sur le jardin ou sur la rue? Vous avez une grande cuisine? Qu'est-ce qu'il y a dedans? Décrivez votre salon/salle de séjour. Aimez-vous votre maison/appartement? Pourquoi?

UN PEU DE GRAMMAIRE

Venir de + *infinitive*

When **venir** is followed by the preposition **de/d'** and the infinitive of a verb, it means 'to have just'.

Ex.	Je viens de vendre ma voiture.	*I've just sold my car.*
	Nous venons d'arriver.	*We've just arrived.*

▶ **Grammaire** 17, 18

EXERCICES

 A   Qu'est-ce que Laurent et Chantal vont faire le week-end prochain?

Look at pages 166, 169, 170 and 173 and say what Laurent and Chantal are going to do next weekend.

Chantal va attendre le taxi. Elle va entendre …

B   Using **venir de** … (*to have just done*), say what could have happened to prompt the following:

Ex. Bonjour! ← Je viens de rencontrer une amie.

1 Bonjour!

2 Au revoir!

3 Merci!

4 Je suis désolé(e)!

5 Félicitations!

6 D'accord!

7 Pas de chance!

8 Bienvenue!

C   Match the sentences to the pictures.

1 Elle vient de demander son chemin.

2 Ils viennent d'envoyer leur ballon dans le jardin du voisin.

3 Il vient de voler le sac d'une passante.

4 Elle vient de retourner au bureau après plusieurs jours d'absence.

5 Elle vient de découvrir qu'elle a perdu sa clé.

6 Il vient de se souvenir que c'est leur anniversaire de mariage.

7 Il vient de raconter la même histoire pour la troisième fois.

8 Elle vient de mettre une lettre sans timbre dans la boîte.

D The following sentences can be joined in pairs to make meaningful statements. Identify which are the pairs.

Ex. Ils viennent d'arriver à Paris. Ils vont visiter le musée du Louvre.

1 Nous venons d'arriver à Rouen.

2 Elle vient d'avoir un bébé.

3 Tu viens de boire beaucoup de vin.

4 Ils viennent de trouver un appartement.

5 Vous venez d'acheter de la laine.

6 Je viens d'acheter une veste.

a Ils vont déménager bientôt.

b Tu ne vas pas prendre la voiture.

c Vous allez tricoter un pull-over.

d Je vais la mettre ce soir pour sortir.

e Nous allons visiter les musées.

f Elle va avoir beaucoup de travail.

E Describe what is going to happen to the following objects, by pairing each one with one of the phrases listed below. Complete the phrase by adding the direct object pronoun, **le**, **la**, **l'** or **les**.

Ex. des œufs . . . On va *les* casser.

1 une omelette

2 un verre de vin

3 un pull-over

4 une assiette sale

5 des verres propres

6 une bouteille de lait

7 la télévision

8 un livre

9 des pommes de terre

10 un porte-monnaie

a On va _____ mettre dans le frigidaire.

b On va _____ regarder.

c On va _____ lire.

d On va _____ ranger.

e On va _____ manger.

f On va _____ éplucher

g On va _____ laver.

h On va _____ boire.

i On va peut-être _____ perdre!

j On va _____ mettre.

3.21

ÉCOUTEZ BIEN!

Qu'est-ce qui ne va pas? Listen to extracts from the Brèdes' conversation over a meal in a restaurant. What was wrong with:

1 the tablecloth

2 Mme Brède's glass

3 the service

4 Mme Brède's chicken in wine

5 M. Brède's fork and Mme Brède's napkin

6 the bill

LECTURE

Quiz personnalité

Faites notre nouveau test psychologique et découvrez votre vraie personnalité.

1 Votre fils/fille vient de renverser du miel sur le tapis neuf.

Qu'allez-vous faire?

(a) frapper votre fils/fille

(b) aller chercher une éponge

(c) fondre en larmes

2 Il est minuit. Vos voisins viennent de rentrer. Ils font beaucoup de bruit. Qu'est-ce que vous allez faire?

(a) frapper violemment sur le mur

(b) allumer la radio

(c) rien

3 Vous venez de perdre votre porte-monnaie.
Vous allez

(a) aller au bureau des objets trouvés

(b) le chercher partout

(c) acheter un autre porte-monnaie

4 Vous venez de recevoir un cadeau que vous n'aimez pas. Est-ce que vous allez

(a) le jeter à la poubelle?

(b) le donner à votre tante? votre oncle?

(c) le garder

5 Vous êtes dans le train. Un homme vient d'allumer une cigarette. Allez-vous

(a) lui dire qu'il est interdit de fumer?

(b) tousser très fort?

(c) changer de place?

6 Votre professeur vient de vous poser une question. Vous ne comprenez pas. Qu'allez-vous faire?

(a) refuser de répondre

(b) demander au professeur de répéter la question

(c) rougir

Regardez les réponses à la page suivante.

RÉPONSES: Si vous avez . . .

plus de 3 **a**: vous êtes fort, un peu aggressif; vous ne craignez rien; vous allez réussir!

plus de 3 **b**: vous avez l'esprit pratique; vous ne perdez pas la tête; bravo!

plus de 3 **c**: vous êtes craintif, trop sensible peut-être; courage!

Restaurants à Rouen.

Dix-huitième unité

la routine du matin

3.22

Josée Cousin aide son mari au cabinet médical deux fois par semaine. Son amie Édith se demande comment ils se débrouillent.

Comment vous débrouillez-vous and vous travaillez tous les deux?

Je me réveille à six heures du matin, je me lève à six heures et demie, et je me lave tout de suite.

Tu te lèves tôt!

Vous vous dépêchez, alors?

Oui. Puis je me brosse les dents, je m'habille et si j'ai le temps je me coiffe et je me maquille.

Moi, je ne me dépêche pas, mais Lucien est toujours pressé. Il se lave et il se rase en cinq minutes!

MOTS ET EXPRESSIONS UTILES

se demander	*to wonder*	se brosser (les dents)	*to brush (one's teeth)*
se débrouiller	*to manage*	se coiffer	*to do (one's) hair*
se réveiller	*to wake up*	se maquiller	*to put on make-up*
se lever	*to get up*	se dépêcher	*to hurry*
se laver	*to wash (oneself)*	se raser	*to shave*

avez-vous compris?

Répondez vrai ou faux.

1 Josée Cousin se lève de bonne heure.
2 Elle travaille une fois par semaine.
3 Elle se maquille si elle a le temps.

4 Elle se dépêche le matin.
5 Son mari se lave et se rase vite.
6 Edith est une amie de Josée.

une soirée typique

3.23

Et le soir? Quand vous rentrez, est-ce que vous vous reposez?

Ah oui, bien sûr! D'abord nous no
changeons, nous nous reposons
un peu avant de dîner, mais quelque
nous nous endormons devant la t

Ils se disputent, comme d'habitude.

Et vous vous couchez de bonne heure sans doute?

Et les enfants?

Ah oui! Nous nous couchons vers dix heures et je m'endors tout de suite.

MOTS ET EXPRESSIONS UTILES

se reposer	*to have a rest*	se disputer	*to argue*
se changer	*to change* (clothes)	avant de dîner	*before having dinner*
s'endormir	*to fall asleep*	comme d'habitude	*as usual*
se coucher	*to go to bed*		

avez-vous compris?

Répondez vrai ou faux.

1 Quand ils rentrent le soir, les Cousin se reposent avant de dîner.

2 Ils se changent avant de se reposer.

3 Quelquefois, ils s'endorment devant la télévision.

4 Ils se couchent tard.

5 Leurs enfants ne se disputent jamais.

 à vous!

Que font ces personnes dans la vie?

1 Je me réveille à une heure du matin et je me lève immédiatement. Je ne me rase pas. Je me dépêche car le bateau part vers deux heures. Je rentre au port vers trois heures de l'après-midi, et je vends mon poisson. Je me couche à huit heures du soir.
Je suis . . .

2 Je commence mon travail à six heures du matin, mais je déteste me lever tôt. Donc je me lève péniblement à cinq heures. Je me lave et je me coiffe en dix minutes. Je pars pour l'hôpital à cinq heures et demie. Je rentre chez moi à trois heures, et je me change avant de me reposer.
Je suis . . .

3 Je travaille le soir, alors je me lève tard – vers onze heures du matin. J'arrive au théâtre à six heures où Roger me coiffe et Sophie me maquille. Je me couche à deux heures du matin, et je m'endors immédiatement.
Je suis . . .

 travail à deux

Une personne choisit un métier, l'autre pose des questions pour le deviner. Ensuite, changez de rôle.

professeur   serveuse   vendeur   cuisinière
cuisinier   réceptionniste   serveur   vendeuse

et vous?

Répondez **oui/si** ou **non** et corrigez les phrases qui sont fausses.

1 Vous vous réveillez à sept heures du matin.

2 Vous vous levez facilement.

3 Vous vous lavez avant le petit déjeuner.

4 Vous vous rasez tous les jours.

5 Vous ne vous maquillez pas.

6 Vous vous brossez les dents trois fois par jour.

7 Vous ne vous dépêchez pas le matin.

8 Vous vous changez avant de sortir le soir.

9 Vous vous endormez souvent devant la télé.

10 Vous vous couchez vers onze heures du soir.

travail à deux

À tour de rôle, interviewez votre partenaire et répondez à ses questions. Choisissez des verbes de la liste ci-dessous:

s'appeler	s'endormir
se brosser les …	se laver (les …)
se coiffer	se lever
se coucher	se maquiller
se dépêcher	se raser
se débrouiller	se reposer
se disputer	se réveiller

Ex.   Vous vous réveillez à quelle heure le matin?
       Est-ce que vous vous reposez à l'heure du déjeuner?

l'argent de poche

Une fois de plus, les enfants de Josée lui demandent de l'argent.

Maman, je n'ai plus d'argent de poche, j'ai besoin d'une pièce de 2 euros.

Voilà Annette, je te la prête.

Tu me la prêtes, maman, ou tu me la donnes?

Je te la prête, chérie, je ne te la donne pas. Tu dois me la rendre samedi, quand papa va te donner ton argent de poche.

Moi non plus maman, je n'ai plus d'argent.

Menteur!

Tu nous le donnes maman! Merci beaucoup! Maintenant nous allons acheter des jouets et des bonbons!

Ah les enfants! Je vous donne un billet de 5 euros – voilà!

MOTS ET EXPRESSIONS UTILES

l'argent de poche	*pocket money*	un jouet	*a toy*
une pièce	*a coin*	menteur(-euse)	*liar*
un billet	*a note* (here)		

travail à deux

Demandez à votre voisin(e) de vous prêter:

sa gomme *(rubber)*	ses lunettes
son dictionnaire	son livre
son taille-crayon *(pencil sharpener)*	sa règle *(ruler)*
son stylo	ses devoirs

Ex. – Vous pouvez me prêter votre crayon?
– Tenez, je vous le prête volontiers!

l'argent de poche (suite et fin)

3.25

Josée	Et si tes enfants te demandent des bonbons, que fais-tu?
Édith	Je leur dis que c'est mauvais pour les dents et qu'ils n'en ont pas besoin. Et puis, ils ont de l'argent de poche!
Josée	Tu leur donnes souvent de l'argent de poche? Moi, j'ai beaucoup de problèmes avec Simon et Annette!
Édith	Je leur en donne toutes les semaines, le samedi, et c'est tout.
Josée	Et qu'est-ce qu'ils en font?
Édith	Ils sont entièrement libres. Je crois qu'ils achètent des BD, des bonbons et qu'ils s'en servent aussi pour aller au cinéma ou à la piscine.
Josée	Tu leur en donnes beaucoup? Moi, je ne sais pas combien leur en donner.
Édith	Ça dépend de l'inflation!

MOTS ET EXPRESSIONS UTILES

se servir (de)	*to make use (of)*

avez-vous compris?

Répondez vrai ou faux.

1 Les enfants d'Édith n'aiment pas les bonbons.

2 Josée a beaucoup de problèmes avec ses enfants.

3 Édith donne de l'argent de poche à ses enfants régulièrement.

4 Ils achètent des BD.

5 Ils vont au cinéma et à la patinoire.

à vous!

Qu'est-ce que c'est? Reliez les descriptions et les objets.

1	J'en donne à mes enfants toutes les semaines.	**a**	de la monnaie
2	On en a besoin pour se laver les cheveux.	**b**	du dentifrice
3	On s'en sert pour se brosser les dents.	**c**	un ouvre-boîte
4	Je m'en sers pour aller travailler.	**d**	un tire-bouchon
5	On en a besoin pour utiliser des toilettes publiques.	**e**	de l'argent de poche
6	On s'en sert pour ouvrir une boîte de soupe.	**f**	la voiture
7	On n'en a pas besoin pour ouvrir une bouteille de champagne!	**g**	du shampooing

et vous?

Choisissez les réponses que vous préférez.

1 Si je trouve un portefeuille, je le porte aux Objets Trouvés / je le garde / je l'envoie directement au propriétaire.

2 Si je trouve une pièce de deux euros dans la rue, je la ramasse / je la laisse par terre.

3 Si une vendeuse me rend trop de monnaie, je ne le lui dis pas / je ne le remarque jamais / je le lui dis.

4 Si le garçon de café ne me rend pas assez de monnaie, je le lui dis / je ne le lui dis pas.

5 Si les enfants me demandent des bonbons, je leur en donne / je leur dis que c'est mauvais pour les dents.

sortir ou rester chez soi?

3.26

Tu vas souvent
au cinéma?

Non, je préfère
louer des DVD et
rester chez moi.

Édith   Lucien et toi, vous allez souvent au cinéma?

Josée   Nous y allons environ une fois par mois. Et toi?

Édith   Moi, je n'y vais jamais, mais j'aime bien aller au théâtre ou au concert.

Josée   Moi aussi. J'adore sortir!

Édith   Vous mangez souvent au restaurant?

Josée   Nous n'y allons pas très souvent, malheureusement.

Édith   Moi, j'adore la cuisine indienne. Et toi?

Josée   Non, c'est trop épicé! Je préfère la cuisine chinoise.

Édith   Tu manges avec des baguettes?

Josée   Non, nous achetons des plats à emporter et nous mangeons à la maison avec un couteau et une fourchette.

MOTS ET EXPRESSIONS UTILES

soi	*one (self)*	épicé	*hot, spicy*
rester chez soi	*to stay at home* (generally)	les baguettes (f.)	(here) *chopsticks*
louer	*to hire*	les plats à emporter	*take-away meals*

avez-vous compris?

Qui est-ce? Édith, Josée ou les deux?

1 Elle aime louer des DVD.

2 Elle trouve la cuisine indienne trop épicée.

3 Elle va au cinéma environ une fois par mois.

4 Elle aime rester chez elle.

5 Elle aime la cuisine chinoise.

6 Elle aime aller au théâtre et au concert.

7 Elle ne va pas souvent au restaurant.

8 Elle adore la cuisine indienne.

9 Elle achète des plats à emporter.

travail à deux

À tour de rôle, posez les questions et répondez sur le modèle de l'exemple ci-dessous.

Ex. – Vous allez souvent au restaurant?
  – J'y vais une fois par mois. / Je n'y vais jamais.

au cinéma	à la messe	ne/n' . . . jamais
au théâtre	au marché	quelquefois/de temps en temps
au restaurant	au supermarché	rarement
au concert	à l'opéra	souvent
à la patinoire	chez le dentiste	une fois par semaine/mois/an
à la piscine	chez le coiffeur	tous les jours/soirs/matins

UN PEU DE GRAMMAIRE

Reflexive verbs

Se coucher (*to go to bed*) is a reflexive verb. Reflexive verbs follow the pattern below:

je me couche	*I go/I am going to bed*
tu te couches	*you go/are going to bed*
il/elle/on se couche	*he/she/one goes/is going to bed*
nous nous couchons	*we go/are going to bed*
vous vous couchez	*you go/are going to bed*
ils/elles se couchent	*they go/are going to bed*

Use **m'**, **t'** and **s'** with verbs starting with a vowel or an **h**; for example with **s'habiller** (*to get dressed*):

je m'habille	il/elle/on s'habille
tu t'habilles	ils/elles s'habillent

More on pronouns

1 Order of pronouns

When there is more than one object pronoun before the verb, the pronouns follow a certain order. Please refer to the table on p330.

Il me/nous le prête.	*He lends it to me/to us.*
Je le lui prête.	*I lend it to him/her.*

2 Pronouns and verbs followed by prepositions

Note that verbs followed by prepositions do not necessarily correspond in French and English. Therefore, a direct object in French can be an indirect object in English, and vice versa.

Nicole écoute la radio. Elle **l'**écoute tous les matins.	*Nicole is listening **to** the radio. She listens **to it** every morning.*
Jules regarde sa montre. Il **la** regarde souvent.	*Jules is looking **at** his watch. He often looks **at it**.*

→ Direct objects in French, hence direct object pronouns (**l'** and **la**) in French, but indirect objects in English.

Amélie répond **à** Christian. Elle **lui** répond par email.	*Amélie answers Christian. She answers **him** by email.*
Cyril téléphone **à** ses parents. Il **leur** téléphone tous les soirs.	*Cyril is phoning his parents. He phones **them** every evening.*

→ Indirect objects in French, hence indirect object pronouns (**lui** and **leur**) in French, but direct objects in English.

3 The pronoun 'en'

En means *some/of it/of them*, but it is also used with verbs followed by the preposition **de** (**se servir de** = *to use*, **avoir besoin de** = *to need*, etc.)

Il adore son smartphone; il s'en sert souvent.	*He loves his smartphone; he uses it a lot.*
Je ne donne pas de bonbons aux enfants, ils n'en ont pas besoin.	*I don't give the children any sweets, they don't need any.*

▶ **Grammaire** 19, 20

EXERCICES

A   Complete the conversation between two friends by using the cues given.

Mme Ragot   Ah, les jeunes d'aujourd'hui!
Mme Cancan   (**1** *Say they are always rushing.*)
Mme Ragot   Oui, ils se lèvent tard et ils s'habillent en cinq minutes.
Mme Cancan   (**2** *Say sometimes they don't wash!*)
Mme Ragot   Quel âge ont-ils maintenant, vos petits-enfants?
Mme Cancan   (**3** *Say Damien is sixteen and Irène is fourteen.*)
Mme Ragot   Clara se maquille depuis qu'elle a onze ans!
Mme Cancan   (**4** *Say Damien shaves, and add that he always argues with his sister.*)
Mme Ragot   Moi aussi, je me dispute avec ma sœur!

B   Describe in detail a typical weekday, Saturday or Sunday in your family.

C   Complete the sentences using the indirect object pronoun **lui** or **leur**.

1   L'étudiant montre ses devoirs au professeur.

   Il _____ montre ses devoirs d'anglais.

2   L'homme d'affaires donne une lettre à sa secrétaire.

   Il _____ donne une lettre pour le Canada.

3   Le guide montre la tour Eiffel aux touristes.

   Il _____ montre le restaurant au premier étage.

4   Nicole prête sa voiture à Paul.

   Elle _____ prête sa Clio.

5   Le garçon apporte la bouteille de vin aux clients.

   Il _____ apporte une bouteille de bordeaux.

D The text of this story has been separated from the illustrations, although the pictures appear in the correct order. Match the text with the pictures.

Les boulangers se lèvent de bonne heure!

a Madame Brède lui dit de se dépêcher parce que le café va refroidir.

b Tout à coup, la pendule de la cuisine sonne trois heures et demie. Les Brède sont très surpris!

c Il est trois heures et demie. Madame Brède se réveille.

d Monsieur Brède se lève péniblement. Il va dans la salle de bain pour se laver.

e Il s'habille à toute vitesse. Il pense que c'est la même chose tous les matins.

f Elle réveille son mari. Il n'aime pas se lever.

g Il se brûle parce que le café est encore trop chaud.

h Il se rase. Il se coupe parce que sa femme lui dit que le petit déjeuner est prêt.

E Help to answer the following questions by using **y** or **en**.

1 Va-t-il à l'école?

Oui, il _____ va depuis un mois.

2 Aimez-vous le vin?

Oui, j' _____ bois tous les jours.

3 Avez-vous des enfants?

Nous _____ avons deux.

4 Est-ce qu'elle aime Rouen?

Oui, elle _____ habite.

5 Elle va acheter une voiture?

Oui, elle _____ a besoin pour son travail.

6 Pourquoi allez-vous à Paris?

Parce que j' _____ travaille.

7 Achète-t-il souvent des fleurs?

Oui, il _____ achète toutes les semaines.

8 Avez-vous de l'argent?

Oui, j' _____ ai.

9 Aimes-tu le cinéma?

Oui, j' _____ vais souvent.

10 Ton père, te donne-t-il de l'argent de poche?

Oui, mais il ne m' _____ donne pas assez!

3.21

ÉCOUTEZ BIEN!

You are about to hear eight mini-dialogues. Which activity is being mentioned in each one?

Faites le point! unités 16–18

1 Choose the right verb.

a Elle sert / sort / va souvent avec des amis.

b Nous pâlissons / mentons / rougissons parce que nous sommes timides.

c Est-ce que vous ralentissez / grossissez / finissez votre repas?

d Les enfants nourrissent / grandissent / choisissent des frites.

e Le dimanche, je dors / pars / viens jusqu'à midi.

2 Complete with the correct form of the verbs.

a (venir) Il _____ d'arriver.

b (aller) Je _____ faire mes devoirs.

c (revenir) Nous _____ de Paris.

d (aller) Ils _____ souvent au cinéma.

e (venir) Nos amis anglais _____ souvent nous voir.

f (aller) _____-tu sortir ce soir?

g (venir) Paul et moi _____ de jouer au tennis.

h (aller) Elle ne _____ pas répondre.

i (venir) _____-vous souvent ici?

j (aller) Mon mari et moi n' _____ jamais à la piscine.

3 Express that they have just done something by using **venir de**.

a Elle n'est pas là. Elle (partir).

b Nous n'avons pas faim. Nous (manger).

c Vous êtes fatigué parce que vous (être malade).

d Il n'y a plus de vin. Ils (finir la bouteille).

e Je n'ai pas d'argent. Je (perdre mon porte-monnaie).

4 Complete with the verbs.

a — Je m'appelle Guillaume. Comment vous __ __?

b — Je __ Henri. Je __ à six heures et je __ tout de suite.

c — Je __ Annick. Quand je __ , je __ et je __ en un quart d'heure.

d — Nous nous __ Dominique et Antoine. Quand nous nous __ le matin, nous nous __ vite et nous nous __ en cinq minutes!

e — Marie, êtes-vous fatiguée le soir? __ -vous tôt?

— Oui, je me couche de bonne heure, et je __ immédiatement.

f — Sylvie, quand vous sortez le soir, vous changez-vous?

— Drôle de question! Oui, je __ . Je me déshabille, je __ les dents, je me coiffe et je mets une robe élégante.

5   Complete the conversation.

a   – Est-ce que _____ avant de sortir?

– Oui, je me change.

b   – Vous maquillez-vous?

– Non _____ .

c   – Vous _____ ?

– Oui, je me coiffe.

d   – Vous lavez-vous quand vous rentrez?

– Ça dépend. Quelquefois _____ mais quand je suis fatiguée je _____ tout de suite.

6   Complete with the correct pronouns.

a   Mon frère? Oui, je _____ vois souvent.

b   Ses enfants habitent loin mais elle _____ téléphone régulièrement.

c   Nous adorons le cinéma; nous _____ allons toutes les semaines.

d   Annie adore les animaux; je vais _____ donner un chat pour son anniversaire.

e   Il va acheter un smartphone parce qu'il _____ a besoin.

f   Ma fille adore les bonbons; je _____ _____ achète une fois par semaine.

7   Find the odd one out.

a
une fourchette
une assiette
un couteau
un manteau
un verre

b
une commode
une armoire
un canapé
un lit
un ouvre-boîte

c
le palais
le palier
la chambre
la cuisine
la salle de séjour

d
un frigidaire
un congélateur
un lave-vaisselle
une machine à laver
une chaussure

8   Match the French signs with their English equivalents.

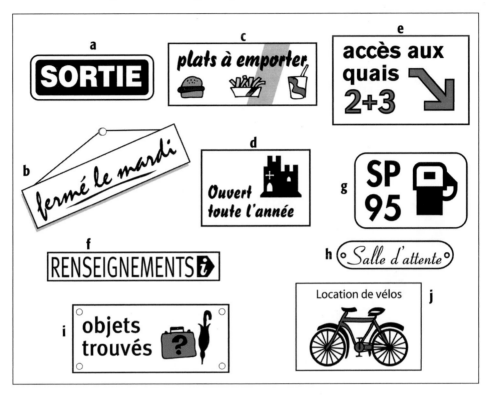

(i)   Open all year

(ii)   Lost property

(iii)   Lead-free petrol

(iv)   Exit

(v)   Closed on Tuesdays

(vi)   Take-away meals

(vii)   Waiting room

(viii) Information

(ix)   To the platforms

(x)   Bike hire

Dix-neuvième unité

les Français et leurs soirées

Nhaïla Aram: Bonjour à tous! Commençons par les résultats d'une nouvelle enquête qui nous révèlent comment la plupart des Français passent leurs soirées. À la question 'Qu'est-ce que vous avez fait hier soir?', voici les réponses obtenues:

J'ai regardé la télévision ou un DVD	70%
J'ai utilisé mon ordinateur, ma tablette, mon smartphone	66%
J'ai téléphoné.	58%
J'ai écouté la radio, mon iPod, des CD	35%
J'ai dormi devant la télé	25%
J'ai acheté, vendu quelque chose sur Internet	21%
J'ai joué aux cartes, au Scrabble, au Monopoly, aux échecs	19%
J'ai répondu à mes méls et à mes textos	16%
J'ai mangé au restaurant, chez des amis, chez mes parents. . . .	15%
J'ai travaillé.	10%

MOTS ET EXPRESSIONS UTILES

révéler	*to reveal*
la plupart	*most, the majority*
passer	*to spend time* (here)
obtenu (obtenir🖐)	*obtained, received*

avez-vous compris?

Complete the sentences using the results of the survey.

1 _____ pour cent ont joué aux cartes, au Scrabble, etc.

2 Cinquante-huit _____ _____ ont téléphoné.

3 Vingt-cinq pour cent _____ _____ devant la télé.

4 _____ _____ _____ ont travaillé.

5 Seize pour cent _____ _____ à leurs méls/SMS.

6 _____ _____ _____ ont acheté ou _____ quelque chose sur Internet.

7 _____ _____ _____ n'ont pas mangé à la maison.

8 _____ _____ _____ _____ _____ la radio ou de la musique.

 ## à vous!

Complétez les phrases avec le bon verbe.

Hier soir, j'ai **1** _____ l'ordinateur, et j'ai **2** _____ mon vieux téléphone portable sur eBay, mais je n'ai pas **3** _____ à mes e-mails. Puis j'ai **4** _____ à mes parents. Après le dîner, j'ai **5** _____ un documentaire à la télé et, pour une fois, je n'ai pas **6** _____ !

3.29

les Français et leurs soirées (suite et fin)

Nhaïla Aram: Parmi les réponses les plus populaires, on trouve aussi:

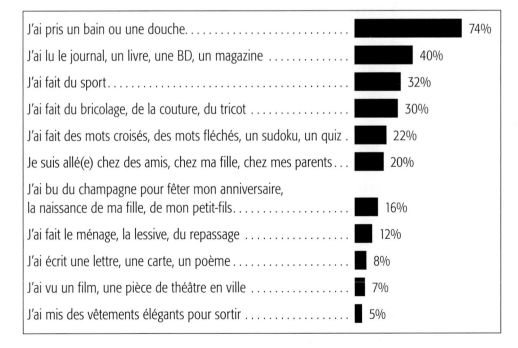

J'ai pris un bain ou une douche.	74%
J'ai lu le journal, un livre, une BD, un magazine	40%
J'ai fait du sport.	32%
J'ai fait du bricolage, de la couture, du tricot	30%
J'ai fait des mots croisés, des mots fléchés, un sudoku, un quiz .	22%
Je suis allé(e) chez des amis, chez ma fille, chez mes parents . . .	20%
J'ai bu du champagne pour fêter mon anniversaire, la naissance de ma fille, de mon petit-fils.	16%
J'ai fait le ménage, la lessive, du repassage	12%
J'ai écrit une lettre, une carte, un poème	8%
J'ai vu un film, une pièce de théâtre en ville	7%
J'ai mis des vêtements élégants pour sortir	5%

avez-vous compris?

Répondez vrai ou faux.

1 Beaucoup de personnes sont allées au cinéma ou au théâtre.

2 Cinq pour cent ont mis des vêtements plus confortables.

3 Plus de la moitié des personnes interrogées ont pris un bain ou une douche.

4 Quelques personnes ont fait des choses utiles.

5 Vingt pour cent sont allés voir des membres de leur famille ou des amis.

6 Moins de la moitié des personnes interrogées ont lu.

7 Beaucoup de personnes ont bu du champagne.

8 Peu de personnes ont écrit quelque chose de spécial.

et vous?

Qu'est-ce que vous avez fait hier soir? Complétez les phrases selon votre choix.

1 J'ai fait …

2 J'ai pris …

3 J'ai vu …

4 J'ai bu …

5 J'ai mis …

6 J'ai lu …

7 J'ai écrit …

8 Je suis allé(e) …

9 Je n'ai pas/Je ne suis pas …

à vous!

Faites une enquête dans votre classe. Posez des questions aux autres étudiants.

Ex. Est-ce que vous avez préparé le repas?

Êtes-vous allé(e) au cinéma?

l'agenda de Madame Brède

Regardez l'agenda de Madame Brède pour voir ce qu'elle a fait la semaine dernière.

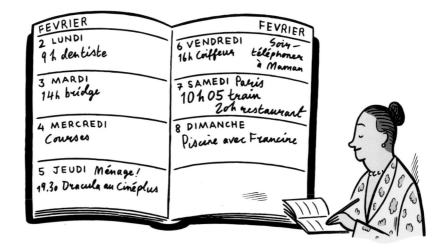

MOTS ET EXPRESSIONS UTILES

hier	yesterday	mardi après-midi	Tuesday afternoon
hier soir	last night	jeudi soir	Thursday evening
lundi matin	Monday morning	samedi dernier	last Saturday

 avez-vous compris?

Regardez l'agenda de Mme Brède et répondez vrai ou faux.

1 Lundi matin, elle est allée chez le médecin.

2 Mardi après-midi, elle n'a pas joué au Scrabble.

3 Mercredi dernier, elle a fait les courses.

4 Jeudi, elle a fait la lessive.

5 Jeudi soir, elle n'a pas vu le film 'Dracula' à la télévision.

6 Elle n'est pas allée chez le coiffeur, vendredi matin.

7 Vendredi soir, elle a téléphoné à sa mère.

8 Dimanche, elle a fait une promenade.

Maintenant, corrigez les erreurs.

à vous!

Aidez Monsieur Brède. Il parle de l'emploi du temps de sa femme la semaine dernière.

La semaine dernière, ma femme est allée chez le **1** _____ et chez le **2** _____.
Mardi elle **3** _____ au bridge et mercredi elle **4** _____ les courses. Jeudi matin elle
a fait **5** _____ et le soir elle **6** _____ le film 'Dracula' au cinéma. Vendredi elle
7 _____ à sa mère. Samedi elle **8** _____ le train pour Paris. Et dimanche elle
9 _____ à la piscine avec son amie Francine.

travail à deux

Regardez votre agenda. À tour de rôle posez des questions à votre partenaire et répondez à
ses questions sur vos activités de la semaine dernière.

Ex. Qu'est-ce que vous avez fait samedi soir?

Où êtes-vous allé(e) dimanche après-midi?

UN PEU DE GRAMMAIRE

How to express what one did in the past

The perfect tense in French is used to translate both the present perfect and the preterite
(simple past) in English.

| j'ai travaillé | *I have worked + I worked* |

It is a compound tense made up of an auxiliary verb **avoir** (*to have*), conjugated in the
present tense, and a special form of the verb called the past participle.

Regular past participles are formed as follows:

infinitive ending	–er	-ir	–re
past participle	-é	-i	-u

j'ai joué	*I have played/I played*
j'ai fini	*I have finished/I finished*
j'ai entendu	*I have heard/I heard*

As in English, a number of past participles are irregular.

infinitive	boire *to drink*	écrire *to write*	faire *to do/make*	lire *to read*	mettre *to put*	pendre *to take*	voir *to see*
past participle	bu *drunk*	écrit *written*	fait *done/ made*	lu *read*	mis *put*	pris *taken*	vu *seen*

aller (*to go*) is conjugated with **être** (*to be*), not with **avoir**, and the past participle agrees with the subject.

Il est allé au Canada.	*He has gone/went to Canada.*
Elle est allée à New York.	*She has gone/went to New York.*
Les enfants sont allés au cinéma.	*The children have gone/went to the cinema.*

Note that in a negative sentence only the auxiliary verb goes between **ne/n'** and **pas**.

Je n'ai pas travaillé.	*I have not worked/did not work.*
Elle n'est pas allée à la banque.	*She has not gone/did not go to the bank.*

EXERCICES

A

A French visitor has just arrived at your firm. You try to put him/her at ease by asking a few personal questions. Match the questions and answers to get a complete conversation.

1 Avez-vous fait bon voyage?   **a** J'ai pris un taxi!

2 Comment avez-vous voyagé?   **b** J'ai mangé au restaurant.

3 Vous avez trouvé le bureau sans difficulté?   **c** Non, j'ai fait un rêve horrible.

4 Vous avez contacté votre partenaire?   **d** En avion.

5 Avez-vous changé de l'argent?   **e** Bien sûr, la cuisine anglaise est délicieuse!

6 Qu'est-ce que vous avez fait hier soir?   **f** Oui, je lui ai téléphoné hier soir.

7 Est-ce que vous avez bien mangé?   **g** Oui, je suis allé(e) à la banque ce matin.

8 Avez-vous bien dormi?   **h** Excellent, merci.

B Imagine that you asked the people below **Qu'est-ce que vous avez fait hier?** What answers would you have got?

Ex. **1** J'ai bavardé.

C **Qu'est-ce qu'ils ont fait hier?** Say what the people in Exercise B did yesterday.

1 Elles ont bavardé. **2** Elle a . . .

D Answer the questions below in full by using the vocabulary in the bubbles. Each word or expression can be used only once.

Ex. **1** J'ai mangé du couscous.

1 Qu'est-ce que vous avez mangé?

2 Où êtes-vous allé(e) en vacances?

3 Qu'est-ce que vous avez lu?

4 À quelle heure avez-vous pris votre bain?

5 À qui avez-vous écrit une lettre?

6 Quel jour êtes-vous allé(e) au cinéma?

7 Qu'est-ce que vous avez regardé à la télé?

8 Qui avez-vous invité?

en Espagne

un magazine

mon oncle et ma tante

à huit heures

du couscous

lundi dernier

à mon ami allemand

une émission sur la Chine

E You are on holiday. Write a postcard to a friend. Tell them about the journey, say what the weather is like, what you did/didn't do, where you went, etc.

F Use the verbs in brackets to complete this story in the past tense.

La semaine dernière M. et Mme Genêt **1**_____ (aller) à une réunion d'anciens élèves dans un hôtel de luxe. À cette occasion, Mme Genêt **2**_____ (acheter) une nouvelle robe. Le matin de la fête, elle **3**_____ (aller) chez le coiffeur. Le soir, les Genêt **4**_____ (prendre) un taxi. Dès leur arrivée, on leur **5**_____ (donner) du champagne et des canapés. Comme il y avait beaucoup de monde, ils **6**_____ (ne pas voir) leurs amis, mais ils **7**_____ bien (manger) et bien **8**_____ (boire). Après quelques temps, Mme Genêt **9**_____ (remarquer) plusieurs personnes célèbres.

– Regarde Marc, là-bas. C'est Juliette Binoche, non?
– C'est impossible, chérie, lui **10**_____ (répondre) son mari.

Mme Genêt **11** _____ (mettre) ses lunettes.

– Mais si, Marc, c'est bien elle, j'en suis sûre. Attends, je vais vérifier.

Elle **12**_____ (aller) voir un des employés et elle lui **13**_____ (montrer) son invitation.

– Vous **14** _____ (ne pas bien lire) votre invitation, madame. Votre réunion est dans le salon Duhamel. Ici, vous êtes dans le salon Dumas!

ÉCOUTEZ BIEN!

3.30

You will hear five conversations. How would you fill in the information on the form?

	When they went	Where they went	What they did
the children			
Bernard			
Annette			
M. Roquand			
Mme Orgerit			

Vingtième unité

les parties du corps

avez-vous compris?

1 Regardez Odile, la prof d'aérobic, et écoutez l'enregistrement. Montrez du doigt les différentes parties du corps mentionnées.

2 Écoutez encore une fois. Quelles parties du corps n'ont pas été mentionnées?

à vous

Le jeu de Kim. Fermez votre livre et faites, de mémoire, une liste des parties du corps. Il y en a dix-sept en tout.

la gym d'Odile

3.32

Tous les matins, Madame Brède regarde la *Gym d'Odile* à la télé.

1 Bonjour tout le monde! Levez-vous!
Allez, debout! . . .
Vous êtes prêts? Oui? . . .
Alors, musique, s'il vous plaît!

2 D'abord la taille. Mettez les mains sur les hanches. Penchez-vous à droite, puis à gauche. Bien! À droite . . . à gauche . . . à droite . . . à gauche . . .

3 Maintenant, tendez les bras, puis levez la jambe droite, et la gauche. Plus haut!
. . . Droite . . . gauche. Ralentissez si vous êtes fatigués.

4 Maintenant levez les bras vers le plafond. Et encore! Plusieurs fois!

5 Pliez légèrement les genoux et touchez vos pieds. Un . . . deux . . . trois . . . quatre . . .
Bien. Ça va? Alors, encore une fois.

6 Bon. Les exercices au sol maintenant. Asseyez-vous en tailleur. Dos droit! Rentrez le ventre! Détendez les épaules. Bien. D'abord le cou. Tournez la tête à droite, puis à gauche. Doucement!

7 Couchez-vous sur le dos pour les exercices abdominaux. D'abord levez la jambe gauche . . . Baissez-la. Levez la jambe droite . . . Baissez-la. N'oubliez pas de respirer.

8 Bras le long du corps . . . Fermez les yeux . . . Respirez à fond par le nez, soufflez doucement par la bouche. Détendez-vous! Ne pensez à rien!

MOTS ET EXPRESSIONS UTILES

Debout(!)	standing (up)/Stand up!	levez	lift/raise
levez-vous	get up	tendez	stretch
penchez-vous	lean	rentrez le ventre	pull in your tummy
pliez	bend (here), fold	baissez	lower
asseyez-vous en tailleur	sit cross-legged	respirez (à fond)	breathe (deeply)
s'asseoir	to sit down	soufflez	breathe out/blow
détendez-vous	relax		

avez-vous compris?

Link the following to make meaningful statements:

1 Fermez . . .		**a**	le ventre.
2 Levez . . .		**b**	sur le dos.
3 Pliez . . .		**c**	en tailleur.
4 Rentrez . . .		**d**	la tête à droite.
5 Mettez . . .		**e**	les bras.
6 Couchez-vous . . .		**f**	par le nez.
7 Tournez . . .		**g**	les yeux.
8 Asseyez-vous . . .		**h**	les mains sur les hanches.
9 Respirez . . .		**i**	les genoux.

travail à deux

À tour de rôle, donnez des ordres à votre partenaire. Choisissez parmi les verbes suivants:

aller, s'asseoir, fermer, (se) lever, mettre, ouvrir, plier, regarder, toucher, tourner.

Ex. Mettez la main droite sur votre épaule gauche.

3.33

chez le médecin

Madame Brède va chez le médecin.

Le médecin	Alors chère madame, qu'est-ce qu'il y a?
Mme Brède	Docteur, j'ai mal partout!
Le médecin	Voyons, avez-vous souvent mal à la tête?
Mme Brède	Quelquefois, docteur.
Le médecin	Ouvrez la bouche, dites "Ah!".
Mme Brède	Ahhh!
Le médecin	Tirez la langue . . . Hmm, elle est blanche. Surveillez votre régime.
Mme Brède	C'est tout?
Le médecin	Mais c'est très important! Toussez . . . Vous fumez?
Mme Brède	Euh, un peu.
Le médecin	Combien de cigarettes par jour?
Mme Brède	Oh, je ne sais pas exactement!
Le médecin	Eh bien, arrêtez . . . Maintenant couchez-vous sur le dos . . . Vous avez souvent mal au ventre?
Mme Brède	Au ventre non, mais assez souvent, j'ai mal là.
Le médecin	C'est le foie. Je vois.
Mme Brède	Et mon cœur, docteur?
Le médecin	Ça va, à condition de faire un régime très strict, pas de gras et pas d'alcool. Et puis, arrêtez de fumer et faites un peu de sport.
Mme Brède	Vous ne me faites pas d'ordonnance?
Le médecin	Non, vous n'avez pas besoin de médicaments. Vous avez besoin d'exercice.
Mme Brède	Mais docteur, je regarde la *Gym d'Odile* tous les matins!

MOTS ET EXPRESSIONS UTILES

J'ai mal partout.	*I hurt everywhere.*	le gras	*fat*
J'ai mal à la tête.	*I have a headache.*	une ordonnance	*a prescription*
Tirez la langue!	*Stick out your tongue!*	le médicament	*medicine*
Surveillez votre régime!	*Watch your diet!*	tousser	*to cough*

avez-vous compris?

Répondez vrai ou faux.

1 Madame Brède a mal partout.

2 Elle a souvent mal à la tête.

3 Ses dents sont blanches.

4 Madame Brède fume.

5 Elle a mal au ventre.

6 Madame Brède a besoin de faire un régime.

7 Elle a besoin de faire du sport.

8 Le médecin lui fait une ordonnance.

9 Madame Brède a besoin de médicaments.

10 Elle regarde la *Gym d'Odile* tous les matins.

3.34

un coup de fil à l'ASNOR

Madame Brède téléphone à l'Association Sportive de Normandie pour s'inscrire à un cours de gymnastique.

Madame Brède   Alors . . . 02, 33, 37, 41, 65.

Répondeur   Bonjour et bienvenue à l'ASNOR.

Vous souhaitez demander une brochure, tapez un.
Vous êtes intéressé par les sports de plein air, tapez deux.
Vous êtes intéressé par les sports de ballons, tapez trois.
Vous êtes intéressé par les sports d'eau, tapez quatre.
Vous êtes intéressé par les sports de détente, tapez cinq.
Votre appel concerne le semi-marathon de Rouen, tapez six.
Sinon, veuillez patienter pour être mis en relation avec le standard.

Standardiste   Allô, Ludovic à l'appareil!

Madame Brède   Ah, enfin! Je déteste ces messages enregistrés. Je ne sais jamais quel numéro choisir.

Ludovic   C'est pour ça que je suis là!

Madame Brède   Alors, j'en profite! Dites-moi, le semi-marathon de Rouen, qu'est-ce que c'est?

Ludovic	C'est un parcours d'environ 21 kilomètres dans les rues de la ville et qui a lieu au mois d'octobre. Ça vous intéresse?
Madame Brède	Non, je suis curieuse, c'est tout. Moi je voudrais m'inscrire à un cours de gymnastique, mais je ne suis pas très sportive vous savez …
Ludovic	Alors vous voulez les sports de détente.
Madame Brède	Ah bon!
Ludovic	Ne quittez pas, je vous passe le service.

MOTS ET EXPRESSIONS UTILES

un coup de fil	*a phone call*
s'inscrire (à)	*to enrol*
un ballon	*a ball*
veuillez patienter	*please wait*
le standard	*the switchboard*
à l'appareil	*speaking*
enregistré	*recorded*
un parcours	*a course* (here)
ne quittez pas	*hold the line*
je vous passe …	*I'm putting you through to …*
le service	*the department*

avez-vous compris?

Aidez les personnes ci-dessous. Dites-leur: **Tapez …** ou **Veuillez patienter**.

1 Je cherche un cours de natation pour mes enfants.

2 Mon fils aimerait jouer au foot.

3 Mon mari voudrait faire du taï chi.

4 Nous sommes accros du golf.

5 Ma fille voudrait prendre des cours de danse.

6 Je voudrais participer au marathon de Rouen.

7 Je voudrais avoir tous les renseignements par écrit.

8 Mes enfants veulent jouer au volley.

9 Moi, ma seule activité sportive, c'est le yoga.

10 Ma fille veut faire du judo.

3.35

chez le pharmacien

On fait la queue à la pharmacie aujourd'hui.

Mme Brède	Je voudrais quelque chose pour le foie.
Pharmacien	Pour le foie? Hmm . . . Prenez un de ces comprimés après les repas. C'est ce qu'il y a de mieux contre l'indigestion.
Mme Brède	Et pour arrêter de fumer?
Pharmacien	Essayez ces cigarettes aux herbes.

Petite fille J'ai mal aux oreilles et à la gorge.

Pharmacien Fais voir . . . ouvre la bouche . . . Ah oui, c'est rouge. Dis à ta maman de t'emmener chez le médecin. Tu as une angine.

Petite fille Moi, je voudrais du sirop à la banane, mais le docteur me donne toujours des suppositoires!

Homme Je voudrais quelque chose contre les piqûres d'insectes.

Pharmacien Abeille, guêpe?

Homme Non, les piqûres de moustiques. Le camping n'est pas loin de la rivière.

Pharmacien Alors, mettez cette crème protectrice et évitez les promenades au bord de l'eau le soir!

Vieux monsieur J'ai mal au ventre.

Pharmacien Vous avez de la fièvre?

Vieux monsieur Je ne sais pas. Je n'ai pas pris ma température.

Pharmacien Vous avez vomi?

Vieux monsieur Non, pas encore, mais j'ai mal au cœur.

Pharmacien Vous avez la diarrhée?

Vieux monsieur Un peu, oui.

Pharmacien Alors, je vous recommande ce médicament. Prenez cinq gouttes matin, midi et soir. Et buvez beaucoup d'eau.

Jeune femme J'ai mal à la tête. Je voudrais de l'aspirine et quelque chose pour les coups de soleil.

Pharmacien Vous préférez un lait ou une huile solaire?

Jeune femme	Je ne sais pas. J'ai attrapé un coup de soleil.
Pharmacien	Alors, mettez cette lotion calmante, mais faites attention au soleil, c'est dangereux!
Femme	Nous allons prendre le bateau pour aller en Angleterre. Vous avez quelque chose contre le mal de mer?
Pharmacien	Voilà. Prenez une pillule une demi-heure avant la traversée.

MOTS ET EXPRESSIONS UTILES

une angine	*a throat infection*	une guêpe	*a wasp*
un sirop	*a syrup/linctus*	une crème protectrice	*a protective cream*
un comprimé	*a tablet*	une lotion calmante	*a soothing lotion*
des gouttes (f.)	*drops*	un coup de soleil	*sunburn*
une pillule	*a pill*	avoir mal au cœur	*to feel sick*
une piqûre d'insecte	*an insect sting/bite*	avoir de la température/de la fièvre	*to have a temperature/fever*
une abeille	*a bee*		

avez-vous compris?

Choisissez la bonne réponse.

1 La petite fille a mal aux yeux / à la gorge.

2 Elle préfère le sirop à la banane / les suppositoires.

3 La jeune femme demande de l'aspirine parce qu'elle a mal au ventre / mal à la tête / mal à la gorge.

4 Elle a besoin de quelque chose pour la fièvre / la diarrhée / les coups de soleil.

5 Le pharmacien donne un lait / une lotion / une crème à l'homme pour les piqûres de moustiques.

6 Le vieux monsieur a vomi / a de la fièvre / a mal au cœur.

7 La dame demande des pillules contre la diarrhée / le mal de mer / les migraines.

à vous!

Vous êtes malade: Où avez-vous mal? Répondez: J'ai mal au/à la/aux . . .

UN PEU DE GRAMMAIRE

Giving orders

Ferme la porte!/Fermez la porte!	*Close the door!*
Finis ton petit déjeuner!/Finissez votre petit déjeuner!	*Finish your breakfast!*
Lève-toi!/Levez-vous!	*Get up!*
Ne touche pas!/Ne touchez pas!	*Don't touch!*
Ne te lève pas!/Ne vous levez pas!	*Don't get up!*

Note that with parts of the body the definite articles are used rather than the possessive adjectives.

Levez la jambe droite!	*Raise your right leg!*
Mettez les mains sur les hanches!	*Put your hands on your hips!*

AVOIR MAL À *to have an ache/pain*

J'ai mal au dos (m.).	*I have backache.*
J'ai mal à la gorge (f.).	*I have a sore throat.*
J'ai mal à l'œil.	*I have a sore eye.*
J'ai mal aux genoux (pl.)	*My knees hurt.*

▶ **Grammaire** 6(a), 22

EXERCICES

 You are taking a keep-fit class in France. Tell your class:

1   to get up
2   to put their hands on their hips
3   to stretch their arms
4   to raise the right leg, then the left
5   to slow down
6   to bend their knees slightly
7   to sit down
8   to turn their heads to the right and then the left
9   to lie down on their backs
10   to shut their eyes

B Find the best solutions to the following medical problems by matching the sentences.

1 J'ai mal à la tête.	**a** Mettez cette crème protectrice.
2 J'ai attrapé un coup de soleil.	**b** Prenez ce sirop.
3 Je voudrais quelque chose pour les piqûres de moustiques.	**c** Prenez une pillule avant la traversée.
4 J'ai le mal de mer.	**d** Prenez de l'aspirine.
5 J'ai mal à la gorge.	**e** Mettez cette lotion calmante.

C Complete the following conversation between two colleagues.

– Ça ne va pas aujourd'hui Madame Valois?
– Non, ma fille est malade depuis hier après-midi.
– **1** …
– Elle a mal au ventre.
– **2** …
– Oh oui, six ou sept fois pendant la nuit, la pauvre enfant!
– **3** ….
– Rien hier soir, mais à midi, elle a déjeuné chez sa grand-mère qui lui a donné du poulet rôti.
– **4** …
– Je ne lui ai pas demandé. Sans doute un jus d'orange ou une limonade.
– **5** …
– Oui, je prends toujours sa température quand elle est malade. Elle fait 38° de fièvre!
– **6** …
– Seulement du paracétamol.
– **7** …
– Non, son père est à la maison avec elle.

D Where would you see these road signs?

1

2

3

4

5

ÉCOUTEZ BIEN!

Première partie

La gym

Which instructions have NOT been used by the keep-fit instructor?

1 Bend your knees.
2 Breathe deeply.
3 Lie down on your back.
4 Lift your right leg, then your left one.
5 Rest for a while.
6 Shut your eyes.
7 Sit down.
8 Stand up.
9 Touch your feet.
10 Turn your head to the right, then to the left.

Deuxième partie

À la pharmacie

Listen to several people telling the pharmacist what's troubling them. She will tell them what to do or take. Keep a record of the morning's business. The first item has already been entered.

	Problems	Cures
1	Car sickness	Pills
2		
3		
4		
5		
6		
7		
8		

LECTURE

Remplissez le questionnaire pour essayer de gagner une voiture.

GAGNEZ UNE PETITA!

▶ Elle a seulement 4,20 mètres de long!
▶ Elle est compacte et économique!
▶ Elle est à vous . . . si vous choisissez
  les bonnes réponses!
▶ C'est très facile!

Lisez le petit Code de la Route ci-dessous, et faites une liste
des cinq règles qui sont, à votre avis, les plus importantes.

PETIT CODE DE LA ROUTE

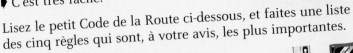

a En France, tenez votre droite.

b Avant de tourner, signalez.

c Regardez souvent dans votre rétroviseur.

d Quand vous arrivez à un carrefour, ralentissez.

e Respectez la limite de vitesse.

f Quand vous roulez la nuit, allumez vos phares.

g Ne stationnez pas sur les passages pour piétons.

h Si vous conduisez, ne buvez pas d'alcool.

i Ayez toujours de bons pneus. Vérifiez-les
  souvent.

j Sachez rester courtois. Gardez le sourire.
  Soyez toujours prudent.

1	2	3	4	5

Et . . . dites en quelques mots pourquoi
vous voulez gagner une Petita.

**Envoyer votre réponse avant
le 31 octobre à:**

CONCOURS PETITA
Boîte Postale 1981 – Paris.

**Je voudrais gagner
une Petita parce que**

....
....
....
....
....
....
....
....
....

Vingt et unième unité

3.38

'blind date' à la française

Jacques Mistrel présente une émission de radio très populaire qui s'appelle *Rendez-vous*. Les auditeurs qui cherchent l'homme ou la femme de leur rêve remplissent un questionnaire et l'envoient à Jacques Mistrel qui téléphone aux candidats quand il a trouvé leur partenaire idéal.

Sylviane	Allô! Sylviane Fabien!
Jacques	Allô! Jacques Mistrel à l'appareil.
Sylviane	Jacques Mistrel, de l'émission *Rendez-vous*?
Jacques	C'est ça.
Sylviane	Ce n'est pas possible!
Jacques	Tout est possible avec *Rendez-vous*! Je crois que j'ai trouvé l'homme de vos rêves, Sylviane. Il s'appelle Gérard et ...
Sylviane	Comment est-il? Il est au téléphone?
Jacques	Oui, il vous écoute. Alors, pouvez-vous vous décrire physiquement?
Sylviane	Euh ... oui. Je suis plutôt petite, pas grosse mais un peu ronde ... j'ai les cheveux blonds ...
Jacques	Longs ou courts?
Sylviane	Mi-longs et bouclés. J'ai les yeux verts et j'ai des taches de rousseur sur le nez!
Jacques	Bien, ne quittez pas, Sylviane! ... Allô, Gérard, vous avez entendu?
Gérard	Oui. C'est formidable, moi je préfère les blondes!
Sylviane	Et moi, je préfère les bruns!
Gérard	Eh bien ... je suis brun ... j'ai les cheveux raides ...
Sylviane	Vous êtes grand?
Gérard	Je suis assez grand, je suis mince. J'ai les yeux noisette. J'ai une moustache, mais je n'ai pas de barbe.
Jacques	Merci Gérard. Alors, chers auditeurs, Sylviane et Gérard vont-ils prendre rendez-vous? Pour le savoir, restez à l'écoute, mais d'abord un spot de publicité!

MOTS ET EXPRESSIONS UTILES

un rendez-vous	*an appointment, date*
auditeur (-trice)	*listener*
à l'appareil	*speaking* (on the telephone)
Comment est-il?	*What is he like?*
Pouvez-vous vous décrire?	*Can you describe yourself?*
plutôt petite	*rather short*
un peu ronde	*a little plump*
cheveux courts/bouclés/raides	*short/curly/straight hair*
des taches de rousseur	*freckles*
ne quittez pas	*hold the line*
assez grand	*fairly tall*
noisette	*hazel*

avez-vous compris?

Regardez les notes du présentateur sur différents candidats de *Rendez-vous*. Quelles descriptions correspondent à Gérard et Sylviane?

1 Les cheveux bruns, raides, les yeux gris, le nez long, de taille moyenne.

2 Grand, les cheveux frisés, une barbe, les yeux verts.

3 Mince, un petit nez, les cheveux mi-longs, noirs, les yeux bruns.

4 Les cheveux bruns, raides, les yeux noisette, une moustache, de taille moyenne, assez mince.

5 Ronde, mais pas grosse, des taches de rousseur, les cheveux courts, châtains, les yeux gris.

6 Ronde, plutôt petite, les cheveux blonds, bouclés, des taches de rousseur sur le nez, les yeux verts.

et vous?

Pouvez-vous vous décrire, et décrire les vêtements que vous portez aujourd'hui?

à vous!

Choisissez votre partenaire idéal(e).

L'HOMME DE MES RÊVES

Il est	☐ grand ☐ petit ☐ de taille moyenne
Il a les cheveux	☐ bruns ☐ noirs ☐ blonds ☐ châtains ☐ roux ☐ raides ☐ bouclés ☐ frisés
Il porte	☐ une barbe ☐ une moustache ☐ une barbe et une moustache ☐ Il n'a ni barbe ni moustache
Il a les yeux	☐ bleus ☐ verts ☐ bruns ☐ gris ☐ noirs ☐ noisette
Il me dit souvent	☐ "je t'adore, chérie" ☐ "tu as raison, mon amour" ☐ "je ne peux pas vivre sans toi" ☐ "mon petit chou"

Il est sportif ☐ Il aime la musique ☐ Il aime manger au restaurant ☐

LA FEMME DE MES RÊVES

Elle est	☐ grande ☐ petite ☐ assez grande ☐ mince ☐ ronde
Elle a les cheveux	☐ bruns ☐ noirs ☐ châtains ☐ blonds ☐ roux ☐ courts ☐ mi-longs ☐ longs
Elle a	☐ une taille de guêpe ☐ un cou de cygne ☐ un profil de médaille ☐ des yeux de biche
Elle a	☐ des taches de rousseur
Elle me dit souvent	☐ "protège-moi, chéri" ☐ "embrasse-moi" ☐ "tu es l'homme de ma vie" ☐ "veux-tu une tasse de thé?"
Elle aime danser	☐
Elle aime sortir	☐
Elle fait bien la cuisine	☐

3.39

projets de vacances

Sylviane et Gérard s'entendent bien, et ils sortent ensemble depuis quelque temps. Ils voudraient passer leurs vacances ensemble, mais malheureusement ils n'ont pas beaucoup d'argent.

Gérard	Alors, nous ne pouvons pas aller à l'étranger?
Sylviane	Non, ça coûte trop cher. Nous devons rester en France.
Gérard	Je voudrais aller dans différentes régions pour visiter des châteaux et des musées.
Sylviane	Moi, je préfère aller au bord de la mer. Je veux aller dans le Midi!

Gérard	Alors on ne peut pas partir ensemble!
Sylviane	Si on doit faire le tour des monuments historiques, non!
Gérard	Je ne veux pas aller dans le Midi, il y a beaucoup trop de monde.
Sylviane	Tu peux aller où tu veux. Mais moi, je dois aller où il y a du soleil.

MOTS ET EXPRESSIONS UTILES

pouvoir !	to be able to/can
vouloir !	to want to/to wish to
devoir !	to have to/must
s'inquiéter	to be worried
ne t'inquiète pas	don't worry

3.40

projets de vacances (suite)

Sylviane va dans une agence de voyages.

Employé   Bonjour, mademoiselle, vous désirez?

Sylviane   Bonjour, monsieur. Je veux passer mes vacances dans le Midi, mais je ne sais pas où exactement.

Employé   Vous voulez descendre à l'hôtel?

Sylviane   Ah non, c'est trop cher!

Employé   D'accord! Alors, vous pouvez trouver une chambre d'hôte ou même un camping.

Sylviane   Un camping près de la plage, quelle bonne idée! Mais je n'ai pas de tente. Est-ce qu'on peut en louer une sur place?

Employé   Bien sûr, mademoiselle, mais il faut réserver.

Sylviane   Est-ce que je peux avoir une liste des terrains de camping de la région?

Employé   Mais certainement, mademoiselle, voilà! Je vous conseille *Le Beau Rivage* près de Nice.

Sylviane   Vous le connaissez bien?

Employé   Bien sûr, j'y vais tous les ans!

MOTS ET EXPRESSIONS UTILES

descendre à l'hôtel	to stay at a hotel
une chambre d'hôte	bed and breakfast
sur place	when you're there
il faut	it is necessary
d'accord	OK, fine

avez-vous compris?

Quelles phrases correspondent à Gérard et quelles phrases correspondent à Sylviane?

1 Doit aller où il y a du soleil.

2 Préfère visiter différentes régions.

3 Veut faire du camping.

4 Ne peut pas descendre à l'hôtel.

5 Ne veut pas aller dans le Midi.

6 Peut louer une tente sur place.

7 Veut visiter des châteaux et des musées.

8 Ne veut pas faire le tour des monuments historiques.

travail à deux

Chacun(e) à votre tour, jouez le rôle du/de la touriste et de l'employé(e) de l'Office de Tourisme.

Le/la touriste demande: **Est-ce que je peux/ Est-ce qu'on peut … ?**

1 hire a car	**6** visit a castle or museum
2 reserve a hotel room	**7** play golf or tennis in the area
3 have a map of the town	**8** swim
4 have a map of the region	**9** go for walks
5 telephone the station	**10** have a list of camp sites

Utilisez vos propres idées si vous voulez.

Pour répondre, l'employé(e) peut utiliser certaines des expressions ci-dessous.

Non, c'est fermé.
Bien sûr, voilà!
Oui, c'est possible.
Mais certainement.
Il y a . . .
Je suis désolé(e), il n'y a pas de . . .
Je n'ai plus de . . .

3.41

les projets de Mme Brède

Madame Brède a encore rendez-vous chez le docteur.

Mme Brède	Docteur, il faut m'aider! Je dois absolument maigrir!
Le médecin	Je suis tout à fait d'accord.
Mme Brède	Je dois maigrir pour les vacances; je viens d'acheter un maillot de bain deux pièces.

Le médecin	Hmm . . . Rien de plus simple, vous devez faire un régime très sévère. Pas d'alcool, pas de gras, pas de gâteaux . . .
Mme Brède	Mais docteur, je ne peux pas!
Le médecin	Comment ça, vous ne pouvez pas?
Mme Brède	Je dois manger des gâteaux, docteur.
Le médecin	Personne n'est obligé de manger des gâteaux!
Mme Brède	Mais docteur, vous savez bien que mon mari est boulanger-pâtissier!
Le médecin	Je suis désolé, madame, il faut choisir; les vacances ou les gâteaux. Personnellement, je vous conseille les vacances!

MOTS ET EXPRESSIONS UTILES

Je dois maigrir.	*I must lose weight.*
je suis d'accord	*I agree*
être obligé de	*to have to*
Vous savez bien que . . .	*You do know that . . .*
conseiller	*to advise, recommend*

avez-vous compris?

1 Pourquoi Madame Brède veut-elle maigrir?

2 Qu'est-ce qu'elle vient d'acheter?

3 Que doit-elle faire pour maigrir?

4 Pourquoi mange-t-elle beaucoup de gâteaux?

5 Qu'est-ce que le médecin lui conseille de choisir?

à vous!

Trouvez les bonnes solutions.

1 J'ai beaucoup grossi.

2 Je veux apprendre le français.

3 J'ai perdu mon portefeuille.

4 Je suis fatigué(e).

5 J'adore nager.

6 Je suis malade.

7 J'ai mal aux dents.

8 Mes cheveux sont trop longs.

a Il faut aller chez le médecin.

b Vous devez vous reposer.

c Vous devez aller chez le coiffeur.

d Il faut faire un régime.

e Vous devez aller chez le dentiste.

f Vous devez faire les devoirs régulièrement.

g Il faut aller à la piscine.

h Vous devez aller aux Objets Trouvés.

3.42

retour de vacances

Madame Ragot rencontre Madame Cancan dans la rue.

Mme Ragot	Tiens, bonjour, Madame Cancan. Dites donc, vous avez bonne mine!
Mme Cancan	Oh ben, oui, je reviens de vacances. Je suis allée à Florence. Vous connaissez?
Mme Ragot	Non, je ne connais pas du tout l'Italie.
Mme Cancan	Oh, quel dommage! C'est splendide! C'était ma première visite, mais je veux y retourner.
Mme Ragot	Vous connaissez les Barban?
Mme Cancan	Euh . . . vos voisins du troisième?
Mme Ragot	C'est ça. Eh bien, ils vont en Italie tous les ans. Ils m'envoient toujours une carte postale.

Mme Cancan	Ils vont toujours au même endroit?
Mme Ragot	Oh, non. Ils connaissent toutes les régions. J'ai des cartes postales de Milan, de Rome, de Venise, et même de Sicile.
Mme Cancan	Savez-vous s'ils parlent italien?
Mme Ragot	Je ne sais pas s'ils le parlent couramment, mais ils se débrouillent. Je sais qu'ils peuvent demander leur chemin, qu'ils n'ont pas de difficultés au restaurant . . .
Mme Cancan	Tout le monde peut commander des spaghetti ou une pizza!
Mme Ragot	Oh, à propos, la supérette ferme à quelle heure?
Mme Cancan	Je sais que la boulangerie ferme à une heure.
Mme Ragot	Vous savez quelle heure il est?
Mme Cancan	Il est une heure moins cinq.
Mme Ragot	Mon Dieu, je vous quitte. Je n'ai rien à manger. À bientôt!

MOTS ET EXPRESSIONS UTILES

Vous avez bonne mine	*You look well.*	demander leur chemin	*to ask their way*
connaître	*to know* (a person or place)	commander	*to order*
savoir	*to know* (a fact, a skill), *to know how*	une supérette	*a small supermarket*
C'était . . .	*It was . . .*	au même endroit	*at the same place*
envoyer	*to send*	À bientôt!	*See you soon!*
couramment	*fluently*		

avez-vous compris?

Choisissez les bonnes réponses.

1 Madame Cancan est allée en Italie / va aller à Florence.

2 Elle peut / veut y retourner.

3 Les Barban sont les amis / voisins de Madame Ragot.

4 Ils habitent au premier / troisième étage.

5 Ils vont en Italie régulièrement / de temps en temps.

6 Ils parlent un peu / ne parlent pas du tout l'italien.

7 Madame Ragot veut aller à la boulangerie / supérette.

8 La boulangerie ferme à une heure / cinq heures.

3.43

dernières nouvelles

Anne et Michelle parlent de leur amie Chantal.

Anne	Dis donc, tu as des nouvelles de Chantal, toi?
Michelle	Oui, tu sais qu'elle va à un cours du soir?
Anne	Ah bon?
Michelle	Oui, pour apprendre l'anglais. Si tu ne sais pas ça, alors tu ne connais pas Laurent!
Anne	Laurent?
Michelle	Oui, tu ne sais pas que Chantal a un petit ami maintenant?
Anne	Il est sympa?
Michelle	Oui, mais je ne le connais pas très bien.
Anne	Elle sort avec lui depuis longtemps?
Michelle	Depuis environ trois mois, depuis qu'elle apprend l'anglais. Et je sais qu'ils veulent passer les vacances ensemble!
Anne	Oh, oh! Où ça, en Angleterre?
Michelle	Non, pas cette année, ils ne parlent pas encore assez bien. Ils veulent aller dans une région de France qu'ils ne connaissent pas, mais ils ne savent pas encore où!

avez-vous compris?

Corrigez les erreurs.

Anne sait que Chantal a un petit ami qui s'appelle Laurent. Michelle le connaît très bien. Elles savent toutes les deux que le couple va à un cours d'espagnol. Laurent et Chantal, qui sortent ensemble depuis six mois, veulent aller en weekend dans une région qu'ils connaissent déjà. Ils savent exactement où aller.

à vous!

Utilisez **savoir** ou **connaître** pour poser les questions et répondre à votre partenaire.

1 la France?

2 quelle heure il est?

3   s'il va faire beau dimanche?

4   le professeur d'italien?

5   comment s'appelle le professeur?

6   à quelle heure le cours finit?

7   New York?

8   la cathédrale de Chartres?

9   comment on fait les crêpes?

10   des Français?

11   jouer au bridge?

12   pourquoi le français est difficile?

UN PEU DE GRAMMAIRE

VOULOIR ☝️ *to wish/to want to*	
Je veux/vous voulez aller au restaurant.	*I want/you want to go to the restaurant.*
Je ne veux pas/vous ne voulez pas aller au cinéma.	*I don't want/you don't want to go to the cinema.*

POUVOIR ☝️ *to be able/can*	
Je peux/vous pouvez sortir.	*I can/you can go out.*
Je ne peux pas/vous ne pouvez pas y aller.	*I can't/you can't go there.*

DEVOIR ☝️ *to have to/must*	
Je dois/vous devez faire un régime.	*I must/you must go on a diet.*
Je ne dois pas/vous ne devez pas grossir.	*I mustn't/you mustn't put on weight.*

SAVOIR ☝️ *to know* (a skill or a fact), *to know how to*	
Je sais/vous savez nager.	*I/you can swim.* (lit. *I/you know how to swim.*)
Je ne sais pas/vous ne savez pas quelle heure il est.	*I don't know/you don't know what time it is.*

CONNAÎTRE ⚠ **to know** (a person, place or thing)	
Je connais/vous connaissez Paris.	*I know/you know Paris.*
Je ne connais pas/vous ne connaissez pas la Martinique.	*I don't know/you don't know Martinique.*
Tu connais le dernier livre d'Amélie Nothomb?	*Do you know Amélie Nothomb's latest book?*
	▶ **Grammaire** 24, 25

EXERCICES

A Add the correct form of **vouloir**.

1 Je _____ aller en vacances à la Martinique.

2 Nous faisons un régime parce que nous _____ maigrir.

3 Elle achète des pommes parce qu'elle _____ faire une tarte.

4 Vous allez à la banque parce que vous _____ changer de l'argent.

5 Tu _____ acheter une voiture?

6 Pourquoi est-ce qu'ils ne _____ pas travailler?

B Ask if the following things are allowed or possible. Use **Est-ce qu'on peut . . .?**

C Add the correct form of **devoir** or **pouvoir**.

1 Il pleut. Vous _____ prendre votre parapluie.

2 Elle a beaucoup d'argent. Elle _____ acheter beaucoup de robes.

3 Il n'y a plus de vin. Vous _____ boire de l'eau.

4 Je n'ai plus d'argent. Je _____ travailler.

5 La voiture est en panne. Nous _____ aller à pied.

6 Vous avez la radio. Vous _____ écouter de la musique.

D Two students in Laurent and Chantal's English class are chatting about holidays. Help them by giving the correct form of **savoir** or **connaître**.

Bruno Je pense aller en Angleterre pour les vacances.

Claire Moi, je **1** _____ bien Londres. J'ai une tante qui habite là-bas. Et vous, vous **2** _____ des Anglais?

Bruno Oui, j'ai des amis près de Cambridge. Vous **3** _____ ?

Claire Non, je ne **4** _____ pas Cambridge, mais je suis allée à Oxford.

Bruno Je voudrais visiter une autre région, mais je ne **5** _____ pas où aller.

Claire Vous **6** _____, il y a aussi l'Écosse, le Pays de Galles et l'Irlande!

E Finish the conversation between Laure and Alain by putting the sentences below in the correct order.

Laure Allô!

Alain Allô. c'est Alain à l'appareil!

1 Tu es libre samedi?

2 Pas ce soir, j'ai mon cours d'anglais.

3 Non, mais je suis libre dimanche.

4 Demain soir, alors?

5 Ah, salut Alain. Ça va?

6 Demain, je vais au restaurant avec des amis.

7 Moi, je ne peux pas dimanche.

8 Ça va bien, merci. Tu veux aller au cinéma ce soir?

9 Oh, quel dommage!

F Make negative sentences by using the correct form of **pouvoir**, **savoir** or **vouloir**.

1 jouer au tennis
Elle ne sait pas jouer au tennis.

2 voler
L'autruche _____ .

3 nager
Il _____ .

4 mordre
Le chien _____ .

5 manger
Le bébé _____ .

6 danser
Il _____ .

7 avancer
L'âne _____ .

8 parler
Ils _____ .

ÉCOUTEZ BIEN!

Première partie

You are to meet a French woman at the station. You have received the following message from her. As some important words are missing, you give her a ring. Listen to what she says and complete the message.

Je vais arriver à la gare à **1** _____ heures. Je suis **2** _____ et mince. J'ai
3 _____ ans. Je suis **4** _____. J'ai les cheveux **5** _____ et **6** _____. J'ai
7 _____ bleus et je porte **8** _____. Pour voyager, je vais porter **9** _____ noir et
10 _____ rouge. J'ai **11** _____ Vuitton et une énorme **12**_____. J'espère que
vous allez être au **13** _____!

Deuxième partie

Listen to several people saying what they want. First, find out who wants what.

Who	What
1 an 18-year-old son	**a** a bicycle
2 Madame Boussac	**b** a flat
3 a husband	**c** some perfume
4 a wife	**d** a new computer
5 Claudine	**e** to go skiing
6 the children	**f** a sports car
7 Philippe	**g** a box of chocolates
8 the parents	**h** some CDs

Now listen again and see if you can understand some details, for instance the reason why a person wants a particular thing.

Troisième partie

Find the excuses given for not doing various things.

Things to do	**Excuses**
1 wash the car	**a** illness
2 buy a bottle of champagne	**b** no time
3 buy the paper	**c** homework
4 telephone Mrs Berger's secretary	**d** no money
5 go to EuroDisney	**e** shut
6 go to the bank	**f** too expensive

LECTURE

QUIZ Connaissances générales

	VRAI	FAUX
a En France, il faut rouler à droite.	☐	☐
b Il faut dire "tu" à quelqu'un que l'on voit pour la première fois.	☐	☐
c Il faut mettre le vin blanc au frigidaire.	☐	☐
d La nuit il faut allumer ses phares de voiture.	☐	☐
e Pour être un bon sportif, il faut fumer beaucoup.	☐	☐
f Il faut traverser la Manche pour aller de France en Angleterre.	☐	☐
g Il ne faut pas mettre de glaçons dans le vin rouge.	☐	☐
h Pour maigrir, il faut faire un régime.	☐	☐
I Il faut être un bon alpiniste pour faire l'ascension du Mont-Blanc.	☐	☐
j Au volant, il faut insulter les autres automobilistes.	☐	☐
k Il faut s'habiller chaudement pour aller au pôle Nord.	☐	☐
l Il faut travailler dur pour apprendre le français.	☐	☐

RÉPONSES: Connaissances générales

Si vous répondez sans hésiter, vous savez quoi faire!

Voici les bonnes réponses: **a** V **b** F **c** V **d** V **e** F **f** V **g** V **h** V **i** V **j** F **k** V **l** V

QUIZ Êtes-vous vraiment sportif?

Douze questions, plus ou moins indiscrètes, dont les réponses vont vous aider à découvrir toute la vérité!
Répondez simplement par OUI ou par NON.

- Savez-vous nager?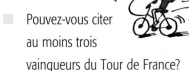
- Pensez-vous pouvoir faire la traversée de la Manche à la nage?
- Savez-vous faire  du vélo?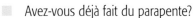
- Pouvez-vous citer au moins trois vainqueurs du Tour de France?
- Pouvez-vous faire une marche de dix kilomètres sans vous plaindre?
- Pouvez-vous rester sur un cheval au galop plus de deux minutes?
- Connaissez-vous les règles du cricket?

- Pouvez-vous expliquer les règles du cricket à un étranger?
- Avez-vous déjà fait du parapente?
- Savez-vous ce que sont les 24 Heures du Mans?
- Pouvez-vous faire une descente en ski en restant debout?
- Savez-vous par quel bout tenir un club de golf?
- Avez-vous déjà emprunté le skate-board de vos enfants?
- Pouvez-vous faire le saut périlleux sur un trampoline?

RÉSULTATS: Êtes-vous vraiment sportif?

Si vous avez . . .

Huit réponses positives ou plus, vous êtes sportif, bravo!

De trois à sept réponses positives, vous vous intéressez au sport, mais d'assez loin.

Moins de trois réponses positives, il est grand temps de faire un effort!

Faites le point! unités 19–21

1 Label items **a**–**h** in the illustration.

   a Les _____ .

   b Les _____ .

   c Un _____ .

   d Une _____ .

   e Le _____ .

   f La _____ .

   g Les _____ .

   h Le _____ .

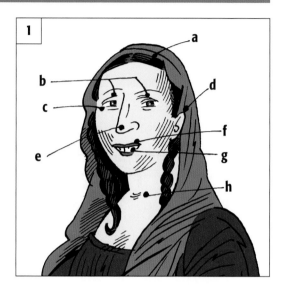

2 Name the various parts of the body.

   a Une _____ .

   b Un _____ .

   c Une _____ .

   d Le _____ .

   e Le _____ .

   f La _____ .

   g Les _____ .

   h Une _____ .

   i Un _____ .

   j La _____ .

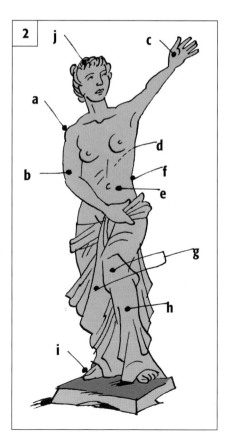

3 Change the following to produce sensible orders.

   a Touchez vos mains mais pliez les genoux.

   b Couchez-vous sur la tête.

   c Mettez les pieds sur les hanches.

   d Fermez les oreilles.

   e Tournez la gorge à droite puis à gauche.

   f N'oubliez pas de respirer par le cou.

4   Help Hugo say what he did at the weekend.

Samedi, **a** j'_____ _____ (dormir) tard. L'après-midi, **b** j'_____ _____ (faire)

du jardinage. Avant de dîner **c** j'_____ _____ (lire) le journal. Le soir,

d j'_____ _____ (regarder) la télé. Dimanche matin, **e** j'_____ _____ (prendre)

la voiture et **f** je _____ _____ (aller) chez un ami. **g** Il m'_____ _____

(inviter) au restaurant et après le repas, **h** nous _____ _____ (faire) une promenade.

5   Match the problems with the advice.

a Je suis très fatigué(e).

b J'ai mal à la tête.

c J'ai grossi.

d J'ai soif.

e J'ai mal aux dents.

f J'ai attrapé un coup de soleil.

(i) Buvez un verre d'eau.

(ii) Mettez cette crème.

(iii) Prenez de l'aspirine.

(iv) Reposez-vous.

(v) Faites un régime.

(vi) Allez chez le dentiste.

6   Complete with the correct form of **vouloir**, **devoir** or **pouvoir**.

a Vous _____ avoir un passeport avant de voyager à l'étranger.

b Je ne _____ pas visiter Paris; je n'aime pas les grandes villes.

c Vous _____ rester au lit; vous êtes malade.

d Je _____ acheter du pain; il n'y en a plus.

e Est-ce que je _____ avoir des renseignements sur Rouen?

f _____-vous sortir avec moi ce soir?

7   Complete with the correct form of **savoir** or **connaître**.

a Depuis quand _____-vous mon père?

b _____-vous pourquoi ils sont en retard?

c Je _____ bien Paris car mes parents y habitent.

d Je ne _____ pas jouer de la clarinette.

8   Pair the sentences to make meaningful statements.

a Si vous voulez aller à l'étranger,

b Si vos cheveux sont trop longs,

c Pour faire du ski,

d Si on aime le soleil,

e Pour être en forme,

(i) il faut aller dans le sud.

(ii) il faut faire du sport.

(iii) il faut un passeport.

(iv) il faut aller chez le coiffeur.

(v) il faut aller à la montagne.

Alphabet and pronunciation

This is intended as a simple guide, but we must point out that the best way to get acquainted with French pronunciation is to listen to the recordings as often as possible, and to repeat words or sentences aloud.

Like the English alphabet, the French alphabet consists of 26 letters. You can listen to the alphabet on the recording before the **écoutez bien!** of Unit 4.

Here is an approximate guide to the names of the letters in French.

A	[ah]	**H**	[ash]	**O**	[oh]	**V**	[vay]
B	[bay]	**I**	[ee]	**P**	[pay]	**W**	[dooble vay]
C	[say]	**J**	[jee]	**Q**	[kew]	**X**	[eeks]
D	[day]	**K**	[car]	**R**	[air]	**Y**	[ee grek]
E	[er]	**L**	[ell]	**S**	[ess]	**Z**	[zed]
F	[eff]	**M**	[emm]	**T**	[tay]		
G	[jay]	**N**	[enn]	**U***			

* Say 'new', then say it again without the ny in front of it.

The examples given are taken from the early units.

Vowels

The sounds of most French vowels exist in English, but they are often represented by different letters:

a generally sounds like 'a' in 'bat': **Madame**, **Paris**, and occasionally like the longer 'a' in 'car': **Grasse**, **chocolat**.

e sounds like 'ea' in 'earth': **je**, **ne**, **le**, **de**, **Grenoble**. Note that it is not pronounced at the end of a word: **Marie**, **Dieppe**, **île**. It is often not sounded in the middle of a word: **au r(e)voir**, **mad(e)moiselle**, **om(e)lette**.

é sounds like 'ei' in 'eight': **étudiant**, **marié**, **écossais**, **café**, **cinéma**.

è, ê sounds like 'a' in 'care': **infirmière**, **collège**, **bière**, **vous êtes**.

i sounds like 'ee' in 'feet': **Dominique**, **Nice**.

o sounds like 'o' in 'odd': **comment**, **corse**, **Limoges**, **Bordeaux**.

ô and o at the end of a word sound like 'o' in 'oval': **hôtel**, **Ajaccio**.

u* this sound does not exist in English and it is not easy to imitate. Prepare your lips as if you were going to whistle. Your tongue should be against your bottom front teeth. Then try to make the sound 'ee': **bienvenue**, **Lucien**, **tu**, **Luçon**, **bureau**.

Some sounds are the result of a combination of two or three vowels:

au, eau sound like the 'o' in 'oval': **aussi**, **bateau**, **château**, **Guillaume**.

ou sounds like 'oo' in 'school': **bonjour**, **vous**, **nous**, **ouvrière**, **couple**, **Toulouse**, **Tours**.

ai sounds like 'ay' in 'say': **Calais**, **je ne sais pas**, **célibataire**, **secrétaire**, **écossais**.

oi sounds like 'wa' in 'wag': **mademoiselle**, **moi**, **François**, **gallois**, **au revoir**.

eu often sounds like the English 'u' in 'purr': **professeur**, **pêcheur**, **coiffeur**.

There are also some nasal vowel sounds which are the combination of a vowel and an 'm' or an 'n'. Again, there is no real equivalent to these in English:

an/en/am/em	**France**, **allemand**, **Nantes**, **Henri**, **comment**, **Rouen**, **irlandais**, **anglais**, **vacances**, **dentiste**.
in/un/im/um	**infirmière**, **médecin**, **vin**, **un**, **parfum**.
ain/ein	**américain**, **peintre**.
on/om	**non**, **blonde**, **bonjour**, **pardon**, **ils sont**, **Lyon**, **nom**, **pompier**.

The combinations **er** and **ez** at the end of a word normally sound like **é**: **appellez**, **écoutez**, **travaillez**, **métier**, **cuisinier**, **ouvrier**.

Consonants

Most consonants sound the same as in English, although they are pronounced with a sharper sound. Here are the main differences:

ç	sound like 's' in 'some': **français**, **Luçon**, **François**, **garçon**.
ch	sound like 'sh' in 'shop': **Cherbourg**, **La Rochelle**, **chinois**, **pêcheur**, **architecte**.
gn	sounds like 'n' in 'onion': **bourguignon**, **espagnol**, **cognac**, **Bretagne**.
h	is usually not pronounced at all: **hôtel**, **hôpital**, **Henri**, **hollandais**.
j	sounds like 's' in 'treasure': **je**, **jumeaux**, **Jeanne**, **toujours**, **Dijon**.
l or **ll**	preceded by **ai**, **ei** and sometimes **i**, is sometimes pronounced with a 'y' sound as in the English 'you'. The **l** alters the **ai** sound to a pronunciation similar to the English 'eye': **ail**, **travail**, **famille**, **vieille**, **Marseille**, **fille**.
qu	sounds like 'k': **qui**, **quel**, **enquêteuse**, **banque**, **Quimper**.
r	comes from the throat: **merci**, **touriste**, **frère**, **actrice**, **Paris**, **Strasbourg**.
th	sounds like an ordinary 't': **thé**, **théâtre**, **Édith**.
t	in 'tion' is pronounced as a soft 's': **nationalité**, **situation**, **réceptionniste**.
y	as in English, **y** sometimes behaves like the vowel **i**: **Sylvie**, **Vichy**, and sometimes like the English consonant sound in 'you': **payer**, **essayer**.

Unlike English, a consonant at the end of a word is generally not sounded in French:
Je sui**s**, Pari**s**, Strasbour**g**, étudian**t**, toujour**s**, Norman**d**, commen**t**, Anglai**s**, Limoge**s**, Bordeau**x**.

Adding an **s** to mark the plural of a word is basically a spelling change:
suisse→suisse**s**.

However if these consonants are followed by an **e**, in the case of a feminine noun for instance, they are fully sounded. Compare:
Il est norman**d** *and* Elle est norman**de**.
Il est anglai**s** *and* Elle est anglai**se**.
Sylvie Clémen**t** *but* Claire Oua**te**.

There are some exceptions however, and **f** and **l** are generally sounded:
veu**f**, Pia**f**, espagno**l**, généra**l**.

A final **r** is often sounded:
ingénieu**r**, pêcheu**r**, professeu**r**, chanteu**r**, danseu**r**.

Liaison

The final consonant of a word is often sounded if the word following it starts with a **vowel** or an **h mute**, and its sound is carried over. This is particularly common with **s** and **t**:
vous êtes, elles est anglaise, il est espagnol, ils sont italiens, dans une usine.

Note that **s** and **x** are pronounced like **z**, **d** like **t**, and **f** like **v**.
Note that **et** (*and*) is never run on. If it were, it would be confused with **est** (*is*).
Un touriste **et** un guide (*A tourist and a guide*); Un touriste **est** un guide. (*A tourist is a guide.*)

Elision

The final **e** of some words is elided in French when it precedes another word starting with a **vowel** or an **h mute**. In that case, the last **e** of the first word is dropped and replaced by an apostrophe:
Je suis **d'**Ajaccio. (instead of **de**); Je **m'**appelle Guillaume. (instead of **me**); **C'**est le guide. (instead of **ce**); Est-ce **qu'**il est italien? (instead of **que**).

Note that the **a** of the definite article **la** and the **i** of **si** can also be elided:
l'église (*the church*); **s'**il pleut (*if it rains*).

Accents and tréma

See the letter **e** (Alphabet). A circumflex accent makes the vowel longer. It often replaces an old **s** which has been retained in English:
h**ô**pital (*hospital*); **î**le (*island*), etc.

An accent on a vowel usually indicates a difference in meaning:
à Paris (*in Paris*), il **a** (*he has*); s**u**r (*on*), s**û**r (*sure*); o**ù** (*where*), o**u** (*or*); l**a** (*the*), l**à** (*there*).

Accents can be omitted on capital letters.

When two vowels come together, and one has a tréma above it (¨), each vowel is pronounced separately:
N**oë**l.

Stress

In French the last, or last but one, syllable of a word is slightly stressed:
Paris, mademoi**sel**le.

However French words do not have a strongly stressed syllable as in English:
pho*tograph*, *pho****to****graphy*.
Generally speaking, they are pronounced more evenly.

In conclusion, there are some exceptions to the general rules given above. It is important therefore to listen to your teacher, and to the recordings, and to keep practising!

Grammar and verb tables

Basic grammatical terms used in this section.

Noun

A noun is a word used to identify a person, a place or a thing.

Ex. **man**, **cat**, **town**, **theatre**.

A proper noun is the game given to a particular person or place.

Ex. **Guillaume, Paris**.

Article

There are two types of articles.

1 The definite article – in English, **the**.

Ex. **the** dog.

2 The indefinite article – in English, **a** or **an.**

Ex. **a** student, **an** animal.

Adjective

An adjective is a word giving more information about a noun.

Ex. a **tall** man, a **ginger** cat, an **old** town, a **good** theatre.

Verb

A verb is a word expressing action, existence or occurrence.

Ex. to **speak**, to **be**, to **seem**.

The form given in dictionaries is called the **infinitive**. When a verb is used in connection with a person or persons, it is said to be **conjugated**.

Ex. he **reads**, I **see**.

The time (past, present, future) is the **tense**. The conjugation of some French verbs is irregular and must be learnt by heart. (See tables on pages 338–41.)

Adverb

An adverb is a word giving more information about a verb or an adjective.

Ex. She drives **slowly**, they speak **quickly**, this is a **very** beautiful dress.

Preposition

A preposition is a word that connects one element of a sentence to another.

Ex. he lives **in** Paris, the book is **on** the chair, a bag **of** sweets, they speak **to** the woman, they went **to** the theatre.

Subject and object of verbs

The subject is the person or thing doing the action.

The object is the person or thing to which the action is being done.

In **the woman is knitting a jumper**, **the woman** is the subject, and **a jumper** is the object.

In **three children are talking to the woman**, **three children** is the subject, and **the woman** is the object. In the first example, **a jumper** is called a **direct object** because there is no preposition linking it to the verb. **the woman** in the second example is called an **indirect object** because it is preceded by the prepositon **to**.

Pronoun

A pronoun is a short word used to replace a noun which has been mentioned before.

Ex. – Do you know Paris?
　　 – Yes I went **there** last year.

The use of **there** avoids the repetition of **Paris**.

Ex. – Do you like Mary?
　　 – I have met Mary only once but I don't like **her**.

The use of **her** avoids the repetition of **Mary**.

Ex. – Do you like learning French?
　　 – Yes, but I find **it** difficult.

The use of **it** avoids the repetition of **French**.

There are different types of pronouns, depending on the part they play in a sentence.

1　Conjugation of verbs and subject pronouns

a　The subject pronouns are as follows

	Singular	**Plural**
1st person	je (*I*)	nous (*we*)
2nd person	tu (*you*)	vous (*you*)
3rd person	il (*he*)	ils (*they*)
	elle (*she*)	elles (*they*)
	on (*one/we*) (fam.)	

Ex.	je suis (*I am*)	nous sommes (*we are*)
	tu es (*you are*)	vous êtes (*you are*)
	il est (*he is*)	ils sont (*they are*)
	elle est (*she is*)	elles sont (*they are*)
	on est (*one is/we are*) (fam.)	

b　The conjugation of verbs in French is generally more difficult than in English, because more changes can occur. **Être**, like *to be*, changes a lot with each person because it is an irregular verb. Irregular verbs must be learnt by heart because their conjugations do not follow a set pattern. (See tables on pages 338–41.) However most French verbs belong to groups which behave according to a set pattern. (See page 338.)

c   **Tu** is used when addressing one person that one knows very well, such as a relative or close friend. It corresponds to the old English form *thou*. If in doubt when you meet French people, stick to the **vous** form until your friend suggests you use **tu**. However, use **tu** when talking to a child.

Vous can be used when addressing one person or more. It is the exact equivalent of the English form **you**.

Ex. **Vous** êtes étudiant? (*Are **you** a student?*), **Vous** êtes étudiants? (*Are **you** students?*)

Ils is used when *they* refers to masculine plural or mixed.

Elles is only used when all elements are feminine. Whenever masculine and feminine elements are mixed, the masculine takes precedence.

Ex. **Lucien et Josée** sont martiniquais. **Ils** sont de Fort-de-France.
Jeanne est de Luçon et **Sylvie** est de Grasse. **Elles** sont françaises.

d   **Ce/il**

It is always difficult to translate **it** when it is the subject of the verb *to be*.
When coming immediately before a noun or a pronoun, **it**/**he**/**she is** are translated by **c'est**.

Ex. **C'est** un dictionnaire. (*It is a dictionary.*), **C'est** une pomme. (*It is an apple.*), **C'est** elle. (*It is her.*), **C'est** un ingénieur. (*He is an engineer.*), **C'est** une Française. (*She is a Frenchwoman.*)

Note that the two latter examples could also be expressed as follows:

Il est ingénieur; **Elle est** française.

Remember that the same is true of the plural: **Ce sont** des pommes. (*They are apples.*); **Ce sont** elles. (*It is them.*)

When it comes before an adjective and when it refers to a specific noun, **it**/**they** is translated by **il(s)**/**elle(s)** accordingly.

Ex. Qu'est-ce qu'il y a dans cette valise? **Elle** est lourde! (*What is in this suitcase? It is heavy!*), Pourquoi portes-tu ce chapeau? **Il** est ridicule. (*Why are you wearing this hat? It is ridiculous.*), J'aime ces chaussures, **elles** sont très élégantes. (*I like these shoes, they are very elegant.*)

But, when it comes before an adjective and when it refers to no specific noun, **it** is translated by **ce**.

Ex. **C'**est grand. (*It is big.*), **C'**est beau. (*It is beautiful.*), **C'**est cher. (*It is expensive.*)

Il is used only when the adjective is followed by a subordinate clause.

Ex. **Il** est évident qu'elles ont peur. (*It is obvious that they are afraid.*)

Or when it is followed by an infinitive construction.

Ex. **Il** est interdit de fumer. (*It is forbidden to smoke.*), **Il** est agréable de se promener. (*It is pleasant to have a walk.*)

Il is also used when talking of the weather.

Ex. Quel temps fait-**il**? (*What is the weather like?*), **Il** fait beau (*It is fine.*), **Il** pleut. (*It is raining.*)

Or when speaking of the time.

Ex. Quelle heure est-**il**?
(*What is the time?*), **Il** est trois heures. (*It is three o'clock.*)

2 The definite article (the)

a   In French all nouns are either masculine or feminine. Usually, nouns referring to male creatures are masculine and nouns referring to female creatures are feminine. There are a few exceptions such as **médecin** (*doctor*), and **écrivain** (*writer*) which are masculine even if the person is a woman. If you wish to make it clear, you must say **femme médecin**, etc. Feminine versions are gradually being used, e.g. **la professeur** (*female teacher*).

The definite article in French varies according to the gender and number of the noun.

The masculine is **le** as in **le** garçon (*the boy*), **le** livre (*the book*).

The feminine is **la** as in **la** fille (*the girl/daughter*), **la** livre (*the pound*). **Les** precedes all nouns in the plural.

Ex. **les** garçons (*the boys*), **les** filles (*the girls*), **les** hommes (*the men*), **les** infirmières (*the nurses*).

b   Both masculine and feminine words in the singular starting either with a **vowel** or an **h mute** take **l'** (l + apostrophe).

Ex. **l'**arbre (*the tree*), **l'**homme (*the man*), **l'**enfant (*the child*), **l'**infirmière (*the nurse*).

However nouns starting with an **h aspirate** do not follow this rule.

Ex. **le** héros (*the hero*), but **l'**héroïne (*the heroine*), **la** haie (*the hedge*), **la** hache (*the axe*).

Another exception is the word **onze** (*eleven*) which is not preceded by **l'** either.

Ex. **le** onze avril (*the eleventh of April*).

c   The definite article tends to be used more in French than in English.

Ex. **la** vie et **la** mort (*life and death*), **l'**amour (*love*); J'adore **le** chocolat (*I love chocolate*).

3 The indefinite article (a/an)

The indefinite article also agrees in number and gender with the noun.
The masculine is **un** as in **un** chat (*a cat*), **un** magasin (*a shop*).
The feminine is **une** as in **une** maison (*a house*), **une** école (*a school*).
The plural, which is the equivalent of *some* is **des** as in **des** enfants (**some** *children*), **des** maisons (**some** *houses*).

Note:

a   **Un**/**une** are not used with **il est**/**elle est** to describe profession/nationality.

Ex. Il est ingénieur *or* C'est **un** ingénieur (*He is an engineer*).

Elle est française (*She is French*) *or* C'est **une** Française (*She is French/a French woman*).

b   The same applies to the plural **des**.

Ex. Ils sont espagnols (*They are Spanish*) *or* Ce sont **des** Espagnols (*They are Spanish/Spaniards*).

4 Negatives

a   To make a negative sentence in French, two negative words must be used, **ne** or **n'** and **pas**. These two negative words are usually placed on either side of the verb.

Ex. Nous **ne** sommes **pas** étudiants. (*We are not students.*), Il **n'**est **pas** de Paris. (*He is not from Paris.*)

Other negative words can be used instead of **pas**.

Ex. Elle **ne** parle **jamais**. (*She never speaks.*), Vous **ne** mangez **rien**. (*You eat nothing/You do not eat anything.*), Je **n'**aime **personne**. (*I like nobody/I do not like anybody.*)

Here are a few more common negative words you might come across.

Ex. Cette route **ne** mène **nulle part**. (*This road leads nowhere/This road does not lead anywhere.*), il **n'**a **aucun** ami. (*He has no friend* – emphatic.), Il **n'**a **aucune** ambition. (*He has no ambition* – emphatic.), Il **ne** mange **guère**. (*He scarcely eats.*), Je **n'**ai **plus** d'argent. (*I have no money left/no more money.*)

Note:
Another way of saying **seulement** (*only*) is by using **ne** . . . **que/qu'**.

Ex. Il parle **seulement** le français/Il **ne** parle **que** le français. (*He only speaks French.*)

b   The place of **personne** varies according to its function in the sentence.

Ex. Je **n'**aime **personne** (object). (*I like nobody.*), **Personne** (subject) **n'**aime cette femme. (*Nobody likes this woman.*)

The same is true of **rien**.

Ex. Vous **ne** voyez **rien**. (*You do not see anything.*), **Rien ne** va plus. (*Nothing is going right any more.*)

Also note that **personne** means **nobody/not anyone**, but that **a person** is **une personne** whether the person in question is male or female.

c   When there is no verb in the sentence, **ne/n'** is not used.

Ex. Pas moi! (*Not me!*), Jamais le samedi. (*Never on Saturdays.*)

When the verb is in the infinitive, both negative words come in front of the verb.

Ex. **Ne pas** fumer. (*No smoking.*), Pour **ne pas** voir (*So as not to see*).

d   In a negative sentence, the indefinite article **un**, **une**, **des** is replaced by **de/d'** when it means **no/not any**.

Ex. Ils n'ont pas **de** voiture. (*They haven't got a car.*); Elle ne porte pas **de** chapeau. (*She is not wearing a hat.*)

But:
Ils n'ont pas **une** voiture anglaise, ils ont une voiture française. (*They haven't got an English car, they have a French car.*), Elle ne porte pas **un** chapeau bleu, elle porte un chapeau noir. (*She is not wearing a blue hat, she is wearing a black hat.*)

5 Preposition *de*

a   The preposition **de** (**of**) is used to express possession in French (as in the English **the cat of the chemist** instead of **the chemist's cat**).

de/d' precedes a name.

Ex. Les enfants **de** Claire (*Claire's children*), la fiancée **d'**Yves (*Yves' fiancée*), la voiture **de** mademoiselle Chouan (*Miss Chouan's car*).

When **de** is combined with the definite article (i.e. **of the**) some changes occur:

de le → du

Ex. **le pharmacien** → le chat **du** pharmacien (*the chemist's cat*)

de la

Ex. **la** secrétaire → le mari **de la** secrétaire (*the secretary's husband*)

de l'

Ex. **l'**enquêtrice → la voiture **de l'**enquêtrice (*the researcher's car*)

   l'homme → le chien **de l'**homme (*the man's dog*)

de les → des

Ex. **les** enfants → le lapin **des** enfants (*the children's rabbit*)

b   The preposition **de** is also used to translate the English **some** and **any**, although they are often omitted in English. The above-mentioned rule is applied:
le vin → **du** vin (*some wine*)
la soupe → **de la** soupe (*some soup*)
l'argent → **de l'**argent (*some money*)
l'huile → **de l'**huile (*some oil*)
les frites → **des** frites (*some chips*)

In the negative, equivalent to the English **not any**, only **de/d'** is used.

Ex. La boulangère **n'**a **plus de** pain. (*The baker has not any bread left.*), il **n'**y a **pas de** frites aujourd'hui. (*There are not any chips today.*), Il **n'**y a **plus d'**eau dans le vase. (*There is not any water left in the vase.*), Il **n'**a **pas d'**amis. (*He has not got any friends.*)

c   Whenever the combination **of the** occurs, the rule above must be followed. For instance with place words using the preposition **de**.

Ex. Il habite en face **du** cinéma. (*He lives opposite the cinema.*), La station de métro est près **des** magasins. (*The underground station is near the shops.*)

d   With expressions of quantity **de/d'** must be used.

Ex. des enfants (*children*) *but* **beaucoup d'**enfants (*a lot of children*), des pommes (*apples*) *but* **un kilo de** pommes (*a kilo of apples*), de la soupe (*soup*) *but* **une boîte de** soupe (*a tin of soup*), du chocolat (*chocolate*) *but* **une tablette de** chocolat (*a bar of chocolate*), de l'huile (*oil*) *but* **un litre d'**huile (*a litre of oil*).

Bien de (*a lot of*) is an exception and follows the rule of the partitive article.

> *Ex.* Vous avez **bien de la** chance. (*You are very lucky.*), Il a **bien des** problèmes. (*He has a lot of problems.*)

e The verb **jouer de** is used to talk about playing musical instruments.

> *Ex.* **jouer du** piano, **jouer de la** guitare, **jouer de l'**accordéon.

6 Preposition *à*

a The preposition **à** translates a variety of English prepositions:

at as in **at** the bus stop
to as in **to** the cinema
in as in **in** London

b When combined with the definite article **à** behaves very similarly to **de**.

à le → au

> *Ex.* **le** professeur → **au** professeur (*to the teacher*)

à la

> *Ex.* **la** radio → **à la** radio (*on the radio*)

à l'

> *Ex.* **l'**office du tourisme → **à l'**office du tourisme (*in/to the tourist office*)
> **l'**hôpital → **à l'**hôpital (*in/to hospital*)

à les → aux

> *Ex.* **les** étudiants → **aux** étudiants (*to the students*)

c The preposition **à** is also used to express what something is made with.

> *Ex.* **les** pommes → une tarte **aux** pommes (*an apple tart*)
> **la** fraise → un yaourt **à la** fraise (*a strawberry yogurt*)
> **le** vin → de la moutarde **au** vin blanc (*mustard with white wine*)
> **l'**ail → du saucisson **à l'**ail (*garlic sausage*)

d The preposition **à** is used to express being **in**, or going **to** a country, when that country is masculine.

> *Ex.* Dominique est **au** Pérou. (*Dominique is in Peru.*)
> Patrice va **aux** Pays-Bas. (*Patrice is going to the Netherlands.*)

However, when the country is feminine, **in/to** is expressed by **en**.

> *Ex.* Sabine est **en** Nouvelle-Zélande. (*Sabine is in New Zealand.*)
> Marc va **en** Chine. (*Marc is going to China.*)

En is also used for feminine regions within countries.

Ex Jacques habite **en** Normandie. *(Jacques is in Normandy.)*
Claude va **en** Bretagne. *(Claude is going to Brittany.)*

e The verb **jouer à** is used to talk about playing games or playing with something.

Ex. **jouer au tennis**, **jouer au ballon** *(to play with a ball)*, **jouer aux cartes**.

7 Quel

Quel is an interrogative and exclamatory adjective. Therefore it agrees in gender and number with the noun it qualifies.

Ex. **Quel** jour? *(Which/What day?)*, **Quelle** année? *(Which/What year?)*, **Quels** enfants? *(Which/What/Whose children?)*, **Quelles** valises? *(Which/What/Whose suitcases?)*, **Quel** dommage! *(What a pity!)*, **Quelle** belle vue! *(What a beautiful view!)*

8 -er verbs

a The verbs with infinitive in **-er** constitute the largest group and most verbs within the group behave in the same way.

Let us take **chanter** *(to sing)* as an example.
chant- is called the stem.
-er is called the ending.

To conjugate an **-er** verb in the present indicative, take the stem and add to it the following endings:

je chant**e**	il chant**e**	nous chant**ons**	ils chant**ent**
tu chant**es**	elle chant**e**	vous chant**ez**	elles chant**ent**

Despite the different spellings, the verbs sound the same in all the persons, except for the **nous** and **vous** forms.

Note:
Aller *(to go)* is an irregular verb despite its **-er** ending.

b Verbs ending in **-cer** and **-ger** are slightly different in the **nous** form to allow the pronunciation to be consistent throughout the conjugation. Thus:

nous commen**ç**ons *(we start)*, nous lan**ç**ons *(we throw)*.
Without the **cedilla** it would be a **k** sound.

nous mang**e**ons *(we eat)*, nous nag**e**ons *(we swim)*.
Without the extra **e** the **g** would be pronounced as in **goat**.

c   Verbs with two **e**s such as **acheter** (*to buy*), **jeter** (*to throw*), etc. either use a grave accent (**è**) or double the consonant, except in the **nous** and **vous** forms. Thus:

j'ach**è**te	je je**tt**e
tu ach**è**tes	tu je**tt**es
il ach**è**te	il je**tt**e
elle ach**è**te	elle je**tt**e
nous ach**e**tons	nous je**t**ons
vous ach**e**tez	vous je**t**ez
ils ach**è**tent	ils je**tt**ent
elles ach**è**tent	elles je**tt**ent

préférer (*to prefer*) is also slightly different and is conjugated as follows:

je préf**è**re	nous préf**é**rons
to préf**è**res	vous préf**é**rez
il préf**è**re	ils préf**è**rent
elle préf**è**re	elles préf**è**rent

d   Verbs ending in **-yer** such as **envoyer** (*to send*). Except with **nous** and **vous** forms, the **-y** is replaced by **-i**:

j'envo**i**e	nous envo**y**ons
tu envo**i**es	vous envo**y**ez
il envo**i**e	ils envo**i**ent
elle envo**i**e	elles envo**i**ent

There are three types of verbs ending in **-yer**: **-ayer**, **-oyer** and **-uyer**. Although verbs ending in **-ayer** (such as **essayer** *to try*) can be conjugated with the **-y** throughout, it is probably convenient for students to make the previous rule general and therefore always be on the safe side.

e   The present indicative translates two different English forms.

Ex. Il **chante** (*He sings/He is singing.*), Il ne **chante** pas (*He doesn't sing/He isn't singing.*)

It is also used to translate the English emphatic form.

Ex. He does sing, doesn't he? (*Il chante, n'est-ce pas?*)

9   Interrogative sentences

a   When speaking casually, the French tend not to make a proper interrogative sentence. They use the statement and simply change the intonation:

Ex. **Vous êtes** de Paris? (*Are you from Paris?*), **Il a** des enfants? (*Has he got any children?*)

But there are two other ways of making questions.

b   The first one is by using **est-ce que/qu'** which allows one to keep the structure of the statement unchanged:

Ex. **Est-ce que** vous êtes de Paris? **Est-ce qu'**il a des enfants?

c   The second method is called the **inversion** and it consists in placing the verb before the subject:

Ex.   **tes-vous** de Paris?

Some complications can occur:

 (i)   When the verb ends with a vowel, in which case **-t-** must be inserted.

Ex. A-**t**-il des enfants? (*Has he got any children?*), Étudie-**t**-elle le français? (*Is she studying French?*).

(ii) When a name or a noun is used, in which case the subject pronoun must be used as well.

Ex. **Laurent** habite-t-**il** à Rouen? (*Does Laurent live in Rouen?*), **Le médecin** est-**il** marié? (*Is the doctor married?*), **Les enfants** ont-**ils** faim? (*Are the children hungry?*), Où **les cuisiniers** travaillent-**ils**? (*Where do the cooks work?*)

10 On

On can be used with two meanings in French.

a   First it can be used in a very general sense.

Ex. **On** boit du cidre en Normandie. (*One drinks cider in Normandy.*)

Note that this general meaning can also be translated in English by **you** or **they**.

b   More familiarly, **on** can be used in French to mean **nous**.

Ex. **On** regarde la télé et **on** joue au ping-pong. (*We watch the T.V. and play table tennis.*)

Note that the ending of the verb is the same as **il/elle** (*he/she*) even when **on** means **nous** (*we*).

11 Regular -*re* verbs

Regular **-re** verbs such as **vendre** (*to sell*), **perdre** (*to lose*), etc. behave as follows in the present tense:

je perd**s**	nous perd**ons**
tu perd**s**	vous perd**ez**
il perd	ils perd**ent**
elle perd	elles perd**ent**

Quite a lot of **-re** verbs are irregular, in particular **prendre** (*to take*) and verbs with **prendre** in them such as **apprendre** (*to learn*), **comprendre** (*to understand*), **surprendre** (*to surprise*), etc. Only the plural is different:

je prends	*but*	nous **prenons**
tu prends		vous **prenez**
il prend		ils **prennent**
elle prend		elles **prennent**

Other common regular **-re** verbs include **rendre** (*to give back/to make* as in *to make happy/sad/ pretty*, etc.), **descendre** (*to go down/to get off*), **mordre** (*to bite*), **répondre** (*to answer*).

12 Adjectival agreement

a   In French the adjectives agree in gender and number with the noun they qualify. The usual form of the feminine is an extra **-e**.

Ex. Il est français, elle est français**e**. (*He is French, she is French.*)

The usual form of the plural is an **-s**.

Ex. Je suis grand, nous sommes grand**s**. (*I am tall, we are tall.*)

If the adjective already ends with an **-e**, no change occurs for the feminine. If it already ends with an **-s**, or an **-x**, no change occurs for the plural.

Ex. Il est célèbr**e**, elle est célèbr**e**. (*He is famous, she is famous.*), Le livre est gri**s**, les livres sont gri**s**. (*The book is grey, the books are grey.*), Il est heureu**x**, ils sont heureu**x**. (*He is happy, they are happy.*)

b   If the adjective qualifies several nouns, masculine and feminine, the masculine form takes precedence.

Ex. Le sac et la ceinture sont noir**s**. (*The bag and the belt are black.*), Paul et Élisabeth sont intelligent**s**. (*Paul and Elisabeth are intelligent.*)

c   In some cases, the adjective does not agree with the noun.

   (i) When a colour is itself qualified.

      Ex. des yeux **bleu clair** (*light blue eyes*), une robe **vert pomme** (*an apple-green dress*).

   (ii) When a noun is used as a colour.

      Ex. des chaussures **marron** (*reddish brown shoes*) (un marron = a chestnut).

d   As with nouns, not all adjectives form their plural by adding an **-s** in the plural.

Adjectives in **-eau** add an **-x**.

Ex. de beau**x** enfants (*beautiful children*), des frères jumeau**x** (*twin brothers*).

Some adjectives ending in **-al** become **aux**.

Ex. loyal → loyaux, *but* final → finals

e   Not all adjectives form their feminine simply by adding an **-e**. Here are some of the most common changes:
-er → **-ère** *as in* derni**er**, derni**ère** (*last*)
-l → **-lle** *as in* cultur**el**, cultur**elle** (*cultural*)
-n → **-nne** *as in* bo**n**, bo**nne** (*good*); indie**n**, indie**nne** (*Indian*)
-f → **-ve** *as in* sporti**f**, sporti**ve** (*sporty*)
-x → **-se** *as in* heureu**x**, heureu**se** (*happy*)

f   Some feminine forms are completely irregular and must be learnt by heart. Here are some of the most common ones: blanc, **blanche** (*white*); frais, **fraîche** (*fresh, cool*); sec, **sèche** (*dry*); favori, **favorite** (*favourite*); long, **longue** (*long*); nouveau, **nouvelle** (*new*).

g   Generally adjectives are placed after the noun they qualify, particularly colours, nationalities and long adjectives.

Ex. un manteau **rouge** (*a red coat*), une voiture **américaine** (*an American car*), une remarque **intelligente** (*an intelligent comment*).

Some very common adjectives however precede the noun they qualify, such as **autre** (*other*), **beau** (*beautiful*), **bon** (*good*), **grand** (*big, tall*), **gros** (*big, fat*), **haut** (*high*), **jeune** (*young*), **joli** (*pretty*), **large** (*wide*), **long** (*long*), **mauvais** (*bad*), **même** (*same*), **petit** (*small*).

Ex. une **grande** maison (*a big house*), un **autre** jour (*another day*), un **gros** gâteau (*a big cake*).

h   Some adjectives change their meaning whether they precede or follow the noun they qualify.

Ex. ma **propre** chemise (*my own shirt*), *but* ma chemise **propre** (*my clean shirt*); l'**ancienne** maison (*the former house*), *but* la maison **ancienne** (*the old house*); la **dernière** semaine (*the final week*), *but* la semaine **dernière** (*last week*); de **pauvres** enfants (*unfortunate children*), *but* des enfants **pauvres** (*poor children*).

i   Some of the adjectives which usually precede the nouns they qualify have a special masculine form if the noun starts with a **vowel** or an **h mute**.

Ex. un **beau** livre (*a beautiful book*), *but* un **bel** homme (*a handsome man*); un **nouveau** train (*a new train*), *but* un **nouvel** avion (*a new plane*); un **vieux** pont (*an old bridge*), *but* un **vieil** ami (*an old friend*).

j   If a noun in the plural is preceded by an adjective the indefinite article **des** is replaced by **de/d'**.

Ex. Elle a **des** enfants intelligents. (*She has clever children.*) *but* Elle a **de** beaux enfants. (*She has beautiful children*).

13   Demonstrative adjectives

Like the other adjectives they agree in gender and number with the nouns they qualify.

The masculine singular is **ce** as in **ce** livre (*this/that book*), but if the masculine word starts with a **vowel** or an **h mute**, **cet** is used instead, as in **cet** argent (*this/that money*) or **cet** hôtel (*this/that hotel*).

The feminine singular is **cette** as in **cette** fois (*this/that time*) or **cette** erreur (*this/that mistake*).

The form for all plurals is **ces** as in **ces** livres (*these/those books*), **ces** hôtels (*these/those hotels*), **ces** erreurs (*these/those mistakes*).

In French the difference between **this** and **that** or **these** and **those** is not usually stressed. When the difference needs to be emphasised **-ci** and **-là** are used.

Ex. **ce** vélo-**ci** (*this bicycle*), **ce** vélo-**là** (*that bicycle*), **ces** livres-**ci** (*these books*), **ces** livres-**là** (*those books*).

14   Possessive adjectives

	Singular		Plural
	m.	**f.**	
my	mon	ma	mes
your (singular+familiar)	ton	ta	tes
his/her/its	son	sa	ses
our	notre	notre	nos
your (polite or plural)	votre	votre	vos
their	leur	leur	leurs

Unlike English, the possessive adjective agrees with the noun it qualifies and **not** with the possessor. This is particularly important for the third person singular.

Ex. **son** fils (*his/her son*), **sa** fille (*his/her daughter*).

When a feminine word starts with a **vowel** or an **h mute**, the masculine possessive is used (for sound's sake).

Ex. **mon** orange (*my orange*), **ton** amie (*your friend*), **son** autre tante (*his/her other aunt*).

The possessive adjective **mon/ma** is used when addressing a military person of superior rank or a religious person.

Ex. Oui, **mon** général! (*Yes sir/general!*), Oui, **mon** père. (*Yes father (priest).*), Oui, **ma** sœur. (*Yes sister (nun).*)

15   *-ir* verbs

It is convenient to split the **-ir** verbs into four different groups.

a   The FINIR type is the most important group, and considered to be regular.

Ex. **finir** (*to finish*), **choisir** (*to choose*), **saisir** (*to seize, to grab*), **punir** (*to punish*), **ralentir** (*to slow down*), **nourrir** (*to feed, to nourish*), **rougir** (*to blush*), **pâlir** (*to become pale*), **grandir** (*to grow* – note that to grow plants is **faire pousser**), **salir** (*to dirty*), **jaunir** (*to become yellow*), **grossir** (*to become big, to put on weight*), **réunir** (*to gather*), **obéir** (*to obey*), **réfléchir** (*to think, to ponder*), **agir** (*to take action*), **réagir** (*to react*), **applaudir** (*to applaud*), etc.

Note that many of these express a change of state.

To conjugate this type in the present indicative, find the stem by dropping the **-ir** (thus **fin-**) and add the following endings:

Je fini**s**	nous fin**issons**
tu fini**s**	vous fin**issez**
il/elle fini**t**	ils/elles fin**issent**

Make sure that you do not forget half the endings of the plural; it is easily done! As usual, the **-ent** in **ils/elles finissent** is not sounded.

b   The DORMIR type

Ex. **dormir** (*to sleep*), **partir** (*to go away*), **sortir** (*to go out*), **servir** (*to serve*), **mentir** (*to tell lies*), **sentir** (*to feel*), **consentir** (*to agree*), etc.

Conjugating this type of verb is not quite as straightforward. First, in the singular, the second half of the verb disappears, and in the plural, you must remember that the consonant before the **-ir** ending varies. Compare the following:

dormir	**servir**	**mentir**
je dor**s**	je ser**s**	je men**s**
tu dor**s**	tu ser**s**	tu men**s**
il/elle dor**t**	il/elle ser**t**	il/elle men**t**
nous dor**mons**	nous ser**vons**	nous men**tons**
vous dor**mez**	vous ser**vez**	vous men**tez**
ils/elles dor**ment**	ils/elles ser**vent**	ils/elles men**tent**

c   The -FRIR and -VRIR type

Ex. **offrir** (*to offer, to give* (*a present*)), **souffrir** (*to suffer*), **couvrir** (*to cover*), **découvrir** (*to discover*), **ouvrir** (*to open*), etc.

This type behaves exactly like an ordinary **-er** verb in the present indicative. But here you get the stem by dropping the **-ir**, then you add the usual endings:

souffrir	**ouvrir**
je souff**re**	j'ouv**re**
tu souff**res**	tu ouv**res**
il/elle souff**re**	il/elle ouv**re**
nous souff**rons**	nous ouv**rons**
vous souff**rez**	vous ouv**rez**
ils/elles souff**rent**	ils/elles ouv**rent**

d The VENIR and TENIR type

Ex. **venir** (*to come*), **devenir** (*to become*), **prévenir** (*to warn*), **revenir** (*to come back*), **tenir** (*to hold*), **appartenir (à)** (*to belong* (*to*)), etc.

The very irregular **venir** and **tenir**, and all the verbs formed from them behave as follows:

tenir	**venir**
je **tiens**	je **viens**
tu **tiens**	tu **viens**
il/elle **tient**	il/elle **vient**
nous **tenons**	nous **venons**
vous **tenez**	vous **venez**
ils/elles **tiennent**	ils/elles **viennent**

16 Depuis

It can be translated into English by **since** or **for.**

a   Since

Ex. depuis hier (*since yesterday*), depuis 2009 (*since 2009*), depuis mes vacances (*since my holidays*).

b   For
If the action referred to is still going on, the present indicative and **depuis** are used in French, whereas the perfect tense and **for** are used in English.

Ex. Elle **habite** à Rouen **depuis** cinq ans. (*She's been living in Rouen for five years.*) Nous **apprenons** le français **depuis** six mois. (*We've been learning French for six months.*)

17 Aller

Please consult the table of irregular verbs (on page 338).

Basically, **aller** can be used in three different ways:

a   Simply as meaning **to go**.

Ex. Je vais au cinéma. (*I am going to the cinema.*), Ils vont à l'école. (*They are going/They go to school.*), Pour aller à la piscine? (*How does one get to the swimming pool?*)

b   To ask someone how they are.

Ex. – Comment allez-vous? (*How are you?*)
– Je vais très bien, merci. (*I am very well, thanks.*)
Or more familiarly:
– Comment ça va?
– Ça va très bien, merci.

Note the vital difference between
– Comment va-t-elle? (*How is she?*) *and*
– Comment est-elle? (*What is she like?*).

c   Finally, it can be used, like its English equivalent, to express a future action.

Ex. Il va apprendre le français. (*He is going to learn French.*), Nous allons visiter Rouen. (*We are going to visit Rouen.*)

Note that **aller** is followed by the infinitive of the other verb.

18   Venir (de)

The verb **to come** takes on a special meaning when it is used with **de/d'**.

Venir de/d' (*to have just*) is followed by the infinitive.

Ex. Je viens de manger. (*I have just eaten.*), Tu viens de manger. (*You have just eaten.*), Il vient de manger. (*He has just eaten.*)

More examples: Je viens de boire de la bière. (*I have just drunk some beer.*), Ils viennent de partir. (*They have just left.*), Nous venons d'acheter une voiture. (*We have just bought a car.*)

19   Pronouns

a   A pronoun is a word used in order to avoid repeating in full something which has been mentioned earlier.

Ex. – Do you know **his sister**?
– Yes, I see **her** on the bus every day.

Her is the personal pronoun replacing **his sister**.

The personal pronouns vary according to the role they play in a particular sentence. They can either be subject or object.

b **The subject pronouns** are:

je (*I*)   nous (*we*)
tu (*you* singular+familiar)   vous (*you* polite or plural)
il (*he*)   ils (*they* masculine or mixed)
elle (*she*)   elles (*they* only feminine)
on (*one generally*)

Ex. Paul va à l'école; **il** va à l'école. (*Paul is going to school; he is going to school.*)

c **The direct object pronouns** replace a direct object. They are:

me/m' (*me*)   nous (*us*)
te/t' (*you* familiar and singular)   vous (*you* polite or plural)
le/l' (*him/it* masc.)   les (*them*)
la/l' (*her/it* fem.)

Ex. j'adore **le chocolat**, je **l'**adore (*I love chocolate, I love it*), vous prenez **le livre**, vous **le** prenez (*you take the book, you take it*), elle choisit **les fleurs**, elle **les** choisit (*she chooses the flowers, she chooses them*), il **m'**aime. (*he loves me.*)

d **The indirect object pronouns** replace an indirect object, i.e. an object introduced by a preposition, usually **à**. They are similar to the direct object ones except for the third persons. Thus:

lui (*to him/to her/to it*)
leur (*to them*)

Ex. je parle **à Henri**, je **lui** parle (*I speak to Henry, I speak to him*), je parle **à Jeanne**, je **lui** parle (*I speak to Joan, I speak to her*), je parle **au chat**, je **lui** parle (*I speak to the cat, I speak to it*), nous sourions **aux enfants**, nous **leur** sourions (*we smile at the children, we smile at them*), il **me** sourit (*he smiles at me*), il **vous** montre l'église (*he shows you the church. –* In fact, *he shows the church to you.*)

Note that the unfortunate thing is that the use of the prepositions does not always correspond from one language to the next and you must therefore be very careful because what is a direct object in French can be an indirect object in English, and vice versa.

In English you can say: He buys her flowers.
But in French you must say: Il lui achète des fleurs. (*He buys flowers to her.*)

Watch for verbs such as **écouter** (*to listen to*), **attendre** (*to wait for*), **regarder** (*to look at*), **chercher** (*to look for*), etc. In French, unlike English, they take a direct object.

Ex. Nous **les** écoutons. (*We listen to them.*), Je **l'**attends. (*I am waiting for him/her.*), Ils **le** regardent. (*They are looking at him.*), Elles **les** cherche. (*She is looking for them.*)

e As you have probably noticed, in French the pronouns come directly before the verb.

Ex. Je **les** vois. (*I see them.*)

Note that if two verbs are used, the pronouns go in front of the verb of which they are the object, which is generally the second verb, although it is in the infinitive.

Ex. Tu peux **le** prendre. (*You can take it.*), Il va **le** faire. (*He is going to do it.*), Je viens de **les** manger. (*I have just eaten them.*)

If the sentence is in the negative, the pronouns stay with the verb between **ne** and **the other negative word**.

Ex. Il ne **m'**écoute pas. (*He does not listen to me.*), Nous ne **les** voyons jamais. (*We never see them.*)

f   The adverbs **y** and **en** can be used as pronouns. Most of the time they represent things or abstract ideas.

Y is usually used to avoid repeating the name of a place which has been mentioned, and corresponds to the English **there**.

Ex. – Connaissez-vous Paris? (*Do you know Paris?*)
        – Oui, j'**y** vais tous les ans. (*Yes, I go there every year.*)

It is also used to replace **à** + **a noun** which is not a person.

Ex.
toucher à → Ne touche pas **au** vase. Je n'**y** touche pas. (*Don't touch the vase. I am not touching it.*)
répondre à → Il répond **à la** lettre, il **y** répond. (*He answers the letter, he answers it.*)
penser à → N'oublie pas le pain. Non j'**y** pense. (*Don't forget the bread. No I am thinking of it.*)

En generally translates **of it**, **of them**, **some** and **any**.

Ex. Quand il demande du pain je lui **en** donne. (*When he asks for bread I give him some.*), A-t-il des frères? Oui il **en** a deux. (*Has he got any brothers? Yes he has got two (of them).*), Je n'ai pas besoin d'argent. (*I don't need any money.*), Je n'**en** ai pas besoin. (*I don't need any.*)

It can correspond to **de** + **a noun**.

Ex.
avoir besoin de → Je n'ai pas besoin **du couteau**. (*I don't need the knife.*), Je **n'en** ai pas besoin. (*I don't need it.*)
se servir de → Il se sert **de mon aspirateur**. (*He uses my hoover.*), Il **s'en** sert. (*He uses it.*)
avoir envie de → Elle a envie **de la robe rouge**. (*She fancies the red dress.*), Elle **en** a envie. (*She fancies it.*)

It can also represent a place one comes from.

Ex. – Où est la rue Pasteur? (*Where is rue Pasteur?*)
        – J'**en** viens, c'est la première à droite. (*I've come from there, it's the first on the right.*)
        – Où est la poste? (*Where is the post office?*)
        – Juste là, j'**en** sors. (*Right there, I've just come out of it.*)

Note that **en** is used in a number of idiomatic expressions such as s'**en** aller (*to go away*).

g   Sometimes, several pronouns are required. In this case, they all come before the verb, and they all stay with the verb between the negative words in a negative sentence.

Ex. Il **me le** montre. (*He shows it to me.*), Il ne **nous les** achète pas. (*He does not buy them for us.*)

If several pronouns are used, their order is as follows:

me				
	le			
te				
		lui		
se	la		y	en + verb
		leur		
nous				
	les			
vous				

The reflexive pronouns follow the same rules (see pages 331–2).

h **The strong or emphatic pronouns** are:
moi toi lui elle
nous vous eux elles

They are used in many different cases.

(**i**) For emphasis (as their name indicates), in which case they are not necessarily translated into English.

Ex. **Moi**, je parle anglais et allemand. (***I** speak English and German.*), **Lui**, il habite dans le Midi. (***He** lives in the South.*)

(**ii**) With **c'est/ce sont** (or when **c'est/ce sont** are understood).

Ex. – Qui a fait ça? (*Who did this?*)
– (C'est) **elle!** (*She did!*)

(**iii**) In comparison.

Ex. Il est plus grand que **moi**. (*He is taller than I am.*), Elle est moins connue que **lui**. (*She is less famous than he is.*), Je cours aussi vite que **vous**. (*I run as fast as you do.*)

(**iv**) After **prepositions** and **comme**.
Avec moi (*with me*), **sans** eux (*without them*), **chez** nous (*at home/where we live*), **avant** toi (*before you*), **après** vous (*after you*), **sur lui** (*on him*), **derrière** elle (*behind her*), etc.

Ex. Il parle **comme** elle (*He speaks the way she does/like her.*)

(**v**) After **être à** (*to belong to*).

Ex. Ce livre est à **lui**. (*This book belongs to him.*), Ces stylos ne sont pas à **toi**. (*These pens are not yours.*)

(**vi**) With verbs of motion with **à**.

Ex. Il vient à **moi**. (*He comes to me.*), Nous allons toujours à **elle**. (*We always go to her.*)

(**vii**) With verbs taking **à** when referring to a person.

Ex. Je pense souvent à **eux**. (*I often think of them.*)

(viii) Aussi/non plus

The strong pronoun is also used before **aussi** or **non plus** to express agreement or confirmation of similar experiences.

Ex. J'ai soif. **Moi** aussi. (*I am thirsty. So am I.* lit. *Me too*), Ils habitent à Rouen. **Nous** aussi. (*They live in Rouen. So do we.*)

Non plus is used for the negative.

Ex. Ils n'apprennent pas l'anglais. **Toi** non plus. (*They do not learn English. Neither do you.*)

Table of pronouns

Subject pronouns	Reflexive pronouns	Direct object pronouns	Indirect object pronouns	Strong/emphatic pronouns
je	me/m'	me/m'	me/m'	moi
tu	te/t'	te/t'	te/t'	toi
il	se/s'	le/l'	lui	lui
elle	se/s'	la/l'	lui	elle
nous	nous	nous	nous	nous
vous	vous	vous	vous	vous
ils	se/s'	les	leur	eux
elles	se/s'	les	leur	elles

20 Reflexive verbs

a When a verb is used reflexively it usually means that the action turns back to the subject, in which case a reflexive pronoun is used (see 'Table of pronouns' above). Many verbs can be used either reflexively or ordinarily.

Ex. **(Se) laver**

laver (*to wash*)

je lave (la voiture)	*I wash (the car)*
tu laves	*you wash*
il/elle lave	*he/she washes*
nous lavons	*we wash*
vous lavez	*you wash*
ils/elles lavent	*they wash*

se laver (*to wash oneself*)

je me lave	*I wash myself*
tu te laves	*you wash yourself*
il/elle se lave	*he/she washes him/herself*
nous nous lavons	*we wash ourselves*
vous vous lavez	*you wash yourself/yourselves*
ils/elles se lavent	*they wash themselves*

More verbs are used reflexively in French than in English. In fact some verbs are reflexive without any apparent reason.

Ex. **se promener** (*to go for a walk*), **se reposer** (*to rest*), etc.

The best way to express **each other** and **one another** is also to use the verb reflexively.

Ex. Ils ne se parlent plus. (*They don't speak to each other/one another any more.*), Nous nous regardons. (*We are looking at each other/one another.*)

b   The reflexive pronouns behave like the personal pronouns, i.e. they come before the verb and remain stuck to the verb between the negative words in a negative sentence.

Ex. Je **me** promène tous les dimanches. (*I go for a walk every Sunday.*), Il ne **se** rase pas souvent. (*He does not shave very often.*)

Making a question with a reflexive verb can be confusing, but in fact, the rules are the same. If you prefer, stick to the **Est-ce que . . .?** method.

Ex. Est-ce qu'il s'appelle Henri? *or* S'appelle-t-il Henri? (*Is his name Henry?*), À quelle heure est-ce que vous vous levez? *or* À quelle heure vous levez-vous? (*At what time do you get up?*)

If you make a question using the inversion method, you must remember that the reflexive pronoun comes before the verb and that the subject pronoun comes after and is hyphenated.

Generally, when referring to parts of the body, the verb is used reflexively in French, instead of using a possessive adjective.

Ex. Je me lave les mains. (*I wash my hands.* lit. *I wash myself the hands.*), Elle se brosse les cheveux. (*She brushes her hair.* lit. *She brushes herself the hair.*), Il se coupe les ongles. (*He cuts his nails.* lit. *He cuts himself the nails.*)

Make sure that when a reflexive verb is used in the infinitive you use the correct reflexive pronoun.

Ex. **Je** viens de **me** promener. (*I have just had a walk.*), **Nous** allons **nous** reposer. (*We are going to rest.*)

c   Other common reflexive verbs are **s'amuser** (*to enjoy oneself/to have a good time*), **s'approcher (de)** (*to come near*), **s'asseoir** ⚠ (*to sit down*), **se baigner** (*to bathe*), **se battre** ⚠ (*to fight*), **se chausser/se déchausser** (*to put one's shoes on/to take one's shoes off*), **se demander** (*to wonder*), **se dépêcher** (*to hurry up*), **se disputer** (*to argue*), **s'écrier** (*to cry out*), **s'exclamer** (*to exclaim*), **se fâcher** (*to get angry*), **se fiancer** (*to get engaged*), **s'habiller/se déshabiller** (*to get dressed/undressed*), **se maquiller** (*to put on make up*), **se marier** (*to get married*), **se réveiller** (*to wake up*), **se salir** (*to get dirty*), **se sauver** (*to escape, run away*), **se tromper** (*to make a mistake*).

21 Adverbs

In English adverbs normally end in **-ly** (*slowly*). The common ending in French is **-ment** (*lentement*).

Many adverbs are formed by adding **-ment** to the corresponding adjective in the feminine singular form.

Ex. discret, discrète (*discreet*) → **discrètement** (*discreetly*) malheureux, malheureuse (*unhappy, unfortunate*) → **malheureusement** (*unfortunately*)

If the masculine singular already ends in a vowel, that form is used.

Ex. rapide (*quick*) → **rapidement** (*quickly*)
vrai (*true, real*) → **vraiment** (*truly, really*)

Most adjectives ending in **-ant** and **-ent** change to **-amment** and **-emment**.

Ex. élégant (*elegant*) → **élégamment** (*elegantly*)

Some very common adverbs are irregular, and must be learnt by heart.
Ex. bon (*good*) → **bien** (*well*)
Ils s'entendent **bien**. (*They get on well.*).
petit (*little*) → **peu** (*little*)
Elle mange **peu**. (*She eats little.*).
mauvais (*bad*) → **mal** (*badly*)
Je danse **mal**. (*I dance badly.*).
rapide (*quick*) → **vite** or **rapidement** (*quickly*)
Il parle **vite**. (*He speaks quickly.*)

Note that the **-ent** is sounded (unlike the third person plural of the verb ending).

Remember that adverbs are invariable.

Generally in French, adverbs come immediately after the verb.

Ex. Je mange **souvent** du poisson. (*I often eat fish.*), Je vais **régulièrement** à la piscine. (*I go to the swimming pool regularly.*), Elle parle **bien** anglais. (*She speaks English well.*)

However, there are some exceptions. For emphasis, for instance, the adverb can start a sentence.

Ex. Quelquefois, je joue au tennis. (*Sometimes I play tennis.*)

Note:

a A few adjectives can be used as adverbs.

Ex. Ils travaillent **dur**. (*They work hard.*)

b Some adverbs also give more information about an adjective or another adverb.

Ex. **très** intéressant (*very interesting*), Il parle **très** vite. (*He speaks very quickly.*), C'est **tout** près. (*It's very near.*)

22 The imperative

a The imperative is the form of the verb used when giving an order.

When the order is given to other people, the second persons (singular and plural) are used in the present indicative, after the subject pronouns **tu** or **vous** have been dropped.

Ex. **Finis** ton travail! (*Finish your work!*), **Prends** un taxi! (*Take a taxi!*), **Fermez** les yeux! (*Shut your eyes!*), **Ouvrez** la porte! (*Open the door!*)

Note that the **-er** verbs also drop the **s** of the second person singular.

Ex. **Ferme** les yeux! (*Shut your eyes!*), **Ouvre** la porte! (*Open the door!*)

The **-s** of **vas** is also dropped: **Va** chez le boulanger! (*Go to the baker's!*) except in the expression **Vas-y!** (*Go on!/Go there!*)

When the order is given to a group of people including the speaker, i.e. when it translates the idea of **let's . . .**, the first person plural of the present indicative is used, without the **nous**.

Ex. **Allons**-y! (*Let's go (there)!*), **Prenons** un taxi! (*Let's take a taxi!*)

b The object pronouns are placed after the verb and linked by a hyphen. When there are several pronouns, the direct object one comes before the indirect object one. The pronouns are also linked by a hyphen.

Ex. Apporte-le! (*Bring it!*), Apporte–le-lui! (*Bring it to him/her!*) *but* Apporte-nous-en! (*Bring us some!*)

En always comes last.

Note:
(**i**) When **me** is in the final position it changes to **moi**.

Ex. Apporte-le-**moi**! (*Bring it to me!*)

(**ii**) When the command is in the negative, the pronouns keep their usual positions, i.e. before the verb.

Ex. Ne **l'**apporte pas! (*Don't bring it!*), Ne **m'**en donne pas! (*Don't give me any!*)

c In the imperative, the reflexive pronouns behave like the personal pronouns, i.e. they come after the verb.

Ex. Levez-**vous**! (*Get up!/Stand up!*)

Note that in this case the **te** changes to **toi**.

Ex. Dépêche-**toi**! (*Hurry up!*)

The pronoun goes back in front of the verb in the negative.

Ex. Ne **vous** disputez pas! (*Don't argue!*), Ne **te** maquille pas! (*Don't put on any make-up!*)

23 The infinitive

The infinitive is the noun form of the verb (and the form to be found in the dictionary). Indeed a few infinitives are also true nouns, such as un **devoir** (*a duty*), les **devoirs** (*the homework*), le **déjeuner** (*lunch*), etc.

A verb in the infinitive can be the subject or the object of another verb, or it may be governed by a preposition.

a **Without a preposition**

The infinitive is used when the verb is the subject of another verb.

Ex. **Travailler** est indispensable. (*Working is a must.*)

Note that often the English is rendered by the **-ing** form.

The infinitive is also used when the verb is the object of another verb such as:

(**i**) a modal verb like **devoir**, **pouvoir** or **vouloir**.

Ex. Il doit **venir**. (*He must come.*), Je veux **aller** à l'étranger. (*I want to go abroad.*)

(**ii**) **aller**, **partir**, **venir**, **savoir**, **croire**, **falloir** (il faut).

Ex. Elle part **travailler** à sept heures. (*She leaves for work at seven.*), Il faut **arriver** à l'heure. (*One must arrive on time.*), Ils viennent **voir** l'usine. (*They come to see the factory.*), Viens/Venez **voir**! (*Come and see!*)

(**iii**) After verbs of **liking/disliking/preference.**

Ex. J'aime **aller** au concert. (*I like to go to concerts.*), Elle déteste **faire** la cuisine. (*She hates cooking.*), Ils préfèrent **passer** leurs vacances en France. (*They prefer to spend their holidays in France.*)

(**iv**) After verbs of perception.

Ex. Je l'entends **jouer** de la trompette. (*I (can) hear him/her playing the trumpet.*), Il regarde les enfants se **battre**. (*He watches the children fighting.*)

Note that, in fact, in French the infinitive is always used when a verb follows another one, with the exception of verbs following an auxiliary verb (**to have/to be**) in the case of the perfect tense (see page 337).

b   **After a preposition**

Ex. Elle a l'intention **de** refuser. (*She intends to refuse.*), **Pour** aller rue de Vaugirard S.V.P.? (*How do I get to rue de Vaugirard please?*), Il se met **à** travailler deux jours avant l'examen. (*He starts to work two days before the exam.*), J'essaie **d'**être poli avec lui. (*I try to be polite to him.*), Téléphonez avant **de** partir. (*Give a ring before leaving.*), Il réussit même **sans** travailler. (*He succeeds even without working.*), Il commence **à** pleuvoir. (*It is starting to rain.*), J'hésite **à** y aller. (*I hesitate to go there.*), Nous refusons **de** le faire. (*We refuse to do it.*), Empêche-les **de** partir. (*Prevent them from leaving.*)

c   As you have noticed some verbs/expressions are followed by **à** and others by **de**. They must be learnt by heart. Here are two lists of the most common verbs of this kind.

Verbs followed by an infinitive introduced by **à**:
aider à (*to help to*), **apprendre à** (*to learn/teach to*), **commencer à/se mettre à** (*to start to*), **consister à** (*to consist in*), **se décider à** (*to resolve to*), **hésiter à** (*to hesitate to*), **s'intéresser à** (*to be interested in*), **réussir à** (*to succeed in*), etc.

Verbs followed by an infinitive introduced by **de:**
accuser de (*to accuse of*), **arrêter de** (*to stop*), **décider de** (*to decide to*), **défendre de** (*to forbid to*), **empêcher de** (*to prevent from*), **essayer de** (*to try to*), **éviter de** (*to avoid*), **permettre de** (*to allow to*), **refuser de** (*to refuse to*), **remercier de** (*to thank for*), **s'étonner de** (*to be astonished at*), **avoir peur de** (*to be afraid of*), **avoir l'intention de** (*to intend to*), **être content de** (*to be pleased to*), **il est temps de** (*it is time to*), etc.

Note:

(**i**) When a sentence with two verbs is in the negative, only the first one (conjugated) is placed between the negative words.

Ex. Vous ne pouvez pas **rester** ici. (*You can't stay here.*), Je n'aime pas **prendre** l'avion. (*I don't like taking the plane.*)

(**ii**) But when a verb in the infinitive is itself in the negative, the two negative words precede it.

Ex. Prière de ne pas **stationner**. (*Please do not park.*), Ne pas **se pencher** au dehors. (*Do not lean out.*)

(**iii**) When a pronoun is used it usually comes before the infinitive because it depends on it.

Ex. Vous ne pouvez pas y **aller**. (*You can't go there.*), Je veux le **voir**. (*I want to see him/it.*)

24 Savoir/connaître

Please consult the table of irregular verbs on pages 338–41.

There are two ways of translating **to know** into French:

a **Connaître** is used for people, places or things which are known via the senses (e.g. sight, hearing). Therefore, **connaître** is usually followed by a **noun**.

Ex. Ils ne connaissent pas **l'Angleterre**. (*They don't know England.*), Je connais bien **Le Centre Pompidou**. (*I know the Pompidou Centre well.*), Connaissez-vous **Sylvie Clément**? (*Do you know Sylvie Clément?*)

b **Savoir** is used when talking about knowing facts, i.e. *to know* that/why/whether/how/when/ which, etc. Therefore, **savoir** is usually followed by a **sentence**.

Ex. Je ne sais pas **s'il est français ou belge**. (*I don't know whether he is French or Belgian.*), Nous savons **qu'il part demain**. (*We know that he is leaving tomorrow.*), Elle sait **pourquoi tu es en retard**. (*She knows why you are late.*)
– Quelle heure est-il? (*What's the time?*)
– Je ne sais pas. (*I don't know.*)

25 Savoir/pouvoir

Savoir translates the English **can** when it means to know how to do something one has learnt.

Ex. Je ne sais pas nager. (*I can't swim.*), Les enfants savent déjà lire et écrire. (*The children can already read and write.*), Il sait compter jusqu'à cent. (*He can count up to a hundred.*).

Pouvoir expresses more the idea of being allowed/free to do something, to be able in the sense that it is possible because of the circumstances.

Compare:
Il sait nager. (*He can swim, i.e. knows how*) *and* Il peut nager aujourd'hui. (*He can swim today* – i.e. *He is allowed to/It is possible for him to swim* – for the weather permits it, the sea is not too rough, the swimming pool is not empty, etc.)

26   The perfect tense

If you want to express what you or someone else did in the past, you have to use the perfect tense. It is a compound tense made up of two elements:
an auxiliary verb, **avoir** (*to have*) in most cases, conjugated in the present tense; and a special form of the verb you wish to use, called the past participle.

Ex. J'**ai regardé** la télévision. (*I have watched television./I watched television.*), Il **a fini** son travail. (*He has finished his work./He finished his work.*), Vous n'**avez** pas **répondu**. (*You have not answered./You did not answer.*).

a   The auxiliary verb

Both *I wrote a letter* and *I have written a letter* are translated **J'ai écrit une lettre**. Do not be tempted to leave out the auxiliary verb in French, as you can in English; it is incorrect in French.

Most verbs are conjugated with **avoir**. However, some are conjugated with **être**; you have already met one of them, **aller** (*to go*). The verbs, given in the table of irregular verbs (starting on page 338), which are conjugated with **être** are marked: e.g. **aller** = *to go* (conj. **être**).

b   The past participle

Regular past participles (which are the equivalents of the English **-ed** ending) are formed as follows:
Change **-er** to **-é**: regard**er** → regard**é** (*to watch* → *watch**ed***)
Change **-re** to **-u**: répond**re** → répond**u** (*to answer* → *answer**ed***)
Change **-ir** to **-i**: fin**ir** → fin**i** (*to finish* → *finish**ed***)

Unfortunately, a number of verbs have irregular past participles which must be learned by heart. Here are the ones that you have already met:
écrire (*to write*) → **écrit** (*written*)
faire (*to do, to make*) → **fait** (*done, made*)
lire (*to read*) → **lu** (*read*)
prendre (*to take*) → **pris** (*taken*)

The verbs given in the table of irregular verbs which have an irregular past participle are shown: e.g. **lire** = *to read* (p.p. **lu**).

You will have noticed that the past participles of verbs conjugated with **être** agree with the subject; you have to add an **-e** and/or an **-s** when the subject is feminine and/or plural.

Ex. A man would say: **Je suis allé au cinéma** (*I went to the cinéma.*) A woman would say: **Je suis allée au théâtre**. (*I went to the theatre.*). If you were talking to a mixed group of people, you would say: **Vous êtes all*és* à la piscine?** (*Did you go to the swimming pool?*). If you were only addressing girls or women, you would say: **Vous êtes rest*ées* à la maison?** (*Did you stay at home?*)

c   Negative sentences and questions

To make a negative sentence with verbs conjugated with **avoir**, simply put the correct form of **avoir** between **n'** and **pas**.

Ex. Je **n'**ai **pas** travaillé. (*I did not work/have not worked.*), Vous **n'**avez **pas** téléphoné. (*You did not phone/have not phoned.*)

With verbs conjugated with **être**, use **n'** or **ne** accordingly and **pas**.

Ex. Je **ne** suis **pas** allé(e) au cinéma. (*I did not go/have not gone to the cinema.*), Vous **n'**êtes **pas** allé(e) chez Claude. (*You did not go/have not gone to Claude's.*).

To ask questions, you can use any of the following methods:
– Vous avez mangé au restaurant? (no change)
– Est-ce que vous avez mangé au restaurant? (use of **Est-ce que**)
– Avez-vous mangé au restaurant? (use of the inversion)

They all mean *Did you eat out/Have you eaten out?*. You need to be aware of the various possibilities, to be able to recognise them, but you should use the one with which you feel most comfortable.

27 Main groups of regular verbs

-ER chanter = *to sing*	**-IR finir** = *to finish*	**-RE perdre** = *to lose*
je chante	je finis	je perds
tu chantes	tu finis	tu perds
il/elle/on chante	il/elle/on finit	il/elle/on perd
nous chantons	nous finissons	nous perdons
vous chantez	vous finissez	vous perdez
ils/elles chantent	ils/elles finissent	ils/elles perdent

Note: Although this gives the main groups of regular verbs in French it is by no means definitive; for instance there are certain spelling irregularities in **-er** verbs (**jeter**, **commencer**, **manger**) and sub groups of **-re** and **-ir** verbs (**prendre**, **dormir**). These are dealt with in the grammar section to which you should refer.

28 Table of irregular verbs

aller = *to go* (conj. **être**)	**apprendre** = *to learn* (p.p. **appris**)	*or*
		je m'assois
		tu t'assois
je vais	j'apprends	il/elle/on s'assoit
tu vas	tu apprends	nous nous assoyons
il/elle/on va	il/elle/on apprend	vous vous assoyez
nous allons	nous apprenons	ils/elles s'assoient
vous allez	vous apprenez	
ils/elles vont	ils/elles apprennent	

appeler = *to call*	**s'asseoir** = *to sit down* (p.p. **assis**) (conj. **être**)	**avoir** = *to have* (p.p. **eu**)
j'appelle		j'ai
tu appelles	je m'assieds	tu as
il/elle/on appelle	tu t'assieds	il/elle/on a
nous appelons	il/elle/on s'assied	nous avons
vous appelez	nous nous asseyons	vous avez
ils/elles appellent	vous vous asseyez	ils/elles ont
	ils/elles s'asseyent	

battre = *to beat*

je bats
tu bats
il/elle/on bat
nous battons
vous battez
ils/elles battent

boire = *to drink*
(p.p. **bu**)

je bois
tu bois
il/elle/on boit
nous buvons
vous buvez
ils/elles boivent

comprendre = *to understand*
(p.p. **compris**)

je comprends
tu comprends
il/elle/on comprend
nous comprenons
vous comprenez
ils/elles comprennent

conduire = *to drive*
(p.p. **conduit**)

je conduis
tu conduis
il/elle/on conduit
nous conduisons
vous conduisez
ils/elles conduisent

connaître = *to know*
(p.p. **connu**)

je connais
tu connais
il/elle/on connaît
nous connaissons
vous connaissez
ils/elles connaissent

courir = *to run*
(p.p. **couru**)

je cours
tu cours
il/elle/on court
nous courons
vous courez
ils/elles courent

croire = *to believe*
(p.p. **cru**)

je crois
tu crois
il/elle/on croit
nous croyons
vous croyez
ils/elles croient

cueillir = *to pick*

je cueille
tu cueilles
il/elle/on cueille
nous cueillons
vous cueillez
ils/elles cueillent

devoir = *must, to have to*
(p.p. **dû**)

je dois
tu dois
il/elle/on doit
nous devons
vous devez
ils/elles doivent

devenir = *to become*
(p.p. **devenu**)
(conj. **être**)

see VENIR

dire = *to say*
(p.p. **dit**)

je dis
tu dis
il/elle/on dit
nous disons
vous dites
ils/elles disent

dormir = *to sleep*

je dors
tu dors
il/elle/on dort
nous dormons
vous dormez
ils/elles dorment

écrire = *to write*
(p.p. **écrit**)

j'écris
tu écris
il/elle/on écrit
nous écrivons
vous écrivez
ils/elles écrivent

être = *to be*
(p.p. **été**)

je suis
tu es
il/elle/on est
nous sommes
vous êtes
ils/elles sont

faire = *to do, make*
(p.p. **fait**)

je fais
tu fais
il/elle/on fait
nous faisons
vous faites
ils/elles font

falloir = *to be necessary*
(p.p. **fallu**)

il faut

lire = *to read*
(p.p. **lu**)

je lis
tu lis
il/elle/on lit
nous lisons
vous lisez
ils/elles lisent

mettre = *to put*
(p.p. **mis**)

je mets
tu mets
il/elle/on met
nous mettons
vous mettez
ils/elles mettent

mourir = *to die*
(p.p. **mort**)
(conj. **être**)

je meurs
tu meurs
il/elle/on meurt
nous mourons
vous mourez
ils/elles meurent

ouvrir = *to open*
(p.p. **ouvert**)

j'ouvre
tu ouvres
il/elle/on ouvre
nous ouvrons
vous ouvrez
ils/elles ouvrent

partir = *to leave*
(conj. **être**)

je pars
tu pars
il/elle/on part
nous partons
vous partez
ils/elles partent

plaire = *to please*
(p.p. **plu**)

je plais
tu plais
il/elle/on plaît
nous plaisons
vous plaisez
ils/elles plaisent

pleuvoir = *to rain*
(p.p. **plu**)

il pleut

pouvoir = *can, be able to*
(p.p. **pu**)

je peux/puis-je?
tu peux
il/elle/on peut
nous pouvons
vous pouvez
ils/elles peuvent

prendre = *to take*
(p.p. **pris**)

je prends
tu prends
il/elle/on prend
nous prenons
vous prenez
ils/elles prennent

recevoir = *to receive*
(p.p. **reçu**)

je reçois
tu reçois
il/elle/on reçoit
nous recevons
vous recevez
ils/elles reçoivent

revenir = *to come back*
(p.p. **revenu**)
(conj. **être**)

see VENIR

rire = *to laugh*
(p.p. **ri**)

je ris
tu ris
il/elle/on rit
nous rions
vous riez
ils/elles rient

savoir = *to know*
(p.p. **su**)

je sais
tu sais
il/elle/on sait
nous savons
vous savez
ils/elles savent

sentir = *to smell, feel*

je sens
tu sens
il/elle/on sent
nous sentons
vous sentez
ils/elles sentent

servir = *to serve*

je sers
tu sers
il/elle/on sert
nous servons
vous servez
ils/elles servent

sortir = *to go out*
(conj. **être**)

je sors
tu sors
il/elle/on sort
nous sortons
vous sortez
ils/elles sortent

suivre = *to follow*
(p.p. **suivi**)

je suis
tu suis
il/elle/on suit
nous suivons
vous suivez
ils/elles suivent

tenir = *to hold*
(p.p. **tenu**)

je tiens
tu tiens
il/elle/on tient
nous tenons
vous tenez
ils/elles tiennent

venir = *to come*
(p.p. **venu**)
(conj. **être**)

je viens
tu viens
il/elle/on vient
nous venons
vous venez
ils/elles viennent

voir = *to see*
(p.p. **vu**)

je vois
tu vois
il/elle/on voit
nous voyons
vous voyez
ils/elles voient

vouloir = *to wish, want*
(p.p. **voulu**)

je veux
tu veux
il/elle/on veut
nous voulons
vous voulez
ils/elles veulent

29 Numbers

a **Cardinal numbers**

1	un, une	17	dix-sept
2	deux	18	dix-huit
3	trois	19	dix-neuf
4	quatre	20	vingt
5	cinq	21	vingt et un
6	six	22	vingt-deux
7	sept	23	vingt-trois
8	huit	24	vingt-quatre
9	neuf	25	vingt-cinq
10	dix	26	vingt-six
11	onze	27	vingt-sept
12	douze	28	vingt-huit
13	treize	29	vingt-neuf
14	quatorze	30	trente
15	quinze	31	trente et un
16	seize	32	trente-deux

40	quarante	91	quatre-vingt-onze
50	cinquante	99	quatre-vingt-dix-neuf
60	soixante	100	cent
70	soixante-dix	101	cent un
71	soixante et onze	200	deux cents
72	soixante-douze	201	deux cent un
73	soixante-treize	220	deux cent vingt
77	soixante-dix-sept	500	cinq cents
80	quatre-vingts	1000	mille
81	quatre-vingt-un	2000	deux mille
82	quatre-vingt-deux	5000	cinq mille
90	quatre-vingt-dix		

Ordinal numbers have the same form whether they are masculine or feminine, except for **un**/**une** (1). **Vingt** (20) and **cent** (100) take a plural **s** when standing alone, but not when followed by another number.

Ex. deux **cents** (*200*), deux **cent** un (*201*).

Note also quatre-vingt**s** (80) (lit. four twenties)
but quatre-vingt-trois (83)

b **Ordinal numbers**
Ordinal numbers are formed by adding **-ième** to the cardinals.

Ex. trois (3) → trois**ième** (*third*)

If there is a final **e** in the cardinal this is dropped.

Ex. quatr**e** (4) → quatr**ième** (*fourth*)

A final **f** becomes **v**.

Ex. neuf (9) → neuv**ième** (*ninth*)

A final **q** adds a **u**.

Ex. cinq (5) → cinqu**ième** (*fifth*)

Like the cardinal numbers they keep the same form in the masculine and feminine, except for **premier**/**première** (*first*) and **second**/**seconde**, an alternative to **deuxième** (*second*).

Compound numbers just add **-ième** to the second number.

Ex. vingt et un**ième** (*twenty-first*).

Ordinal numbers are not used in French for kings/queens, etc. nor months, except for **first**.

Ex. François Ier (**premier**); Élisabeth Ière (**première**) *but* Henri IV (**quatre**); Louis XV (**quinze**); Élisabeth II (**deux**); le 1er janvier, le 1er mai, le 1er avril, etc. (**premier**); le 24 novembre (**vingt-quatre**); le 14 juillet (**quatorze**); le 6 juin (**six**).

30   Seasons, months, days

Les mois	*the months*
janvier	*January*
février	*February*
mars	*March*
avril	*April*
mai	*May*
juin	*June*
juillet	*July*
août	*August*
septembre	*September*
octobre	*October*
novembre	*November*
décembre	*December*

Note: en avril, au mois d'avril (*in April*).

Les jours	*the days*
lundi	*Monday*
mardi	*Tuesday*
mercredi	*Wednesday*
jeudi	*Thursday*
vendredi	*Friday*
samedi	*Saturday*
dimanche	*Sunday*

Note: lundi (*on Monday*); le lundi (*on Mondays*).

Capital letters are not used for any of these in French.

Les saisons	*the seasons*
le printemps	*spring*
l'été	*summer*
l'automne	*autumn*
l'hiver	*winter*

Note: en été/l'été (*in summer*); en automne (*in autumn*); en hiver/l'hiver (*in winter*); au printemps (*in spring*).

Vocabulary

French–English

à to, at; — **vous**! your turn!
l'abeille (f) bee
d'abord at first
l'abricot (m) apricot
absolument absolutely
accepté accepted
les accessoires (m) accessories
l'accord (m) agreement; **d'**— agreed
l'accordéon (m) accordion
accro (de) crazy (about)
l'achat (m) purchase
acheter to buy
l'acteur(-trice) (m, f) actor, actress
actuel current
actuellement currently
l'addition (f) bill
admirer to admire
adorer to love, to adore
l'adresse (f) address
l'aérobic (m) aerobics
l'aéroglisseur (m) hovercraft
l'aéroport (m) airport
les affaires (f) belongings, business
affreux awful, ugly
africain African
l'âge (m) age
l'agence (f) **de voyages** travel agent's
l'agenda (m) diary
aggressif(-ive) aggressive
l'agneau (m) lamb
agréable nice, agreeable, pleasant
aider to help
l'ail (m) garlic
aimer to like, to love
ainsi thus
l'air (m) air, tune; **avoir l'**— **riche** to look rich; **en plein** — in the open air
ajouter to add
l'alcool (m) alcohol
allemand German
aller to go; **s'en** — to go away; **allez-y!, vas-y!** go on!; — **chercher** to fetch
l'aller (m) **simple** single ticket; **l'**— **et retour** return ticket
allô hello (on the phone)
allumer to light, to switch on
alors so, then
l'alpinisme (m) climbing, mountaineering
l'alpiniste (m, f) mountaineer
alsacien from Alsace
l'alto (m) viola

l'amande (f) almond
l'amateur (m) amateur
aménagé fitted out
américain American
l'ami(e) (m, f) friend; **petit(e)** —(e) boy/ girl friend
amoureux(-euse) in love
l'an (m) year
ancien ancient, former, old
l'angine (f) throat infection
anglais English
l'animal (m) animal; — **familier** pet
anisette (f) aniseed drink
l'année (f) year
l'anniversaire (m) birthday; **l'**— **de mariage** wedding anniversary
l'anorak (m) anorak
l'apéritif (m) aperitif
l'appareil (m) **photo** camera; **à l'**— speaking (on the phone)
l'appartement (m) flat
appartenir (à) to belong (to)
appeler to call; **s'**— to be called
apporter to bring (something)
après after
l'après-midi (m or f) afternoon
l'araignée (f) spider
l'architecte (m, f) architect
l'argent (m) money, silver; **l'**— **de poche** pocket money
l'armée (f) army
l'armoire (f) cupboard, wardrobe
arranger to arrange
l'arrêt (m) stop; **l'**— **d'autobus** bus stop; **(s')arrêter** to stop
arriver to arrive
l'ascenseur (m) lift
l'ascension (f) ascent
l'aspirateur (m) vacuum cleaner, hoover
l'aspirine (m) aspirin
s'asseoir to sit down; — **en tailleur** sit cross-legged
assez enough, quite
l'assiette (f) plate
assurer to guarantee, to assure
assorti matching
l'astronaute (m, f) astronaut
l'athlétisme (m) athletics
attendre to wait for
attention! watch out!, be careful!
attirer to draw, to attract
attraper to catch
au-dessus (de) above

aucun no, none
l'auditeur(-trice) (m, f) listener
aujourd'hui today
auparavant previously
aussi also
aussitôt immediately, at once
australien Australian
autant de as much/many
l'auto (f) car; **l'automobiliste** (m, f) driver, motorist
automatique automatic
l'automne (m) autumn
autour (de) around
autre other, else
autrefois formerly, in the past
l'autruche (f) ostrich
l'avance (f) advance; **à l'**— in advance; **en** — early
avancer to go forward
l'avantage (m) advantage
avant before
l'avare (m) miser
avec with; — **ça (ceci)**? anything else?
l'avenir (m) future
l'avenue (f) avenue, wide street
l'avion (m) aeroplane
l'avis (m) opinion; **à mon** — in my opinion
avoir to have; **avez-vous compris?** did you understand?

le bacon bacon
le badminton badminton
les bagages (m, pl) luggage
la bague ring
la baguette French loaf, chopstick
le/la baigneur(-euse) bather
le bain bath; **prendre un** — **de soleil** to sunbathe
baisser to lower
le bal ball, dance
la balançoire swing
le balcon balcony
le ballon ball
la banane banana
la bande dessinée strip cartoon
la banlieue suburbs
la banque bank
le banquet dinner, banquet
le bar bar
la barbe beard
la barrière barrier, gate
la basilique basilica
la bataille battle

le bateau boat
le bâtiment building
la batterie battery
se battre to fight
la BD (bande dessinée) strip cartoon
beau (bel, belle) fine, beautiful handsome
le beau-fils son-in-law, step-son
le beau-père father-in-law, step-father
beaucoup (de) much, a lot (of)
la beauté beauty
les beaux-parents parents-in-law
le bébé baby
beige beige
belge Belgian
la belle-fille daughter-in-law, step-daughter
la belle-mère mother-in-law, step-mother
le besoin need; **avoir — (de)** to need
le bermuda bermuda shorts
bêtement stupidly
le beurre butter
la bibliothèque library
le bic biro
la biche doe
la bicyclette bicycle
le bidet bidet
bien good
bien sûr of course
la bienvenue welcome
la bière beer
le bifteck steak
le bijou jewel
blanc white
bleu blue; **— marine** navy blue
le billet ticket, banknote
blanchir to whiten
blond blond
le blouson short zipped jacket
le (blue-) jean jeans
le bœuf ox, beef
boire to drink
le bois wood
la boisson drink
la boîte box, tin; **— postale** P.O. Box
bon good
le bon de commande order form
le bonbon sweet
bonjour hello, good day, good morning
le bonnet bonnet, (woolly) hat
bonsoir good evening
le bord edge
bordeaux plum coloured, maroon; **le —** Bordeaux wine
la bouche mouth
le/la boucher(-ère) butcher
la boucherie butcher's shop
bouclé curly
la boucle d'oreille earring
le/la boulanger(-ère) baker
la boulangerie baker's shop
le bourgogne Burgundy wine
bourguignon from Burgundy
le bout end, piece
la bouteille bottle
le bouton button

le bracelet bracelet
la branche branch
le bras arm
breton from Brittany
bricoler to potter around, do D.I.Y.
le bridge bridge (game of)
le brie brie (cheese)
briller to shine
la brique brick
britannique British
brosser to brush
le brouillard fog
le bruit noise
brûler to burn
brun brown
le buffet buffet, sideboard
le bulletin d'inscription (enrolment) form
le bureau office; **le — de change** foreign exchange office; **le — des objets trouvés** lost property office
le bus (l'autobus) bus

ça (cela) that
le cabaret cabaret
le cabinet médical surgery
le cadeau present
le cadre setting, frame
le café coffee, café
le cahier exercise book
calmant soothing
le cambriolage burglary
le camembert camembert (cheese)
le camion lorry
la campagne country, countryside; **à la —** in the country; **en pleine —** right in the country
le camping camping, camp site
canadien Canadian
le canapé sofa
le canard duck
le/la candidat(e) candidate, contestant
le caniche poodle
la cantine canteen
la capuche hood
le car (l'autocar) coach
car for
le carburant fuel
la carotte carrot
le carreau check, square
le carrefour crossroads
la carte card, map, menu; **la — de crédit** credit card; **la — d'identité** identity card; **la — postale** postcard
le carton cardboard box
la cascade waterfall
la casquette cap
le casino casino
casser to break
la casserole saucepan
la cathédrale cathedral
la cause cause; **à — (de)** because (of)
la cave cellar
le caviar caviar
le CD CD

ce (cet, cette) this, that; **ces** these, those
celle-ci (f) the latter, this one
celui-ci (m) the latter, this one
ceci this
la ceinture belt
célèbre famous
célibataire single, unmarried
la centaine about a hundred
le centre centre; **le — commercial** shopping centre; **le — culturel** cultural centre; **le — universitaire** university complex
la céréale cereal
la cérémonie ceremony
la cerise cherry
ceux (m pl) those, those ones
chacun each one
la chaise chair
la chambre bedroom; **la — d'hôte** bed and breakfast
le champ field
le champagne champagne
le champignon mushroom
la chance luck; **avoir de la —** to be lucky
changer to change
la chanson song
chanter to sing
la chanterelle yellow mushroom
le/la chanteur(-euse) singer
le chapeau hat
chaque each, every
la charcuterie pork butcher's, delicatessen
le charcutier pork butcher
le chat cat
châtain chestnut-brown
le château castle
chaud hot
le chauffage heating
chauffer to heat
la chaussette sock
la chaussure shoe
chauvin chauvinist
le chemin way, path
la cheminée fireplace
le cheminot railwayman
la chemise shirt
le chemisier woman's shirt, blouse
cher dear, expensive
chercher to look for, search
le cheval horse
la chèvre goat
chez at (someone's house)
le chien dog
chinois Chinese
le chocolat chocolate
choisir to choose
le choix choice
le chômage unemployment; **en —** out of work
la chose thing
le chou cabbage; **mon petit —** (term of endearment) my love; **le — fleur** cauliflower
le cidre cider

le ciel sky
la cigarette cigarette
le cinéma cinema
la circulation traffic
circuler to run (of train, bus, etc.)
citer to quote, to name
le citron lemon; **le — pressé** squeezed
lemon juice
clair clear, light
la clarinette clarinet
la classe class, classroom
classique classical
la clé (clef) key
le/la client(e) client, customer
la clinique clinic
clos enclosed, closed
le coca coke, coca-cola
cocher to tick
le cochon pig; **le — d'Inde** guinea pig
le code code; **le — confidentiel** pin
number; **le — de la route** Highway
code
le cœur heart; **avoir mal au —** to feel
sick
le cognac brandy
se coiffer to do one's hair
le/la coiffeur(-euse) hairdresser
le coin corner, area
la colère anger; **être en —** to be angry
le collant (pair of) tights
la collection collection; **faire — (de)** to
collect
le collège college
le/la collègue colleague
le collier necklace
la colline hill
la comédie comedy
la commande order
commander to order
comme as, like, for; **— çi — ça** not too
bad, so so
commencer to begin
comment what, how, what . . . like
le commerce business, shop
le commissariat (de police) police station
la commode chest of drawers
compact compact
la compagne companion (f)
le compartiment compartment
complet completed, full
complètement completely
comporter to comprise
le compositeur de musique composer
comprendre to understand
le comprimé tablet
compris understood, included
le/la comptable accountant
le comptoir counter
le/la concierge concierge, caretaker
le concours competition
la condition condition; **à — (de)** on
condition
conduire to drive
la confiture jam

confortable comfortable
le congé day off/leave
le congélateur freezer
connaître to know (person or place)
le conseil advice
consoler to console, to comfort
construit built
le conte tale
content(e) happy, pleased
contempler to contemplate
continuer to continue
le contraire, au — on the contrary
contre against
la contrebasse double-bass
converti converted
le coq cockerel, chicken
le corps body
corriger to correct
corse Corsican
le costume suit
la côte coast
la côtelette cutlet, chop
le coton cotton
le cou neck
la couche coat, layer
se coucher to go to bed
couler to flow
la couleur colour
le couloir corridor
le coup de soleil sunburn
le — de téléphone/fil phone call
le couple couple
courir to run
le cours course, lesson
la course race; **les —s** shopping
court short
courtois courteous
le couscous couscous; a North African dish
le/la cousin(e) cousin
le couteau knife
coûter to cost
la couture sewing
le couvert place setting, cutlery
couvrir to cover
craindre to fear
craintif(-ive) timid
la cravate tie
le crayon pencil
la crème cream; **la — protectrice**
protective cream
le (grand) crème (large) white coffee
le/la crémier(-ère) dairyman/woman
la crêpe pancake
la crêperie pancake restaurant
le cri cry, shout
le crochet crochet
crochu hooked
le croisement crossroads
le croissant croissant
la croix cross
le croque-monsieur toasted cheese and
ham sandwich
les crudités raw vegetables
la cuiller (cuillère) spoon

la cuillerée spoonful; **la — à café**
teaspoonful; **la — à dessert**
dessertspoonful; **la — à soupe**
tablespoonful
le cuir leather
la cuisine kitchen; **faire la —** to do the
cooking
le/la cuisinier(-ière) cook
la cuisse thigh; **les —s de grenouilles**
frogs' legs
cuit cooked; **— à point** medium cooked;
bien — well done
le curé priest
curieux curious, nosy
le cygne swan

le daim suede
danois Danish
dans in
danser to dance
le/la danseur(-euse) dancer
le dauphin dolphin
de of, from
le débardeur vest top
debout standing
se débrouiller to manage
le début beginning
décaféiné decaffeinated
décider to decide
décolleté low-cut
découvrir to discover
(se) décrire to describe (oneself)
dedans inside
le défaut fault, flaw
défendre to forbid, defend
dégoûtant disgusting
déjà already
le déjeuner lunch; **—** to have lunch
délicieux delicious
demain tomorrow
demander to ask; **se —** to wonder
le déménagement removal
déménager to move house
le déménageur removal man
la demeure dwelling
demi half
la dent tooth
la dentelle lace
le dentifrice toothpaste
le/la dentiste dentist
dépasser to overtake
se dépêcher to hurry
dépendre; ça dépend (de) that depends
(on)
déplaire to displease
le dépliant leaflet
depuis since, for
déranger to disturb
dernier(-ière) last; **le/la —** the
youngest
derrière behind
désagréable unpleasant
descendre to go down
la descente descent

le désert desert
désirer to want
désolé sorry
le dessert dessert
la destination destination
se détendre to relax
détester to detest, to hate
deuxième second
devenir to become
deviner to guess
la devise currency
devoir to have to, must; **les —s** (*m pl*)
    homework
la diarrhée diarrhoea
le dictionnaire dictionary
différent different
la difficulté difficulty
dimanche (*m*) Sunday
le dîner dinner; **—** to have dinner (evening
    meal)
dire to say, to tell
directement directly
la discothèque discothèque
discrètement discreetly
disparaître to disappear
se disputer to quarrel
le disque record; **le — compact** CD
distrait absent-minded
divorcé divorced
divorcer to get divorced
le doigt finger
le domicile home
le dommage damage; **quel —!** what a
    pity!, what a shame!
donner to give; **— sur** to overlook
doré golden
dormir to sleep
le dos back
double double
doucement gently
la douche shower
la douleur pain, suffering
doux(-ce) sweet, mild
la douzaine dozen
le drap sheet
la droguerie hardware store
droit straight; **le —** law; **tout —** straight
    on
la droite right; **à —** on the right
drôle funny
le duché duchy
dur hard
durer to last
le DVD DVD

l'eau (*f*) water
l'échantillon (*m*) sample
s'échapper to escape
les échecs (*m*) chess
l'école (*f*) school
économique economical
écossais Scottish, tartan
écouter to listen (to)
l'écran (*m*) screen

écrire to write
l'écrivain (*m*) writer
égal equal; **ça m'est —** I don't mind
l'église (*f*) church
électrique electric
élégant elegant
elle she, her
elles they, them
embarrassant embarrassing
embêtant annoying
l'embouteillage (*m*) traffic jam
embrasser to kiss
l'embrayage (*m*) clutch
l'émission (*f*) broadcast, programme
emmener to take (someone/somewhere)
l'empereur (*m*) emperor
l'emploi (*m*) job
l'employé(e) (*m, f*) employee, clerk
emporter to take away (something)
emprunter to borrow
en in, some, some of it/them
enchanté(e) delighted, pleased to meet you
encore again, still; **pas —** not yet
s'endormir to fall asleep
l'endroit (*m*) place
l'enfance (*f*) childhood
l'enfant (*m, f*) child
enlever to take off
l'enquête (*f*) survey, enquiry; **l'— par
    sondage** sample survey
l'enquêteur(-trice) market researcher
l'enregistrement (*m*) recording
enregistrer to record
l'enseignement (*m*) education, teaching
ensemble together
ensoleillé sunny
ensuite then, after that
entendre to hear
s'entendre (**bien**) to get on (well)
entre between
l'entrée (*f*) starter, entrance hall
l'entreprise (*f*) firm
envie: avoir — de to want to
environ about
envoyer to send
l'épaule (*f*) shoulder
épargné spared
l'épi (*m*) ear (of corn)
épicé spicy
l'épicerie (*m*) grocer's
éplucher to peel
l'éponge (*f*) sponge
l'épreuve (*f*) test
l'équipe (*f*) team/shift
équipé equipped, fitted
l'équitation (*f*) (horse)riding
l'erreur (*f*) mistake
l'escalade (*f*) climbing
l'escalier (*m*) stairs
l'escargot (*m*) snail
espagnol Spanish
espérer to hope
l'esplanade (*f*) esplanade
l'esprit (*m*) spirit, wit

essayer to try
l'essence (*f*) petrol
essoufflé out of breath
essuyer to wipe
l'est (*m*) East
et and; **— vous?** what about you?
l'étable (*f*) cowshed
l'étage (*m*) floor
l'étagère (*f*) shelf
l'été (*m*) summer
étincelant sparkling
l'étoile (*f*) star
l'étranger(-ère) (*m, f*) stranger, foreigner
être to be
étroit narrow, tight
l'étudiant(e) (*m, f*) student
étudier to study
exact correct
exactement exactly
s'excuser to apologize; **excusez-moi**
    excuse me
les exercices (*m*) **abdominaux**
    abdominal exercises
exotique exotic
expliquer to explain
l'exposition (*f*) exhibition
l'express (*m*) espresso coffee

face: **— à** facing; **en —** (**de**) opposite
se fâcher to get angry
facile easy; **facilement** easily
la façon way; **une — de parler** a way/
    manner of speaking
le facteur postman
la faim hunger; **avoir —** to be hungry
faire to do, to make; **faites le point!**
    check your progress!
le fait fact, deed; **en —** in fact
fameux famous
la famille family
la farine flour
fatigué tired
faut: il faut one must, it is necessary
la faute fault, mistake
le fauteuil armchair
faux(-sse) false
le faux-filet sirloin
fêlé cracked
félicitations congratulations
la femme woman, wife
la fenêtre window
férié: un jour — public holiday
la ferme farm
fermer to close; **fermé** closed
le fermier farmer
la fermière farmer (*f*), farmer's wife
la fête feast, festival, celebration, name day
fêter to celebrate
les feux (*m, pl*) traffic lights
fiancé engaged
se fiancer to get engaged
la fièvre fever, temperature
fier(-ère) proud
la fille daughter, girl

le film film
la fin end
finalement finally
fini finished
finir to finish
la firme firm
la fleur flower
le flot wave
le foie liver
la fois time
le/la fonctionnaire civil servant
le fond bottom, depths; **à —** thoroughly, deeply
fondre to melt, to thaw; **— en larmes** to burst into tears
la fondue fondue (cheese dish)
le football football
le foulard scarf
la forme shape, form; **être en —** to be fit
formidable terrific
la formule formula
fort strong, loud; **— en** good at
la forteresse fortress
fou (folle) mad
la fourchette fork
la fourrure fur
frais (fraîche) fresh, cool
la fraise strawberry
la framboise raspberry
français French
franchement frankly
frapper to hit, to beat
le frère brother
le frigidaire, le frigo fridge
frisé curly
la frite chip
froid cold
le fromage cheese
le fruit fruit
fumer to smoke
le fumeur smoker

gagner to win, to earn
la galette type of pancake
gallois Welsh
le gant glove
le garage garage
le garçon boy, waiter
garder to look after, to keep
la gare station
garnir to garnish
le gâteau cake; **le — sec** biscuit
la gauche left; **à —** on the left
le gazole diesel
le gazon lawn
général general
le genou knee
le genre kind
les gens (*m, pl*) people
la girolle yellow mushroom
le gîte rented holiday home
la glace ice, ice cream
le glaçon ice-cube
la gomme rubber

la gousse d'ail clove of garlic
le goût taste
goûter to taste
la goutte drop
le gramme gram
grand big, large, tall
la grand-mère grandmother
le grand-père grandfather
grandir to grow (up), get bigger
le gras fat
grave serious
le green golf green
le grenier loft, attic
la grenouille frog
la grève strike
la grillade grill, grilled meat
gris grey
gros big, fat
grossir to get big/fat, put on weight
le groupe group
le gruyère gruyere cheese
la guêpe wasp
la guerre war
le guichet ticket office, counter
le/la guide guide
la guitare guitar

s'habiller to get dressed
habiter to live
l'habitude (*f*) habit
d'habitude usually
habitué à used to
le hamster hamster
la hanche hip
la harpe harp
haut high; **en —** at the top, upstairs
les herbes (*f*) herbs
hésiter to hesitate
l'heure (*f*) hour, time; **de bonne —** early
heureusement fortunately
hier yesterday
l'histoire (*f*) story, history
l'hiver (*m*) winter
hollandais Dutch
l'homme (*m*) man
l'homme politique (*m*) politician
honnête honest
l'hôpital (*m*) hospital
l'horaire (*m*) timetable
horreur (*f*) horror, dread; **avoir — (de)** to hate
l'hôtel (*m*) hotel; **— de ville** town hall
l'hôtesse de l'air (*f*) air hostess
l'huile (*f*) oil
l'humeur (*f*) mood

ici here
l'idée (*f*) idea
ignorer to ignore, to be ignorant of
il he
il y a there is, there are, ago
l'île (*f*) island
imaginaire imaginary
ils they

l'immeuble (*m*) block of flats
impoli impolite, rude
l'importance (*f*) importance
s'imposer to be essential
impossible impossible
imprimer to print
l'inconnu(e) (*m, f*) unknown person, stranger
l'inconvénient disadvantage
indien Indian
indiquer to indicate
indiscret indiscreet, nosy
l'industriel (*m*) industrialist
infect foul, filthy, revolting
l'infirmier(-ère) (*m, f*) nurse
l'inflation (*f*) inflation
les informations (*f, pl*) news
l'ingénieur (*m*) engineer
inquiet worried
s'inquiéter to worry
s'inscrire to enrol
s'installer to settle (down)
insulter to insult
interdit forbidden
intéressant interesting
s'intéresser (à) to be interested (in)
l'intérieur (*m*) interior; **à l'—** inside
l'intérimaire (*m, f*) temporary worker
international international
interroger to question
interrompre to interrupt
l'interview (*f*) interview
interviewer to interview
l'inventaire (*m*) inventory
irlandais Irish
irresponsable irresponsible
isoler to isolate
italien Italian

le jabot jabot, shirt frill
jamais never
la jambe leg
le jambon ham
le jardin garden; **le — zoologique** zoo
le jardinage gardening
jaune yellow
jaunir to become yellow
je (j') I
le jean(s) jeans
jeter to throw
le jeu game; **le — de rôle** role play; **le — de société** board game
jeudi (*m*) Thursday
jeune young; **la — fille** young girl
joindre to contact by phone
joli pretty
le jongleur juggler
jouer to play; **— à** (+ a game); **— de** (+ a musical instrument)
le jouet toy
le jour day
le journal newspaper
la journée day
le judo judo

les jumeaux(-elles) (*m, f*) twins
la jupe skirt
le jus juice
jusqu'à until, as far as

kaki khaki
le kir white wine and blackcurrant liqueur

la the, it, her
là there
là-bas over there
là-haut up there
le laboratoire laboratory
le lac lake
la laine wool
laisser to leave, to let
le lait milk
la lampe lamp; **la — de poche** torch
lancer to throw
la langue tongue, language; **— vivante**
   modern language
le lapin rabbit
la larme tear
le lavabo washbasin
le lavage washing
le lave-vaisselle dish-washer
laver to wash; **se —** to wash oneself
le the, it, him
la leçon lesson
la lecture reading
le légume vegetable
la légende key (to symbols), legend
léger light
le lendemain the following day
lent slow; **lentement** slowly
la lentille de contact contact lens
lequel which, which one?; **avec**
   lesquelles (*f, pl*) with which
les the, them
la lessive washing, laundry
la lettre letter
leur their, to them
se lever to get up
la liaison connection
la librairie bookshop
la liberté freedom, liberty
libre free, spare, vacant
le lieu place
la ligne line, figure; **garder la —** to stay
   slim; **en —** online
le lilas lilac
la limite limit
lire to read
la liste list
le lit bed
le litre litre
le livre book; **la —** pound
livrer to deliver
le/la locataire tenant
la location hire
la loi law; **faire la —** to rule, to be the
   boss
loin far
les loisirs (*m*) leisure activities

long (**longue**) long
longtemps a long time
la lotion lotion
louer to rent, to hire
le loup wolf
lourd heavy
lui him, to him, to her
la lumière light
lundi (*m*) Monday
les lunettes (*f, pl*) glasses, spectacles
le lycée secondary school

la machine machine; **la — à laver**
   washing machine
madame Mrs, madam
mademoiselle miss
le magasin shop; **grand —** department store
le magazine magazine
maigrir to get thin, to lose weight
le maillot de bain swimming costume
la main hand
maintenant now
la mairie town hall
mais but
la maison house
le maître master
mal badly
le mal harm, illness; **le — de l'air** air
   sickness; **le — de mer** sea sickness;
   faire — to hurt; **avoir —** to be in pain
le/la malade patient; **—** ill, sick
malgré in spite of
malheureusement unfortunately
la manche sleeve
la Manche English Channel
manger to eat
la manifestation demonstration
manquer to miss
le manteau coat
se maquiller to put on make-up
le marchand merchant, seller, shopkeeper;
   le — de primeurs greengrocer
la marche walk, step
le marché market
marcher to go, to work, to walk
mardi (*m*) Tuesday; **Mardi Gras** Shrove
   Tuesday
le mari husband
marié married
se marier to get married
la maroquinerie fine leather goods
la marmotte marmot
la marque brand, make
marre: avoir marre (**de**) to be fed up
   (with)
le marron chestnut
mars March
martiniquais from Martinique
la maternité maternity hospital
le matin morning
la matinée morning; **faire la grasse —**
   to lie in
mauvais bad
la mayonnaise mayonnaise

méchant naughty, nasty, wicked; **chien —**
   beware of the dog
mécontent unhappy, displeased
la médaille medal, medallion
le médecin doctor, GP
le médicament medicine
médiéval medieval
le membre member
même even; **le/la —** the same
le ménage housework
la ménagère housewife
la ménagerie menagerie
mentir to tell a lie
le menton chin
le menu menu
la mer sea; **au bord de la —** at the
   seaside
merci thank you
mercredi (*m*) Wednesday
la mère mother; **la — de famille**
   housewife and mother
merveilleux(-se) marvellous
la messe mass
mesurer to measure
le métier occupation
se mettre d'accord (**pour**) to agree (to)
les meubles (*m, pl*) furniture
mi-temps part-time; **travailler à —** to
   work part-time
le midi midday; **le Midi** the South of
   France
le miel honey
mignon sweet, cute
le milieu middle; **au — (de)** in the
   middle (of)
le mille-feuille cream slice
mince slim, thin
la mine appearance; **avoir bonne/**
   mauvaise — to look well/ill
la mirabelle mirabelle plum
le mobilier furniture
la mobylette moped
la mode fashion; **à la —** fashionable
moderne modern
le mohair mohair
moi me
moins less
le mois month
la moisson harvest
la moitié half
le monde world; **beaucoup de —** a lot
   of people; **tout le —** everybody
monsieur Mr, sir
la montagne mountain
monter to take up, to go up (stairs)
la montre watch
le morceau piece
mordre to bite
mort dead
la morue cod
le mot word
la moto motorbike
les mots croisés (*m, pl*) crossword
mouillé wet

la moustache moustache, whiskers
le moustique mosquito
la moutarde mustard
le mouton sheep
le moyen means; **le — de transport** means of transport
municipal municipal
le mur wall
la musculation body-building
le musée museum
musicien(-ienne) musical
le/la musicien(ne) musician
la musique music
myope short-sighted
la myrtille bilberry, blueberry

nager to swim
la naissance birth
la nappe tablecloth
natal (*adj.*) native, home
la natation swimming
la nationalité nationality
la nature nature; **yaourt —** plain yogurt
né(e) born
nécessaire necessary
neiger to snow
le nettoyage à sec dry cleaning
neuf (neuve) brand new
le neveu nephew
le nez nose
ni . . . ni neither . . . nor
la nièce niece
le Noël Christmas; **à —** at Christmas
le nœud knot; **le — papillon** bow tie
noir black
noisette hazel
la noix de muscade nutmeg
le nom name; **le — de famille** surname
non no
non plus neither
le nord North
normand Norman
la nostalgie nostalgia
la note mark, note
(se) nourrir to feed (oneself)
nous we, us
nouveau (nouvelle) new
la nouvelle news item
le nuage cloud
la nuit night
nul (nulle) not one, useless, worthless
numérique digital
le numéro number

l'obélisque (*m*) obelisk
les objets trouvés (*m, pl*) lost property
obligé de obliged to
l'occasion (*f*) opportunity; **d'—** second hand
occupé busy, occupied
s'occuper (de) to be busy (with), to look after
l'œil (*m*) eye; **les yeux** (*m, pl*) eyes
l'œuvre (*f*) work (of art)

l'office (*m*) **du tourisme** tourist office
offrir to offer, to give (a present)
l'oie (*f*) goose
l'oiseau (*m*) bird
l'ombre (*f*) shadow; **à l'—** in the shade
l'omelette (*f*) omelette
l'oncle (*m*) uncle
l'opéra (*m*) opera
l'or (*m*) gold
l'orange (*f*) orange
l'ordinateur (*m*) computer; **— portable** laptop
l'ordonnance (*f*) prescription
les oreillons (*m, pl*) mumps
organiser to organise
l'origine (*f*) origin, beginning
ou or
où where
oublier to forget
l'ouest (*m*) West
oui yes
ouvert open; **l'—ure** (*f*) opening
l'ouvre-boîte (*m*) tin-opener
l'ouvreuse (*f*) usherette
l'ouvrier(-ière) (*m, f*) worker
ouvrir to open

le pain bread; **le — grillé** toast
la paix peace
le palais palace
pâle pale
le palier landing
pâlir to grow pale
le pamplemousse grapefruit
le panaché shandy
la pancarte sign
la panne breakdown; **être en —** to be out of order; **tomber en —** to have a breakdown
le panneau sign
le pantacourt cropped trousers
le pantalon trousers
la papeterie stationery, stationer's
le papier paper
le papillon butterfly
les Pâques (*f*) Easter; **à —** at Easter
le paquet packet
par by
le parapente parasailing
le parapluie umbrella
le parc park
parce que/qu' because
pardon excuse me, pardon
le parent parent, relative
le pare-brise windscreen
parfait perfect
le parfum perfume
parier to bet
parisien Parisian
le parking car-park
parler to speak
le/la partenaire partner
la partie part
partir to go away, to leave; **à — de** from

le passage pour piétons pedestrian crossing
le/la passant(e) passer-by
le passe-temps hobby
le passeport passport
passer to pass, to spend (time); **se —** to happen
le pâté pâté
la patience patience
le patin (ice/roller) skate
la patinoire skating rink
la pâtisserie cake shop
le/la patron(-onne) owner, boss
la pause-café coffee break
le pays country, region
la pêche fishing
pêcher to fish
le pêcheur fisherman
peindre to paint
la peine trouble; **ce n'est pas la —** there's no need
le peintre painter
se pencher to lean
pendant during
pendre to hang
la pendule clock
péniblement laboriously, painfully
penser to think
la pension small hotel; **demi-—** half-board; **— complète** full board
perdre to lose
le père father
le permis de conduire driving licence
le persil parsley
la personne person; **— nobody**
la personnalité personality
petit small, little; **le — déjeuner** breakfast; **le — -fils** grandson; **la —e-fille** granddaughter; **les —s-enfants** grandchildren
le pétrole crude oil
peu little
la peur fear; **avoir — (de)** to be afraid (of)
peut-être perhaps
le phare headlight, lighthouse
la pharmacie chemist's
le/la photographe photographer
la photo(graphie) photography
la photocopie photocopy
le/la physicien(-ne) physicist
le piano piano
la pièce room; **la — de monnaie** coin; **2 € la —** 2 euros each
le pied foot; **à —** on foot
la pierre stone
la pillule pill
le pilote pilot
la pincée pinch
le ping-pong table tennis
pire worse; **— que jamais** worse than ever
la piscine swimming pool
la piqûre d'insecte insect bite

la piste track, piste
le placard cupboard
la place square; **sur —** when you get there
le plafond ceiling
la plage beach
se plaindre to complain
la plaisanterie joke
le plat dish; **le — à emporter** take-away meal
plat flat
plein full; **faire le — (d'essence)** to fill up with petrol; **en — air** in the open air; **en —e campagne** right in the country
pleurer to cry
pleuvoir to rain
plier to bend, to fold
le plomb lead; **sans —** lead-free
la pluie rain
plus more; **en —** in addition; **ne . . . plus** no more
plusieurs several
plutôt rather
le pneu tyre
la poche pocket
la poêle frying pan
le poil hair
point: **à —** just right; **faites le —!** check your progress!; **être sur le — de** to be about to
la pointure shoe size
la poire pear
(à) pois with polka dots
le poison poison
le poisson fish; **le — rouge** goldfish
le poivre pepper
le Pôle nord North Pole
le policier policeman; **le film —** detective film
polonais Polish
la pomme apple; **la — de terre** potato
le pommier apple tree
la pompe pump
le pompier fireman
le/la pompiste petrol pump attendant
le pont bridge
le porc pork
le port port
la porte door
le porte-clés keyring
le portefeuille wallet
le porte-monnaie purse
porter to wear, to carry, to take (something somewhere)
la portière car door
poser to place, to put; **— une question** ask a question
la poste post office
le pot pot, carton
potable drinking
la poubelle dustbin
la poule hen
le poulet chicken

pour for, in order to
le pourboire tip
pourquoi why
pourtant however
pousser to grow (of plants), to push
pouvoir to be able to, can
la prairie meadow
pratique convenient
précieux(-se) precious
se précipiter to hurry, to rush
de préférence preferably
préférer to prefer
premier first
prendre to take
le prénom forename
préparer to prepare
près (de) near
le président president
presque almost
pressé in a hurry
la pression pressure; **la bière —** draught beer
prêt ready
prêter to lend
prier to beg, to pray; **je vous en prie** don't mention it
prière de please
principal main
le printemps spring
privé private
probablement probably
le problème problem
prochain(e) next
le professeur teacher
la profession occupation
professionnel professional
le profil profile
progressivement gradually
la promenade walk; **faire une —, se promener** to go for a walk
la prononciation pronunciation
propre clean
propos: **à propos** by the way; **à — (de)** concerning
le/la propriétaire owner
prospère prosperous
protéger to protect
la protéine protein
prudent prudent
publier to publish
puisque since
le pull(-over) pullover, jumper
la pyramide pyramid

qu'est-ce qu'il y a? what is there?, what is the matter?
qu'est-ce que c'est? what is it?
le quai platform
quand when
quant à as for
le quartier district
quel what, which
quelque some; **— chose** something; **— fois** sometimes

quelqu'un someone
la question question
qui who; **— est-ce?** who is it?
quitter to leave
quoi what
quotidien daily

raconter to tell
le radiateur radiator
la radio radio
raide straight, stiff
le raisin grapes
la raison reason; **avoir —** to be right
ralentir to slow down
ramasser to gather, to pick up
la randonnée excursion, trip
ranger to tidy, put away
rapide fast, quick
rarement rarely
se raser to shave
la ratatouille ratatouille (vegetable stew)
rayé striped
la rayure stripe; **à —s** striped
le/la réceptionniste receptionist
recevoir to receive, to get
la récolte harvest
recommander to recommend
reconnaître recognise
reculer to move back
refroidir to get cold
refuser to refuse
regarder to look (at), watch
le régime diet
la région region
la règle rule, ruler
regretter to be sorry, to regret
régulièrement regularly
remarquer to notice
remercier to thank
repeindre to repaint, decorate
remplir to fill
rencontrer to meet
le rendez-vous appointment, meeting place
rendre to give back, to return (something)
renfermer to contain
les renseignements (m, pl) information
rentrer to return home
renverser to spill
la réparation repair
le repas meal
le repassage ironing
repasser to iron
répéter to repeat
le répondeur answerphone
répondre to answer
la réponse reply
se reposer to rest
la république republic
réserver to reserve
respecter to respect
respirer to breathe
le restaurant restaurant
la restauration catering

le reste the rest
rester to stay
le résultat the result
le retard delay; **être en —** to be late
le retour return
retourner to turn over, go back
la retraite retirement; **être en/à la —** to be retired
retroussé, nez — turned-up nose
le rétroviseur rear mirror
réussir to succeed
le rêve dream; **rêver** to dream; **la rêverie** day-dream
le réveil alarm-clock
réveiller to wake (someone) up; **se —** to wake up
revenir to return, to come back
le revêtement covering
la révolution revolution
le rez-de-chaussée ground floor
le rhum rum
riche rich
rien nothing
les rillettes (*f, pl*) rillettes (potted mince of pork or goose)
rire to laugh
le rivage shore
la rivière river
le riz rice
la robe dress
rond round
le rond-point roundabout
le roquefort roquefort (cheese)
rose pink
le rôti roast (joint)
rouge red; **le — à lèvres** lipstick
rougir to blush
roulé rolled; **col —** roll-neck
rouler to drive, to roll, to go (car)
rousseur: les taches de — freckles
la route road
roux (rousse) red, ginger
la rue street
russe Russian
rustique rustic

le sac bag
le/la saint(e) saint; **la Sainte Catherine** St Catherine's day; **la Saint Valentin** St Valentine's day
la saison season
la salade salad
sale dirty
salir to dirty; **se —** to make oneself dirty
la salle room; **la — à manger** dining room; **la — de bain(s)** bathroom; **la — de jeux** games/play room; **la — de séjour** living room
le salon drawing room, lounge
samedi (*m*) Saturday
la sandale sandal
le sandwich sandwich
sans without; **— plomb** lead-free
la santé health

la sardine sardine
le satin satin
la saucisse sausage
le saucisson salami-type sausage; **le — à l'ail** garlic sausage
sauf except
le saumon fumé smoked salmon
le saut périlleux somersault
sauter to toss, to jump
savoir to know (a fact)
le savoir-vivre know-how
savoyard from Savoy
la scène scene, stage
le schweppes tonic water
les sciences (*f, pl*) **naturelles** natural sciences, biology
la séance de gymnastique gym session
le seau bucket
sec (sèche) dry
sécher to dry
la seconde second
le/la secrétaire secretary
le séjour stay
le sel salt
selon according to
la semaine week
sembler to seem
le sens direction, meaning
sensible sensitive
sentir to smell, to feel
séparé separate(d)
sérieux serious
serti(s) de set with
le/la serveur(-euse) waiter/waitress
le service service, department
la serviette briefcase; **la — (de table)** napkin; **la — (éponge/de toilette)** towel
servir to serve; **se — de** to make use of
seulement only
le shampooing shampoo
le short shorts
si if, yes (after a negative question or statement)
s'il vous plaît please
la sieste siesta, afternoon nap
signaler to signal
le sirop syrup, linctus
la situation situation, position
situé situated
le skate(board) skateboard
le ski ski; **faire du —** to ski; **le skieur** skier
le slip underpants
le smoking dinner jacket
la société society, company
la sœur sister
la soie silk
la soif thirst; **avoir —** to be thirsty
le soir evening; **hier —** last night
la soirée evening
le soja soya
le sol floor, ground
le soldat soldier

le soleil sun
le sommeil sleep
le sommet summit, top
le sondage opinion poll
sortir to go out
souffler to blow, breathe out
soulever to lift
la soupe soup
sourd deaf
le sourire smile; **—** to smile
la souris mouse
se souvenir (de) to remember
souvent often
spécial special
la spécialité speciality
le spectacle spectacle, display, show
splendide splendid
le sport sport; **—if/ive** sporty, sport-loving; **les sports nautiques** water sports
le stade stadium
le/la stagiaire trainee
le standard switchboard
la station stop, station; **—ner** to park
la station-service petrol station
le steak-frites steak and chips
le style style
le stylo pen
la succursale branch (of a firm)
le sucre sugar
le sud South
suggérer to suggest
suisse Swiss
la suite following, continuation; **— continued; de —** in succession; **tout de —** immediately
suivant following, one after, next
suivre to follow
le super four star petrol
la supérette small supermarket
le supermarché supermarket
le suppositoire suppository
sur on
surgelé frozen
surplombant overhanging
surprendre to surprise, to catch in the act
surpris surprised
surtout particularly, above all
surveiller to watch, to watch over
le sweat(shirt) sweatshirt
sympa(thique) nice, friendly
le syndicat d'initiative tourist office

la table table
le tableau picture, black-board
le tabouret stool
la tache stain, spot; **les —s de rousseur** freckles
la taille size, waist, height; **de — moyenne** of average size
le taille-crayon pencil-sharpener
le tailleur suit (for a woman)
se taire to be quiet, silent
tandis que while

la tanière den
tant pis too bad, never mind
la tante aunt
taper to press, to hit
le tapis carpet, rug
la tapisserie tapestry
tard late
la tarte tart
la tartelette little tart
la tasse cup
le taux rate
le taxi taxi
la télé TV, telly
la télécommande remote control
la télécopie fax
le téléphérique cable-car
le téléphone telephone; **le (téléphone) portable/mobile/cellulaire** mobile phone; **—r (à)** to telephone
le téléski ski-tow
le téléviseur TV set
la télévision television; **à la —** on television
tellement so much, so many
la température temperature
le temps time, weather; **un — de chien** dreadful weather; **de — en —** from time to time
tendre to stretch
tenir to hold; **se — (à)** to hold on (to)
le tennis tennis; **les tennis** (m ou f) trainers
terminer to finish
le terrain ground, pitch, course
la terrasse terrace, patio
la terre ground, earth
la terrine pâté, earthenware pot
la tête head
le texto text message
le théâtre theatre
tiède lukewarm
le timbre stamp
timide shy
le tire-bouchon corkscrew
tirer to pull; **— la langue** to stick out one's tongue
le tiroir drawer
les toilettes (f, pl) toilets
le toit roof
la tomate tomato
le tombeau tomb
tomber to fall
le tonneau barrel
le top top
tort wrong; **avoir —** to be wrong
tôt early
toujours still, always
le tour tour, turn; **la —** tower
le/la touriste tourist
tourner to turn

tous les deux both
La Toussaint All Saints' day
tousser to cough
tout all; **— à coup** suddenly; **— de suite** immediately; **— droit** straight on; **— le monde** everyone
le tracteur tractor
la traduction translation
le train train; **en — de** in the act of
le trajet journey
la tranche slice
transformé transformed
le transport transport
le travail work, job
travailler to work
la traversée crossing
traverser to cross
très very
le trésor treasure
tricoter to knit
la trompette trumpet
trompé deceived
trop too much
le trottoir pavement
trouver to find; **se —** to be (situated)
la truite trout
tu you (singular and familiar)
le tweed tweed

ultramoderne super modern, most up-to-date
uni united, plain (material, colour)
l'uniforme (m) uniform
l'université (f) university
l'usine (f) factory
utile useful
utiliser to use

les vacances (f, pl) holidays
la vache cow
le vainqueur winner
le vaisselier dresser
la vaisselle washing-up, dishes, crockery
la valise suitcase
la valse waltz
la variété variety
le vase vase
vaut: **ça — mieux** that is better
le/la végétarien(-ne) vegetarian
le vélo bicycle
le vélo tout-terrain (V.T.T.) mountain bike
le velours velvet; **— côtelé** corduroy
vendredi (m) Friday
vendéen from Vendée
le/la vendeur(-euse) shop assistant
venir to come
venir de to have just
le vent wind
la vente sale
le ventre stomach, tummy

le verger orchard
vérifier to check
véritable real, genuine
la vérité truth
verni varnished; **le cuir —** patent leather
le verre glass; **— de contact** contact lens
vert green
la veste jacket
les vêtements (m) clothes
le/la veuf (veuve) widower/widow
la viande meat
vider to empty
la vie life
vieux (vieil, vieille) old
vigoureusement vigorously
le village village
la ville town
le vin wine
le vinaigre vinegar
la vingtaine about twenty
le violon violin
la visite visit; **la — guidée** guided tour
vite quickly
la vitesse speed, gear; **à toute —** at top speed
la vitrine shop window
voici here is
voir to see; **voyons** let's see
voilà there is, there are, here you are
le/la voisin(e) neighbour
la voiture car
la voix voice
la volaille fowl, poultry
le volant steering-wheel; **être au —** to be driving
voler to steal, to fly; **se faire —** to have . . . stolen
le voleur thief
volontiers willingly, with pleasure
vomir to vomit
votre your
vouloir to want, to wish; **je voudrais —** I would like
vous you (polite or plural)
le voyage journey; **—r** to travel; **le —ur** traveller
la vue view, sight
vrai true; **—ment** really

les WC (m, pl) W.C., toilet
le week-end weekend

y there
le yacht yacht
le yaourt yogurt
le yoga yoga

zippé zipped